# ROLF DEILBACH

# +1 99 DINGE
## [FÜR ECHTE KERLE]
### DER ULTIMATIVE MUST-HAVE-GUIDE

pietsch

# IMPRESSUM

**Einbandgestaltung:** Patricia Braun
www.patriciabraun.de

**Bildnachweis:** siehe Abbildungsverzeichnis auf
S. 194f.

**ISBN 978-3-613-50974-0**

Copyright © by Verlag pietsch, Postfach 103743,
70032 Stuttgart
Ein Unternehmen der Paul Pietsch Verlage GmbH
& Co. KG

1. Auflage 2024

**Sie finden uns im Internet unter
www.pietsch-verlag.de**

**Lektorat:** Niko Schmidt

**Innengestaltung:** Sabine Ufer

**Druck und Bindung:** Graspo CZ, 76302 Zlín

Printed in Czech Republic

## WIDMUNG

Ich widme dieses Buch allen
Menschen, die mit ihrem
kreativen Geist, ihrer Hand-
und Kopfarbeit und ihrer
Leidenschaft nützliche und
schöne Dinge erschaffen und
damit in ihren Berufen erfüllt,
zufrieden und glücklich sind.

**Rolf Deilbach**

# INHALTSVERZEICHNIS

## VORWORT

# VORWORT

Verdammt lang her seit dem Recherche- und Schreibabenteuer meiner letzten Ausgabe, der vor sechs Jahren veröffentlichten »99 neuen Dinge für echte Kerle«. Damals noch als Verlags-Co-Produktion mit dem Männersender DMAX, mit dem ich beruflich immer noch verbunden bin und durch den ich privat auch einige gute Bekannte und Freunde aus dem Kreis der Protagonisten gewonnen habe. Hier und jetzt hat sich mit dieser neuen Ausgabe aber nicht nur das Umschlaglayout und damit ein Teil der Umsetzungspartner des Buches verändert, auch die Inhalte und die Kapitel, die den neuen Produkthelden ihren Rahmen geben, sind mehr als einfach nur renoviert und aktualisiert worden. Natürlich wurde dabei nichts über Bord geworfen, was weiter unverzichtbar in eine solche Produktheldenauswahl gehört: Eine spannende und hoffentlich auch immer wieder überraschende Mischung von Must-haves und Traumprodukten für Männer, die im Herzen große Jungs geblieben sind und bei den Ideen für Wunsch- und Traumprodukte keinesfalls auf Top-Qualität und erstklassige Innovationen verzichten wollen. Aber ich habe bei den Recherchen für diese Ausgabe einige wesentliche Parameter anders gesetzt und Inhaltsschwerpunkte neu definiert.

So rücken beispielsweise zahlreiche der Produkt- und Themenhelden als beste aktuelle Beispiele für ihr jeweiliges Thema diesmal noch konkreter in den Fokus. Das macht diese 99 + 1 Dinge einfach deutlich greifbarer. Viele Produkthelden leben von ihren aktuellen Besonderheiten sowie Begehrlichkeiten und zählen damit zum Zeitpunkt dieser Veröffentlichung zum Besten und Begehrtesten ihrer jeweiligen Produktwelt. Aber natürlich werden auch sie früher oder später wieder von weiter entwickelten Nachfolgeprodukten überholt und getoppt. Das ist normal und gut so. Was übrigens auch für die Kapitelüberschriften als Zuordnungsrahmen und Mantel dieser Produkthelden gilt. Für den Verkaufserfolg des Buches wäre das Einstiegskapitel »Truppenbesuch: Dual-Use Ausrüstung mit echtem Mehrwert« vor sechs Jahren noch ziemlich hinderlich, wenn nicht Shitstorm-tauglich gewesen. Heute muss sich niemand mehr als »Soft- oder Medium-Prepper« abqualifizieren lassen, der für seine persönlichen Must-have-Liste mit bestem Zivilnutzen Orientierung bei Vergleichsprodukten mit militärischem Leistungsnachweis sucht.

Als bewusst gesetzten weiteren Inhaltsschwerpunkt möchte ich in dieser Ausgabe zudem noch mehr Aufmerksamkeit auf Produkte lenken, die einfach zeitlos gut und nützlich sind und damit Männer begeistern, die unter »Nachhaltigkeit« besondere Langlebigkeit, den Erhalt traditioneller Handwerkskunst und den hohen Wert zeitlos funktioneller Designs verstehen, schätzen und suchen. Und dies nicht nur bei absoluten Traumprodukten in kaum erreichbaren Preislagen, sondern ebenfalls in den leicht bezahlbaren »Can-have-Welten« von scheinbar unspektakulären, aber dafür sensationell gut gemachten Alltagsprodukten. Um diese Schätze zu finden und hier ins Buch zu bekommen, musste ich mich manchmal ziemlich anstrengen. Jeder Weltkonzern und größere Mittelständler hatte zur Beantwortung meiner Rechercheanfragen leicht erreichbares und flott antwortendes eigenes oder externes Fachpersonal, das mich professionell mit passendem Bildmaterial und Textinfos versorgt hat. Normal, danke dafür. Kleine, feine Manufakturen, bei denen die Eigentümerin oder der Gründer nicht nur für die Produktion zuständig ist, sondern manchmal auch noch Kundenpakete packt, haben das nicht. Sie taten sich deshalb schon mal schwer damit, auf meine freundlichen, mehrfachen Unterstützungsbitten für Produkthelden überhaupt und dann auch noch positiv zu reagieren. Deshalb gerade ihnen doppelter Dank fürs Mitmachen. Für das Buch hat sich genau das gelohnt!

Genauso wie der intensive Austausch mit meinen versierten Tippgebern und Themenexperten, von denen viele einen berufsprofessionellen fachlichen Background zu den Produkthelden haben und außerdem meine Leidenschaft für herausragende Dinge teilen. Ohne sie hätte ich viele neue Produkte und Themen wohl nicht gefunden oder wäre mit »Second-best-Produkten« mehr gestrandet als sauber gelandet. Was jetzt auch mal rauskommen darf, weil es manche Leserin und viele Leser der Vorauflagen längst geahnt haben: Ich wurde ebenfalls wieder von Fach- inklusive Ehefrauen mit starken Tipps und Ideen versorgt. Hölle, Schwefel und Verdammnis – damit ist das schöne Kerle-Buch entweiht, erledigt, nix mehr wert? Nee, meine lieben Kerle, Männer und großen Jungen – ganz im Gegenteil. Seid dankbar, freut euch und hebt mal flott den Daumen. Denn es sind natürlich Frauen, die sehr genau wissen, was ihr wollt und was oft noch in euren Beständen fehlt. Und dabei punktgenau überflüssigen Blödsinn von echten Must-haves und Traumprodukten unterscheiden können. Frauen, die, nicht nur aber auch, bei der qualitätsgeprägten Bohrhammer-Geschenkeauswahl prima zwischen »China Red« und »Bosch Blau« unterscheiden können. Deshalb noch ein Tipp: Was immer euch von dieser Produktheldenauswahl besonders gut gefällt und dabei eure Kerle-Kasse sprengt: Macht es, falls möglich, zu einem »Partnerprojekt«. Das funktioniert nicht mit jedem der 99 + 1 Dinge, aber es gibt reichlich Beute mit budgetfreundlichen, partnerschaftlichen Mehrwerten. Vom kuscheligen Ein-Personen-Zelt über ein sattes Grillgerät bis hin zum doppelsitzigen Tauchboot ist für jeden etwas dabei.

Dazu jetzt ein drittes Mal viel neuen Lesespaß und beste Unterhaltung!

# TRUPPENBESUCH: DUAL-USE AUSRÜSTUNG MIT ECHTEM MEHRWERT

Starten wir mal mit dem Produkthelden Kapitel für Härtetests in Verbindung mit mehrfachem Gebrauchsnutzen. Dessen Erklärungsteil fast immer gleich und damit schnell erzählt ist: Menschen mit extrem gefahrenträchtigen Berufen und Aufgaben haben besonders hohe Anforderungen an ihre Einsatz- und Arbeitsausrüstung. Und benötigen dazu schlicht das beste Material, was gerade im weltweiten Markt verfügbar ist. Das geht beim vermeintlich »einfachen« Waldarbeiter los, kennt die wunderbare Erzählschleife über die Hightech-Ausrüstung von Astronauten wie auch Mitgliedern von militärischen und behördlichen Spezialeinheiten und landet dann wieder beim militärischen Normalanwender im verteidigungsbereiten Dienst für Deutschland oder andere Länder, die nicht überfallartig entdemokratisiert und damit ihrer friedlichen selbstbestimmten Zukunft beraubt werden wollen. Diese Art von »Einsatzware« lässt sich leicht in zwei Kategorien aufteilen: Dinge, die nicht in ungeübte und gleichzeitig zudem nur in nutzungsberechtigte Hände gehören und trotzdem zivile Anwendungsversionen kennen. Dazu folgen später noch ein paar Beispiele im Stahlwaren- und Technikkapitel. Und die Dual-Use-Beispiele und Produkthelden, die es dank ihrer besonderen Qualität und ihren spannenden Geschichten in dieses Kapitel geschafft haben. Entweder als nahezu bau- oder inhaltsgleiche »zivile Produktgeschwister« oder direkt in ihrer einen und einzigen sowohl militärisch wie zivil gleichermaßen nützlichen Beschaffungsform. Gerade in dem Bereich geht eine ganze Menge, beginnend bei der körpernahen Bekleidungsausrüstung an sowie für Mann und Frau. Die guten alten Bundeswehr Parkas sind eine gut gebraucht kaufbare Outdoorjacken-Legende, die wärmende Unterwäsche der Truppe dito und das heutige Schuhwerk in Form von Einsatzstiefeln ist beim Komfort und Gebrauchsnutzen absolut auf der Höhe der Zeit. Läuft also bestens. Beginnend beim nach TL-Standard gefertigten und in zig Webshops für ganz kleines Geld erhältlichen Bundeswehr Taschentuch aus Baumwolle, was nicht nur Nasen frei und einsatzfähig hält, sondern aufgrund seiner Größe von 51 × 51 Zentimetern und der Strapazierfähigkeit ein regelrechter textiler Alleskönner ist. Ein halbes Dutzend dieser 30-Gramm-Ware kochwäschefrisch gefaltet und im Vakuumbeutel nässeschutzsicher und hygienisch eingeschweißt, sind selbst bei kurzen Touren ins Gelände ein für viele Einsatzzwecke total nützliches Hilfsmittel.

Aber es geht natürlich auch deutlich größer und spektakulärer. Dazu findet sich ein richtig besonderer Produktheld in diesem Kapitel, den sich selbst fantasiebegabte und Militärtechnik-versierte Filmemacher des Actiongenres wohl nicht besser hätten ausdenken können.

# KAPITEL 1

# 1 GRAYL WASSERFILTER GEOPRESS

Schon in der ersten Auflage meiner »99 Dinge für echte Kerle«-Ausrüstungsliste vor neun Jahren waren Wasserfilter ein unverzichtbares **MUST-HAVE-THEMA**. Und daran hat sich, aus gutem Grund, nichts geändert.

Schließlich gilt noch immer die Grundregel, nach der es für uns »Normalos« nach spätestens drei Tagen ohne Wasser sehr, sehr ungemütlich wird. Unser Körper braucht Trinkwasser schlicht zum Überleben. Dazu kann man sich natürlich mit ausreichend Trinkwasser bevorraten. In der billigsten Version das gute alte »Kraneberger«, was in Trinkflaschen oder Wassercontainer abgefüllt die notwendige Versorgungssicherheit bietet, solange aus der Leitung genau das sprudelt, was 'rauskommen sollte. Oder man lädt sich für eine Wandertour – je nach Dauer – einfach ein paar Liter passenden PET-Flaschenballast mit oder ohne Blubber in den Rucksack. Passt schon für die nette Tagestour oder für mehrtägige Wanderausflüge mit Nachfüllgarantie im rustikalen oder komfortablen Nachtquartier. Mal abgesehen vom, ups, fehlenden Nachhaltigkeitsfaktor bei Einwegplastik-Püllekes. Da sind Outdoorflaschen zum Nachfüllen eindeutig die bessere Lösung.

Ausrüstungsvorteile mit nachgewiesenem militärischem Nutzen und entsprechend geprüfter Haltbarkeits- sowie Qualitätssicherheit braucht man aber meist erst, wenn es um mehr oder was anderes geht. Allerdings können Vorteile wie Flexibilität und Mobilität bei

der Trinkwasserversorgung schon bei Tagestouren interessant werden, wenn man einfach keinen Bock auf zwei bis drei Liter Trinkballast auf dem Buckel hat. Stattdessen möchte man einfach mal wieder – fast ohne Aufwand – Wasser aus heimischen Bächen zu sich nehmen, das frei von Trinkwasserbakterien, Partikeln und weitgehend virenfrei ist. Je kleiner und leichter das Gepäck, desto angenehmer ist schließlich die Tour. Und gerade für sowas bietet sich der kompakte Grayl GeoPress Wasserfilter ideal an. Er wiegt gerade mal 450 Gramm und bietet ein Fassungsvermögen von knapp drei Vierteln Liter gefiltertes Wasser. Zur Benutzung braucht man keine militärische Spezialausbildung, die Handhabung ist absolut für jedermann und -frau geeignet und entspricht tatsächlich dem Herstellerversprechen »Fill, Press, Drink«. **Das Ganze dauert vom Wasserschöpfen über das Einpressen des Innenbechers bis zum Trinken nur ein paar Sekunden.** Selbst für Grobmotoriker wie mich war das schon beim ersten Versuch völlig easy. Und die Filterkartusche ist auch ganz geblieben. Die muss übrigens – natürlich abhängig von der Wasserqualität vor dem Filtern – erst nach etwa 250 Litern gefiltertem Wasser gewechselt werden. Wer das spitzrechnet, kommt für den Liter perfekt gefiltertes, trinkfähiges Bergbachwasser auf einen fast unschlagbar guten Preis.

Aber lasst uns ruhig noch etwas tiefer in das Thema und die nachgewiesenen Vorteile dieser ultra-kompakten Trinkwasserversorgung einsteigen. Also die Gründe, warum gerade dieser Wasserfilter bei Militäreinheiten, Eigenvorsorgern und Outdoorprofis so beliebt ist. Als erstes natürlich, weil sauberes Trinkwasser in Einsatzgebieten und in der Wildnis keine Selbstverständlichkeit ist und der Transport größerer Wasservorräte reichlich Energie kostet. Aber selbst in unseren heimischen Gefilden würde wohl niemand freiwillig und unbeschadet Wasser aus einer Suhle, einem Tümpel oder selbst einem Weiher ungefiltert trinken. Wie schnell sogar eine sicher geglaubte Trinkwasserversorgung bei Naturkatastrophen versiegt, haben wir 2021 bei dem katastrophalen Hochwasser erleben müssen. Ich konnte damals zusammen mit anderen Helferinnen und Helfern zur Erstunterstützung 60 fabrikfrische 1000-Liter-IBC-Wassercontainer als Sachspende eines Herstellers besorgen, die dann Tage später mit Trinkwasser und Brauchwasser befüllt wurdem. Und ich hätte mir zuvor einfach nicht vorstellen können, dass so etwas mal passiert. In solch einer Situation die Sicherheit zu haben, sich, die eigene Familie und Haustiere für kleines Geld selbst mit einem ultra-kompakten Wasserfilter ohne aufwendiges Zubehör über eine Woche mit Trinkwasser notversorgen zu können, ist ein – vor allem psychologischer – Mehrwert!

**In längeren Not- oder Krisensituationen oder in Einsatzsituationen fern von Versorgungsmöglichkeiten wird ein leicht bedienbarer Wasserfilter im Gepäck jedoch zum echten Überlebenstool und unverzichtbaren Back-up.** Insbesondere, wenn die Filtertechnologie wie beim Grayl GeoPress, im Unterschied zu reinen Membranfiltern, garantiert, dass 99,99 % aller Viren, Bakterien, Keime und Protozoen entfernt werden. Mit dem so gefilterten Wasser können dann zum Beispiel auch Wunden ausgewaschen werden.

Wer selbst einfach mal – ohne echte Not, aus purer Abenteuerlust – den heldenhaften Gartenteich-Trinktest inklusive Forellenschiss-Einlage machen möchte, dem empfehle ich, das Wasser zunächst mit einem Extrabecher zu entnehmen

**KOMPAKT UND EFFEKTIV FÜR UNTERWEGS: FILTERT 99,99 % DER VIREN UND BAKTERIEN.**

und dann ein halbwegs sauberes BW-Taschentuch als Grobfilter beim Befüllen des GeoPress einzusetzen. Muss nicht, ist aber besser, um die Filterhaltbarkeit zu schonen. Der Rest läuft dann wieder, wie vom Hersteller beschrieben: Press und Drink. Cheers!

Auch andere Hersteller bieten großartige mobile Wasserfilter. Zum Beispiel Unternehmen wie **Katadyn**, **MSR**, **LifeStraw**, **Sawyer**. Seht sie euch auch an.

# 2. BUNDESWEHR-SPATEN

Losgelöst vom dekorativen Sondernutzen seines grünen Schaufelblattes, was **BEI DER GARTENARBEIT PERFEKT** mit Gummistiefeln harmoniert«

gibt es für Bundeswehr-Spaten gemäß Technischen Lieferbedingungen, kurz TL, unter der TL 5120-0125 einen wie folgt definierten Anwendungsbereich. Ich zitiere: »Die Spaten werden in allen Teilstreitkräften der Bw für Schanz- und andere Erdarbeiten verwendet.« Zitat Ende. Dafür wird er also beschafft, der Bundeswehr-Spaten. Der in seinem Anforderungsprofil aus dem Jahr 2021 sogar noch einen herstellerseitig zwingend zu erfüllenden Nachhaltigkeitsnachweis

**BUNDESWEHR-SPATEN: ROBUSTE QUALITÄT UND ERGONOMIE FÜR DEN HARTEN DAUEREINSATZ.**

trägt. Er lautet wie folgt: »Die Griffstiele müssen nachweislich aus legaler und nachhaltiger Waldbewirtschaftung stammen. Der Nachweis ist vom Auftragnehmer durch die Vorlage eines Zertifikates von FSC, PEFC, gemäß deren Regelwerk, zu erbringen. Vergleichbare Zertifikate oder Einzelnachweise werden anerkannt, wenn vom

Auftragnehmer nachgewiesen wird, dass die für das jeweilige Herkunftsland geltenden Kriterien des FSC oder PEFC erfüllt werden. Der Nachweis ist vor Auslieferung der Spaten zu erbringen.« Alles klar, oder? Ökologisch einwandfreier und nachhaltiger wurde wohl noch nie Deutschland gedient. Das soll die artähnliche Baumarktregalware ohne matten und damit reflektionsarmen Tarnlack erst mal nachmachen. Zumal der BW-Spaten neben einem NATO-Standard auch noch die zivilen DIN 20127 sowie DIN 20152 als Qualitätsnachweise zu erfüllen hat.

## PERFEKT FÜR OFFROADER UND GARTENARBEIT – DER BW-SPATEN ÜBERZEUGT ÜBERALL.

An solch einem Anforderungsprofil, zusätzlich zu einer ganzen Reihe technischer Spezifikationen, wird sehr deutlich, warum Produkte, die bei Streitkräften eingesetzt werden, auch in der zivilen Anwendung in jedem Fall mal ein deutliches Qualitätsversprechen und häufig auch noch besonders hohen Anwendungsnutzen liefern. Dazu bietet der BW-Spaten noch ein technisches Konstruktionsmerkmal, das echte Vorteile bei Erdarbeitern bringt: Seine vordere Kante ist etwas schmaler als die hintere; deshalb dringt er durch diese konische Ausformung leichter ins Erdreich ein. **Ein realer funktioneller Mehrwert im Dauereinsatz, den konventionelle Spaten aus dem normalen Baumarktprogramm meist nicht bieten, weil das Mehrkosten in der Herstellung erfordert.** Für die Güteprüfer der Bundeswehr ist das nicht relevant, sie wollen den höchsten Einsatznutzen für die Truppe. Deshalb ist auch die Ergonomie des Spatenstiels so angelegt, dass sie einen möglichst ermüdungsfreien Einsatz garantiert. Und die zusätzliche Auftrittkante am Blatt nicht nur einen Abrutschschutz bietet, sondern die Kraftübertragung vom Einsatzstiefel auf das Blatt verbessert.

Alles sehr wichtige Pluspunkte des Spatens bei einsatzrelevanten Erd- inklusive

»Schanzarbeiten«, also das Errichten oder Ausbessern einer Befestigungsanlage. Im Zivileinsatz zu vergleichen mit einer Einsatzfähigkeit des Spatens bei der Gartenarbeit selbst für die Bodenklassen 4 bis 6. Das heißt in der verkürzten Übersetzung einer mehrstündigen Gartenarbeit bei derartigen Bodenverhältnissen: Otto-Normal-Mann platt, Spaten weiter einsatzbereit. Stielbruch oder verbogenes Spatenblatt? Fehlanzeige! Verlässlicher geht es nicht. Einfacher schon: Man nehme einen Minibagger.

Eine weitere Besonderheit liegt in seinen Abmessungen und der Krümmung des Spatens. Denn er wird nicht nur außen an verschiedenen Fahrzeugen der Bundeswehr mit in der Regel engen Platzverhältnissen montiert, sondern im zivilen Einsatz auch an vielen Expeditionsfahrzeugen, die keine überdimensionierte Straßen-Deko für großstädtische Nobelvororte sind, sondern tatsächlich die Welt überwiegend ohne sechsspurigen Flüsterasphalt befahrbar machen. Für diesen Transportzweck ist es einfach wichtig, dass der Spaten so transportsicher und fest in die entsprechenden Fahrzeughalterungen passt, dass die scharfe Spatenspitze nicht zur Beschädigung anderer Fahrzeugteile führt und Verletzungsgefahren vermieden werden.

Der Bundeswehr-Spaten vom Hersteller Bison-Großschönauer Werkzeugschmiede ist somit ein perfektes Beispiel für Mehrwerte von militärischer Ausrüstung und ein echtes Must-have für den Kerle-Ausrüstungsbestand.

Was will Mann mehr? Vielleicht zwei davon. Einen für die Seitenwand des Offroaders und einen für den Gartenwerkzeugbestand. Oder zusätzlich noch den Produkthelden, der gleich folgt ...

# 3 B&W OUTDOOR CASE TYP 3000 PLUS RUCKSACKSYSTEM

Eine **KÖNIGSDISZIPLIN** von Militärausrüstungen sind Transportlösungen von klein und kompakt bis zur Containergröße.

Wer Dinge besonders effektiv und dabei bestens geschützt transportsicher verpackt haben will, für den sind die wichtigsten Transportausrüstungshersteller der Armeen somit immer eine erste Adresse. Das gilt für Outdoorprofis genauso wie für Kamerateams und Audiotechniker sowie für Rettungsdienste oder Handwerker mit hochwertiger schutzbedürftiger Arbeitsausrüstung. Deshalb war ich nicht wirklich überrascht, als gleich mehrere meiner Expertenfreunde – mein Buddy Andreas Macherey mit seinem Drehteam für *Goldrausch* in Australien inklusive – auf Nachfrage nach einem Top-Hersteller für unkaputtbare und funktionelle Profikoffer, also Hard Cases, mir neben Peli unisono »B&W International« zuriefen und passende Fotos aus ihren Ausrüstungsbeständen hinter-

herschickten. Tom Specht vom cmp Defence Network, einem der wichtigsten Verlage für wehrtechnische Publikationen, hat mir dann freundlicherweise einen passenden Recherchekontakt in das Unternehmen verschafft. Erstklassige Verbindungen sind eben nur für den schlecht, der keine hat …

## B&W INTERNATIONAL: UNZERSTÖRBARE PROFIKOFFER FÜR MAXIMALEN SCHUTZ UNTERWEGS.

Außer »transportsicherem Wohnen für Kanonen«, also erstklassigen Transportboxen für militärische und zivile Kleinwaffen inklusive ihrer empfindlichen Zieloptiken kann B&W viel mehr. Das Unternehmen gehört zu den Markt- und Technologieführern bei Hartschalenkoffern für jedwedes empfindliche Gepäck. Und bietet dabei sogar ein Bike Bag an, mit dem sich hochwertige Zweiradausrüstung schadensfrei und komfortabel nicht nur von A nach B, sondern sogar noch nach Z wie »ziemlich weit weg« selbst in ruckeligen Buschfliegern sicher transportieren lässt. Die Auswahl an Transportboxen und Profikoffern inklusive schützendem, flexiblem Innenleben, z. B. in Form von Würfelschaum, ist riesig, die Qualität legendär und perfekter Service ist hier einfach fester Bestandteil der Unternehmensphilosophie. Also alles genau so, wie man es von Profis für Profis erwartet.

Egal, ob ihr Drohnen, Kamera-Ausrüstungen, Edelwerkzeuge inklusive Mess- und Regeltechnik, Laptops plus ganz anderer wichtiger Ausrüstungsgegenstände und empfindlicher Geräte oder ganz einfach nur eure Whiskysammlung staubdicht, wasserdicht, temperaturstabil, flugtauglich und absolut save – inklusive dreißigjähriger Herstellergarantie auf das Transportbehältnis – rund um den Globus mitnehmen wollt. Die von mir ausgewählten Outdoor-Cases von B&W, die es wahlweise leer oder mit variabler Facheinteilung sowie alternativ mit voll flexibler vorgestanzter Würfelschaumausstattung gibt, sind genau dafür gemacht! Es gibt sie ab dem Typ 500 mit einem Füllvolumen von 2,3 Litern und einem Gewicht von gerade mal 500 Gramm bis zum XXL-Format des Typs 7800, der dann 157 Liter Fassungsvermögen bietet und trotzdem als Trolley gerade mal 13 Kilo wiegt.

Ich habe mir als Produktheld und Tipp für euch diese Größe hier ausgesucht:

Das ist der äußerst praktische Typ 3000. Länge (36,5) mal Breite (29,5) mal Tiefe 17 Zentimeter. Leer wiegt er knapp unter zwei Kilo. **Ein starkes Stück Transportsicherheit mit ein paar Features, die einen nicht nur begeistern, sondern einfach auch beruhigen.** Weil man sicher sein kann, dass er außer Beschuss so ziemlich alles aushält und seinen Inhalt perfekt schützt. Der

Outdoor Case 3000 ist nicht nur wasserdicht (IP-Schutzart 67), sondern verfügt neben Ösen für Vorhängeschlösser an den Verschlussklappen zudem auch noch über ein automatisches

## FÜR KAMERA, WERKZEUG UND MEHR: SICHERER TRANSPORT MIT B&W-HARTSCHALENKOFFERN.

Druckausgleichventil für den Flugtransport sensiblen Equipments. Der besondere Clou: Zu einigen Größenformaten der Serie – neben dem Typ 3000 auch für etliche größere Modelle – gibt es noch ein fest verschraubbares, ermüdungsarm tragbares Rucksacksystem! Das seht ihr auf dem Bild unten.

Das ist für Outdoortouren ein riesiges Plus, gerade wenn es mal durch schweres Gelände geht, in dem man einfach seine Hände zur Absicherung frei haben muss. Selbst ambitionierte Hobbyfotografen oder Drohnenpiloten haben – genau wie Kameraprofis – keine Lust, die wertvolle Ausrüstung beim Überqueren zum Beispiel von knietiefen Bachläufen am Handgelenk im Koffer mitzuschleppen, bei denen ein Ausrüstungstransport im Rucksack ansonsten keine wirklich sichere Alternative wäre. Und dies schon gar nicht, wenn einen die Strömung oder ein falscher Tritt komplett ins nasse Element befördert. **Für solche Fälle ist diese Kombi von Koffer und Tragesystem unschlagbar – der Outdoor-Case ist schließlich extrem stoßfest und wasserdicht!**

Zugegeben, ganz billig ist so ein Sicherheitsbehältnis der Spitzenklasse nicht. Aber dafür bietet es ein echtes Plus an Werterhalt und Funktionsgarantie beim Transport von allen euren Ausrüstungs-Highlights, die ihr absolut sicher geschützt wissen wollt. Ein Safecase, und damit bestens begründbares Reisegepäck neben dem Beautycase, was eure geliebte Sitznachbarin als unverzichtbares Bordgepäck meist gerne auf Reisen dabei hat. Irgendwie ja beides Must-haves …

# 4 VICTORINOX SOLDATENMESSER 08

Soldatenmesser, so klingen **SCHNEIDWAREN-LEISTUNGSVERSPRECHEN AUS DER SCHWEIZ**. Sie können es eben, die Schweizer.

Alles in Spitzenqualität: Armbanduhren, Kräuterbonbons und Taschenmesser – als Soldaten- oder Offiziersmesser. Ach ja, Bündnerfleisch und leckere Schokolade können sie natürlich auch. Sogar Selbermachen, in der Schweiz, versehen mit dem Qualitätssiegel »Swiss made«. All das und noch etliches mehr mit Schweizer Herkunft gehört für viele von uns Kerlen zu unseren Lieblingsprodukten! Und ist häufig, gerade bei

ein freudlos konsequenter Minimalist, oder er hat weder Frau noch Freunde, die wirklich wissen, was er sich zum Geburtstag oder Weihnachten wünscht! Schon traurig. Zumindest die Sache mit der Frau oder den Freunden. Der jugendliche Ausrüstungsmangel lässt sich auf der Selbstbelohnungsebene ja mit zunehmendem Alter beheben. Und Minimalisten sind eben, wie sie sind. Sollen sie ruhig so bleiben – freudlos.

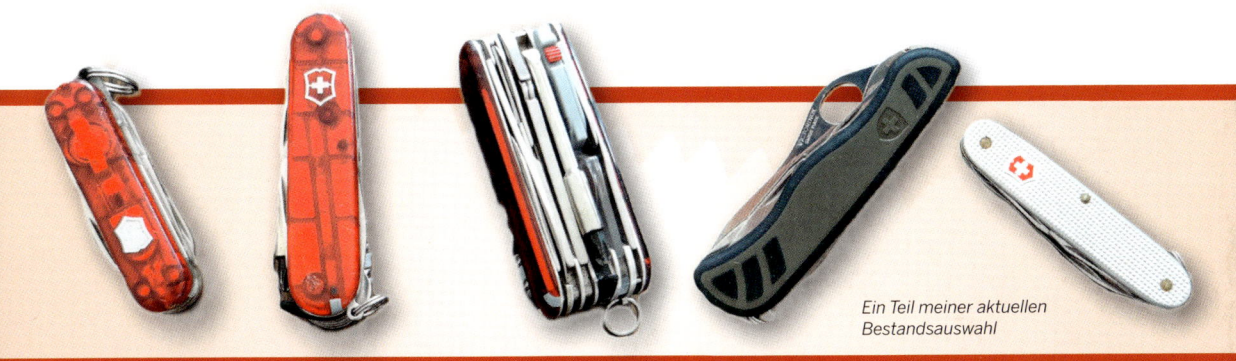

*Ein Teil meiner aktuellen Bestandsauswahl*

Taschenmessern und Uhren, fester Bestandteil unserer Besitzstände. **Deshalb muss man sich nicht zwingend beim Bund über das alte, als »BW-Stumpf« verballhornte Ausrüstungs-Taschenmesser unterschiedlicher Herstellerherkunft – die Victorinox-Ausgabe galt damals übrigens als die schnittfähigste – geärgert haben,** um das aktuelle Soldatenmesser, das zurzeit gemeinsam mit anderen Victorinox-Modellen in 16 Armeen auf der ganzen Welt als Standardausrüstung Dienst tut, zu wertschätzen.

Ich sag' es mal so: Wer mit echten Kerle-Genen und passendem Selbstverständnis nur ein Taschenmesser und/oder ein Multitool sowie eine einzige Taschenlampe und auch nur ein Feuerzeug hat, der ist wahlweise noch sehr jung,

Ich bleibe lieber gut gelaunter Jäger und Sammler. Deutlich über ein Dutzend großartiger kompakter Taschenmesser von Victorinox, Böker, Puma, Herbertz, Otter & Co. im eigenen Besitz- und Nutzbestand inklusive. Das ist keine Marotte von mir, sondern bestens begründbar. Weil ein vernünftiges Taschenmesser, von denen man mindestens eins in der Hosentasche, eins im Auto sowie eins in der heimischen Kleinwerkzeug-Schublade haben sollte, meist neben der Hauptklinge noch weitere extrem nützliche Werkzeuge zwischen seinen Griffschalen hat. Wofür das aktuelle Soldatenmesser Modell 08, das ich euch hier als neuen Produkthelden vorstelle und – soweit noch nicht vorhanden – zur Bestanderweiterung empfehle, ein perfektes Beispiel ist! Es verfügt über insgesamt 10 Funktionen und bietet damit noch mehr

Werkzeuge als seine Vorgängermodelle. Wen auch das interessiert: Beim Klingenstahl handelt es sich nach Herstellerangaben um die martensitisch rostfreie Stahlsorte 1.4110 bzw. X55CrMoV14. Die erreichbare Härte liegt je nach Wärmebehandlung bei 54–57 HRC (Rockwell C). So viel dazu.

Das neue Soldatenmesser 08 verfügt über noch mehr Werkzeuge als frühere Soldatenmessertypen und bietet damit noch breitere Einsatzmöglichkeiten. Und trotzdem ist die Technologie der Messer von heute noch etwa die genau gleiche wie vor über 130 Jahren zu Beginn der Geschichte der Schweizer Soldatenmesser: Mehrere Werkzeuge aus Stahl/Eisen drehen sich um Nieten und werden von Rückenfedern unter Spannung

**SCHWEIZER-QUALITÄT: TASCHENMESSER, UHREN UND SCHOKOLADE – ECHTE LIEBLINGSPRODUKTE!**

gehalten. Zusammengebaut werden die Werkzeuge mit Hilfe von Zwischenlagen, Platinen und Schalen. Sie wurden eben nur immer weiter optimiert, verfeinert und den Ansprüchen der Zeit angepasst. Wer so etwas beherrscht, der kann in einer solchen Zeitachse über 500 Millionen Messer produzieren und an äußerst zufriedene Käufer und Nachkäufe bringen.

Zum Produkthelden wird dieses Messer aber nicht nur durch seine Herkunftshistorie, sondern vor allem durch die ideale Auswahl von Unverzichtbarkeiten zwischen den ergonomisch gestalteten rutschfesten Zwei-Komponentenschalen, die somit auch noch einmal anwendungsoptimiert wurden und besten Halt beim Einsatz bieten. Als wesentliche Funktionen und Komponenten sind das vor allem die große Einhand-Feststellklinge mit 2/3 Wellenschliff und einer Länge von etwa 8 Zentimetern, die Stech-Reib-Ahle, der Drahtabisolierer, die robuste Holzsäge, die beiden Schraubendreher, der Dosenöffner und der Kapselheber. Genau das, was ein richtig guter Taschenwerkzeug-Allrounder braucht, um sich unverzichtbar zu machen und – wo und wenn dies die jeweilige Landesgesetzgebung zulässt – praktisch immer mitgeführt zu werden.

**Das Victorinox-Soldatenmesser ist damit mein Top-Tipp für gut bezahlbare multifunktionale Taschenmesser.** Ich bin gespannt, welcher weiter optimierte Nachfolger es dann in die nächste Ausgabe schafft.

## 5 NEXTORCH TA15 V. 2.0 TASCHENLAMPE

Direkt das nächste **DUAL-USE-GRUNDAUSRÜSTUNGSWERKZEUG** mit nachgewiesenen Einsatzqualitäten im Behörden- und Militärbereich hinterher.

Es hat sich echt viel getan, seit die ersten batteriebetriebenen Taschenlampen um 1900 erfunden wurden und es auch dazu bis heute die unvermeidliche Diskussion gibt, wem diese Erfindung zuzuschreiben ist. Wenig Diskussionsbedarf gibt es dafür darüber, dass Taschenlampen, die es in die Ausrüstungslisten von Polizeieinheiten und

Militärverbänden oder – was häufig der noch bessere Leistungsbeweis ist – ins privat beschaffte
Einsatzequipment von Mitgliedern der Eliteein-
heiten geschafft haben, absolute Must-haves
auch für private Bestandslisten sind. **Ein regelmäßiges Ausrüstungs-Update der eigenen
hochmobilen und kompakten Lichtspender
alle paar Jahre schadet deshalb sicher nicht.**
Im Gegenteil! Was dann ausgemustert wird, ist
schließlich keine Wegwerfware. Sondern es kann,
solange es noch funktionstüchtig ist, z. B. an
Hilfsorganisationen gespendet werden. Oder man
verkauft die abgangsfähige Bestandsware über
ein Kleinanzeigenportal und nutzt den Erlös als
Anzahlungsbasis für die Neuanschaffung. Was
aber bitte gar nicht geht: leuchtstarke ausgemus-
terte Taschenlampen, die zudem häufig über eine
Stroboskoplichtfunktion verfügen, als Spielzeug
an kleine Kinder zu verschenken. Das ist dämlich
und gefährlich. Mögliche gut gemeinte Einwei-
sungshinweise hin oder her. Für Nachwuchskerle
unter zwölf bis vierzehn Jahren gibt es alters-
gerechte Taschenmesser und Taschenlampen.
LED-Brummer mit zuschaltbarer Blendwirkung
gehören bitte nicht dazu!

Und jetzt zur TA15 v. 2.0 als Produktheld und
aktuellem Beispiel einer Top-Taschenlampe der
neuesten Generation. Die Marke Nextorch ist
inzwischen längst kein Geheimtipp mehr. Sie hat
sich dank ihrer Qualität und Innovationskraft neben anderen bekannten Herstellern und Marken

und zusätzlich ein paar besonders innovative
und sogar patentierte »Highlights« mitbringt. Die
TA15 v. 2.0 ist ein topaktuelles Paradebeispiel für
die Vielseitigkeit kompakter Taschenlampen und
lässt sich mit einem Leergewicht von gerade mal
95 Gramm und einer »Kugelschreiberlänge« von
12,7 cm immer und überall mit hinnehmen.

### LEISTUNGSSTARKE TASCHENLAMPEN SIND UNVERZICHTBAR – AUCH PRIVAT EIN MUST-HAVE!

Hier ein paar weitere Leistungsdaten in loser
Reihenfolge: Die TA15 v. 2.0 verfügt über drei
Leuchtmodi (Low – 35 Lumen, Mid – 205 Lumen,
High – 700 Lumen) plus Stroboskoplicht. Diese
können über den besonders griffigen Drehschal-
ter permanent eingeschaltet werden. Alternativ
können die 700 Lumen oder das Stroboskoplicht
als »Momentan-Licht« zum Selbstschutz, sprich
zur Selbstverteidigung durch leichtes Andrücken
des Endkappenschalters dazu geschaltet werden.
Einen zusätzlichen, äußerst effektiven Hilfsnutzen
bieten die drei Nano-Keramik-Kugeln, die als Glas-
brecher in den Lampenkopf integriert sind. Das
Gehäuse aus einer leistungsstarken Aluminium-
legierung ist zudem äußerst stoßfest, staubdicht
sowie bis zu zwei Meter Tiefe wasserdicht.

wie **Ledlenser**, **Maglite**, **Fenix**, **Nitecore**, **Walther**,
**Varta** – um nur ein paar der wichtigsten Marktbegleiter zu nennen – längst eine sehr gute Position in den Toplisten der Ausrüster erobert und
belegt mit verschiedenen Modellen regelmäßig
erste Plätze in den Vergleichstests von Outdoor-
und Profi-Equipment-Magazinen. Aus der riesigen
Produktauswahl des Herstellers habe ich mir
dieses Modell ausgesucht, weil es sehr kompakt
ist, extrem gute Querschnittsfunktionen bietet

Und, das ist ein Plus mit Ausrufezeichen für dieses Modell: Die TA15 v. 2.0 lässt sich mit verschiedenen Batterie-Typen oder einem Li-Ion-Akku
»füttern«. Das heißt, sie funktioniert wahlweise
mit Batterien vom Typ AA, CR123A, 16340 oder
einem 14500 Li-Ion Akku, der bereits im Lieferumfang enthalten ist. Kein Adapter, keine Halterung,
keine Batteriekäfig-Fummelei! Aufschrauben, Bat-
terie oder Akku – was gerade verfügbar ist – rein,
zuschrauben, fertig. Klappt immer. Weil nicht nur

alle heimischen Discounter jedwede Batterietypen sortimentsbreit und preiswert in der Kassenzone vorhalten, sondern auch fast jeder Krämerladen, jede zweite Buschapotheke und jede dritte Versorgungshütte am Pistenrand im freundlichen Abenteurer-Nichts irgendwelche Batterievorräte neben Aspirin-Dosen, Moskitoschutz, Wasserpullen und Reifenflicken feilbietet. Für andere Taschenlampen sind das – Murphys Law lässt grüßen – meist genau die falschen, dem Nextorch-Brenner ist das egal. Passt schon, Licht wieder an!

**NEXTORCH TA15 V. 2.0: KOMPAKTE LED-POWER FÜR JEDE SITUATION – IMMER EINSATZBEREIT!**

Kompakte LED-Hochleistungsleuchtwerkzeuge mit solchen Fähigkeiten sind selten. Und erfüllen, egal ob in Notfallsituationen, beim Camping, Wandern, Angeln oder Jagen, im Haushalt, beim Stromausfall oder in dunklen Kellerecken plus den glücklicherweise sehr selten notwendigen Selbstverteidigungsanlässen, ihren Zweck. Wenn man sie denn hat. Also ein Must-have? Eindeutig!

Wen es aus meiner DMAX-Leserschaft interessiert: Andreas Macherey ist übrigens auch überzeugter Nextorch-Nutzer und setzt sowohl Taschenlampen als auch Stirnlampen des Herstellers bei seinen Goldsucher-Abenteuern ein. So weiß er im Outback sogar nachts schnell und verlässlich, ob es Gold ist, wenn es nach einem langanhaltenden Sonden-Signal erfolgversprechend glänzt!

Die Zeiten von zwei dank Kameradenunterstützung zusammenknüpfbaren Zeltbahnen als Wetterschutzkonzept und Nachtquartier-Ersatz sind auf dem Weg zur gelebten Geschichte und somit wohl schon bald fester Bestandteil von Heldenspott in Reservistenkreisen. Wobei der Begriff »Dackelgarage« als Wissensfrage mit vier Antwortoptionen unter Zivilisten beim »Wer wird Millionär«-Quiz von Günther Jauch sicher immer gute Chancen zu einem mäßig beklatschten Abgang ohne die 16.000 Euro Gewinn-Zwischenstufe hätte. Zumindest, wenn nicht ausreichend »Gediente« als Publikumsjoker helfen könnten. Egal, die Dackelgarage als »bewegliche Unterkunft« für die Streitkräfte hat schon bald ausgedient. Ersatzweise wurden im Herbst 2021 bis zu 19.000 neue modulare Zeltsysteme über eine Liefer-Zeitspanne von sieben Jahren bestellt. Deren Mehrwerte gegenüber dem Vorgängermodell werden vom Projektleiter im Bundesamt für Ausrüstung, Informationstechnik und Nutzung der Bundeswehr, kurz BAAINBw, Oberstleutnant Carsten Kai Schulke, wie folgt beschrieben. Zitat: »Das neue Zeltsystem schließt in der Bundeswehr eine Fähigkeitslücke zwischen der bisherigen Zeltbahn in der persönlichen Ausrüstung und dem 40 m² großen Einheitszelt des Typs II, für das man zum Transport einen Lkw und zum Abladen einen Gabelstapler braucht.«

Sounds good! Auch in Hinblick auf einen möglichen künftigen hochmobilen händischen Einsatz bei zivilen Anwendungen als vielseitiger Zelt-Allrounder. Wenn es dann erwerbbar sein wird. Leider ist dieses Zelt noch nicht im Ausrüstungshandel verfügbar. Denn es hilft dann natürlich immer, wenn man keinen Lkw oder Gabelstapler zum Transport und Aufbau seiner Kurzzeitbleibe in Mutter Natur braucht. Aber ganz ernsthaft: Wer auf der Suche nach einer transportablen, widerstandsfähigen und funktionalen Outdoor-Unterkunft ist, könnte sie zukünftig bei dieser oder einer anderen bereits im Markt frei erhältlichen militärischen Lösung finden.

# 6 1-PERSONEN-ZELT

Nennt ihn bloß nicht mehr »Dackelgarage«, den neuen, **SUPERKOMPAKTEN EINRAUMWOHNUNGS-NACHFOLGER** für das Deutschland dienende Fachpersonal im Außeneinsatz.

Kompakte Militärzelte sind ungemein robust und liefern einsatzgeprüfte Mehrwerte! So auch dieser beispielgebende Produktheld,

**KEINE »DACKELGARAGE« MEHR: DAS NEUE SUPERKOMPAKTE ZELT FÜR BUNDESWEHR-AUSSENEINSÄTZE.**

der das Zeug zum künftigen Outdoor-Klassiker hat. Ob beim Camping, auf Outdoor-Abenteuern oder bei zivilen Rettungs- und Hilfseinsätzen: Das neue BW-Zeltsystem des langjährigen Bundeswehr-Ausrüstungspartners Kärcher Futuretech, den viele meiner Lesegäste aus der letzten Ausgabe mit dem damaligen Produkthelden Modulfeldküche »MFK« bereits kennenlernen durften, kann dann ein unverzichtbar nützliches Tool für alle sein, die sich viel draußen aufhalten. Denn so ein Militärzelt ist nun mal vordringlich für harte Einsatzbedingungen entwickelt worden. Es trotzt extremen Wetterlagen, ist schnell auf- und abgebaut und bietet zuverlässigen Schutz. Für Zivilisten bedeutet das: Du bekommst eine Unterkunft, die dich bei jedem Wetter trocken und sicher hält. **Die flache Bauweise macht es zudem besonders unauffällig und leicht zu tarnen – perfekt für Naturfreunde, die sich in der Wildnis aufhalten wollen, ohne aufzufallen.** Auch dies gehört schließlich zu den Ansprüchen an »bewegliche Unterkünfte«. Das neue Zeltsystem der Bundeswehr schließt eine Fähigkeitslücke zwischen der einfachen Zeltbahn und dem großen Einheitszelt. Es ist modular aufgebaut, bietet mehr Komfort und ist für bis zu vier Personen vorgesehen. Und wäre daher also künftig auch super geeignet für Kerle-Geländetouren mit Best-Buddys. Die Zelte bestehen aus lichtdichtem Stoff, sind wasserdicht und können modular erweitert werden. Das neue System ist kompakt, leicht und robust und kann schnell auf- und abgebaut werden.

Um das Thema rund zu machen und damit kurz auszuerzählen: Ein komplettes Set der modularen Ausstattung umfasst verschiedene Bausteine, die alle wichtigen Bereiche abdecken:

## ROBUST, LEICHT UND PERFEKT FÜR ALLE OUTDOOR-ABENTEUER – AUCH FÜR ZIVILE EINSÄTZE.

Unterkunft, Verpflegung sowie Sanitär und Hygiene. Zur Unterkunft gehören vier 1-Personen-Zelte und vier Kopflampen. Ein Ergänzungsbaustein bietet zusätzlich ein Gemeinschaftszelt mit Hängelampe, einen Tisch, vier Sitzmöglichkeiten und vier Feldliegen. Verpflegungsausrüstung gehört da ebenso zur Vollausstattung wie die ergänzende Sanitär- und Hygieneausstattung inklusive einer Trockentoilette mit Sicht- und Witterungsschutz. Das zeigt, dass das neue 1-Personen-Zelt mit seinen möglichen Zusatzmodulen einen vollständigen, sicheren und komfortables Outdoor-Refugium bietet, egal wo es hingeht. Man kann sich damit also bei jedem Wetter auf einen trockenen und geschützten Unterschlupf verlassen. Und dank der intuitiven Konstruktion ist das Zelt in wenigen Minuten aufgebaut. Die flache Bauweise und das geringe Gewicht machen den Transport einfach und unkompliziert. Dank der robusten Materialien und der hochwertigen Verarbeitung ist das Zelt zudem extrem langlebig. Es hält Windgeschwindigkeiten von bis zu 110 Stundenkilometern stand und schützt zuverlässig vor Dauerregen.

Die Möglichkeit, Heiz- oder Kühlaggregate anzuschließen, erweitert den Einsatznutzen zusätzlich für extreme Wetterbedingungen aller Art. Ein echtes Multitalent, das sich auch für zivile Abenteuer eignen wird, sobald es dazu verfügbar ist. Es vereint Funktionalität, Robustheit und Komfort und ist damit der perfekte Begleiter für alle, die häufig draußen unterwegs sind.

Im Moment, mangels Erhältlichkeit, leider noch ein Traumprodukt, aber sobald es frei verfügbar sein wird, sicher schnell ein Must-have für alle Freiluft-Abenteurer im Kerle-Lager. Bis dahin können ja ein paar andere bereits gezeigte oder noch folgende Produkthelden die Bestandslücken schließen ...

# 7 TT DUFFEL 65

Auch wenn Hartschalenkoffer meist das bevorzugte, besonders stabile Transportgepäck der Wahl sind – wenn es um das kleinere Gepäck für unterwegs geht, sind ihre flexiblen und meist deutlich leichteren Gepäckverwandten, Rucksäcke und Reisetaschen, oft **DAS MITTEL DER WAHL.**

tem, grobem Wolltuch, schon im 17. Jahrhundert hergestellt wurden. Übrigens ursprünglich aus dem gleichen schweren und bewährten belgischen Wollstoff, der für Dufflecoats verwendet wurde. Richtig bekannt wurden die großen und in ihrem Ursprung meist zylindrischen Transporttaschen durch ihre militärischen Einsatzqualitäten bereits in der ersten Hälfte des 20. Jahrhunderts. Nach dem Zweiten Weltkrieg eroberten sie die zivile Welt und wurden besonders bei Sportlern und Reisenden mit hohen Anforderungen an ihr Transportgepäck sehr beliebt. Heutzutage bestehen sie aus modernen, wetterfesten Materialien und bieten zig praktische Features. Egal ob Abenteuer oder Alltag – Duffel-Taschen sind robuste, vielseitige Stauwunder, die auch voll im zivilen Trend liegen.

Die TT Duffel 65 ist genau solch ein Multitalent, das sowohl im zivilen als auch im militärischen Bereich mit seiner Qualität, Ausstattung und dem Einsatznutzen beeindruckt. Ihre Vielseitigkeit macht sie besonders spannend für alle, die höchste Funktionalität und Robustheit zu schätzen wissen oder ganz einfach brauchen. Sie wurde entwickelt, um den harten Anforderungen im Militär- und Behördeneinsatz standzuhalten. Viele dieser Einsatz-Mehrwerte bieten auch im Alltag und bei Outdoor-Aktivitäten herausragenden Nutzen. Ihr Hersteller, Tasmanian Tiger, bietet eine breite Palette an taktischer Ausrüstung und teilt sich mit dem renommierten deutschen Produzenten von hochwertiger Outdoor-Ausrüstung, Tatonka, die jahrzehntelange Expertise in der Herstellung von Ausrüstungen für den Behörden- und Militärmarkt sowie zivilen Bereich und bietet somit höchste Standards und innovative Technologien.

Dies gilt nicht nur für das Transportgepäck für Behörden- und Militärausrüstung, sondern genauso für den Transport von zivilen Sportausrüstungen sowie für normales Reise- und Arbeitsgepäck im täglichen Gebrauch. Und genau hier kommen Duffels als äußerst bewährte und robuste, flexible Transporttaschen ins Spiel. Ein besonders

**LEICHT, FLEXIBEL UND ROBUST – DIE PERFEKTE TASCHE FÜR LEICHTES GEPÄCK UNTERWEGS.**

gefragtes Modell auf der materialtechnischen Höhe der Zeit ist deshalb auch mein Produktheld. Bevor wir uns dieses Modell mal genauer ansehen, noch kurz etwas Hintergrundwissen darüber, wo diese Art der Transportnützlinge herkommt: Duffel-Taschen sind nach der belgischen Stadt Duffel in Flandern benannt, wo Reisetaschen, meist Seesäcke für Seeleute und Soldaten aus robus-

Jetzt zu unserem Produkthelden: Egal, ob als Sporttasche für Klamotten und Ausrüstung, für mehrtägige Trekkingtouren, Geschäftsreisen, ein Wochenende beim Camping oder sogar für das richtig große, in mehrere Taschen aufgeteilte Expeditionsgepäck – die TT Duffel 65 bietet reichlich Platz für alles, was hinein- und mit muss. Die

Tasche besteht aus extrem widerstandsfähigem 700D Cordura und 420 HD-Nylon, was sie besonders langlebig macht. Mit einem Volumen von 65 Litern und Abmessungen von 70 × 36 × 28 cm hat sie eine perfekte Mid-Size-Größe und ist mit ihren gerade mal 1,42 kg Leergewicht selbst kein Ballast. Im Gegensatz zu Hartschalenkoffern mit

werden. Der robuste Boden und die widerstandsfähigen Materialien schützen alles, was drin ist, perfekt! Das macht sie zum meganützlichen Transportwerkzeug für viele Freizeitanwendungen und Jobs, auch die zivilen. Als Alltags- und Freizeitgeneralist mit perfektem Stauvolumen selbst für Techniker oder

vergleichbarem Volumen, die meist ein Mehrfaches an Eigengewicht mitbringen. **Ein unschätzbarer Gewichtsvorteil gerade beim Einsatz als Flugreisegepäck.** Der so richtig nützlich ist, wenn es mal mit kleinen Buschfliegern, bei denen jedes Kilo Zuladung zählt, auf die letzten Etappen zum Ziel in den Bergen oder den Regenwald geht. Dank der ergonomisch geformten, gepolsterten Schultergurte, die sich bei Bedarf abnehmen und im Deckel verstauen lassen, kann die Tasche bequem getragen werden, egal wie voll sie gepackt ist. Die Handgriffe auf allen vier Seiten erleichtern das Handling, während die abschließbaren Reißverschlussschieber Wertsachen sicher verwahren. Für zusätzlichen Komfort sorgt der gepolsterte Boden, der die Tasche stabilisiert und den Inhalt schützt. Das MOLLE-System auf der Außenseite, über das so gut wie jedes leichte Tragesystem, egal ob Tasche oder Rucksack im Behörden- und Militäreinsatz, verfügt, ermöglicht die Anbringung zusätzlicher Taschen und Ausrüstung, was die Vielseitigkeit der TT 65 noch weiter erhöht.

Ein weiteres Plus: Dank der weiten Taschenöffnung kann der Tascheninhalt ebenso schnell und einfach verstaut wie wieder herausgenommen

Handwerker bietet die Tasche ausreichend Platz und Schutz für empfindliche Ausrüstungsgegenstände. Die gepolsterten Innentaschen und der stabile Boden sorgen dafür, dass Werkzeuge und Geräte sicher verstaut sind. Die vielseitigen Tragemöglichkeiten liefern dazu den erstaunlich ermüdungsfreien Transport an der Hand oder auf dem Rücken, und die hohe Flexibilität machen die TT Duffel 65 zu einem zuverlässigen Begleiter und Transportallrounder für alle Einsatzzwecke, sowohl als Hand- wie auch Rückengepäck. Es gibt sie übrigens in den zwei Größen (45 und 65 Liter Volumen) sowie in drei Farbvarianten: Olive, Coyote-Brown und dem im Zivileinsatz sowie bei ein den meisten Spezialeinheiten bevorzugten Schwarz.

**DIE TT DUFFEL 65 IST EIN VIELSEITIGER BEGLEITER – IDEAL FÜR SPORT, REISEN UND ABENTEUER.**

Die Duffel 65 von Tasmanian Tiger ist somit mein Must-have-Tipp für ultraleichte, robuste Profi-Duffel für so gut wie jeden Transporteinsatz. Wem diese Art von Transportnützlingen mit ihren Mehrwerten gefällt, der findet dazu auch eine ganze Reihe anderer richtig guter Hersteller und eine ordentliche Auswahl an Modellen. Hersteller, die in dem Bereich auch Leistungsware im High-End-Regal bieten, sind zum Beispiel **North Face**, **Patagonia** und **Osprey**. Seht sie euch einfach ebenfalls an.

# 8 KATADYN NRG-5-NOTRATION

**MAL GANZ EHRLICH:** Wie sieht es mit euren Notvorräten für schlechte Zeiten oder Krisen aus? Ein ganzer Kellerraum voll Dosen, Gläsern, Tonnen und Wasserkanistern oder gleich ein randvoller 1000-Liter-IBC-Container in der Garage?

Kann man ja so machen und hat den schönen Nebeneffekt, dass bei regelmäßiger MHD-Kontrolle der Nahrungsmittel kurz vor deren jeweiligem Ablaufdatum die Tafeln Spendennachschub bekommen. Sicher eine gute Idee mit sozialkompetentem Zusatznutzen. Die Sammler- und Maximalabsicherungsfraktion der Kerle liebt so was, egal ob als besonders umsichtiger Normalo oder Prepper. Bei denen ist ja oft noch viel mehr im Bestand. Was zum Teil sogar sehr schlau sein kann, falls es mal so richtig doof wird und Versorgungsmöglichkeiten inklusive Strom und Wasser für länger ausfallen. Ich bin da, auch mangels verfügbarer Kellerdepots, eher pragmatisch. In unserem Vorratsraum und den Kühltruhen – für die ich natürlich ausreichend Notstrom mit fossilen Treibstoffreserven bereithalte – ist das, was meiner Familie und mir einfach richtig gut schmeckt. Und dazu ein Basisbestand an hochwertigen leckeren Grundnahrungsmitteln. Plus reichlich Wasser und zwei Wasserfilter, von denen ihr einen aus dem Kapitel schon kennt. Die zusätzliche Frischfleischversorgung im möglichen Notfall traue ich mir als Jäger zu, das spart Platz bei den Vorräten. Was ich aber außerdem für extrem

**BEREIT FÜR DEN ERNSTFALL? NRG-5: DIE KOMPAKTE NOTRATION MIT MILITÄRISCHER EINSATZQUALITÄT.**

nützlich als Back-up und echte eiserne Reserve halte, sind kompakte Notrationen mit nachgewiesener militärischer Einsatzqualität. Das ist Überlebensfutter »to stay or to go«. Heißt: Es handelt sich um extrem haltbare Vollnahrung, die zu Hause so gut wie keinen Lagerplatz wegnimmt und gleichzeitig unterwegs bei längeren Touren eine viel bessere komplette Not-Nahrungsreserve ist als alles andere, was man so an Futterballast mitschleppen kann.

Wenn es um Notrationen geht, haben militärische Standards oft Vorbildcharakter. **Militärische Notrationen wie die EPA (Einmannpackung) der Bundeswehr, die heute übrigens »Einpersonenpackung« heißt,** oder in anderen Armeen zum Beispiel MRE, ORP, IMP, RCIR, sind für die Nahrungsversorgung in Extremsituationen entwickelt, getestet und optimiert. Was für Soldaten im Einsatzgeschehen funktioniert, bietet eben auch als echte Notreserve für zu Hause oder zivile Erlebnis- und Entdeckungsreisen unschätzbare Vorteile. Aber diese Komponentenpacks, einige von ihnen haben sogar echte »Geschmacksreserven« in ihren pröbchenähnlichen Komponentenverpackungen, erzeugen immer noch Zubereitungsaufwand. Und außerdem gibt es gerade draußen auch ein – wenn auch kleines – Verpackungsmüllproblem. Das geht, das Thema Geschmack bleibt hier unbewertet, noch einfacher. Mit der NRG-5-Notration von Katadyn, die ich euch jetzt vorstellen

EMERGENCY FOOD RATION
NOTVERPFLEGUNG
RATION DE SECOURS
RAZIONE ALIMENTARE DI EMERGENZA
RACION DE EMERGENCIA

GMO FREE | ZERO LACTOSE | VEGAN

Art. No. 30500
500 g e / 9 BARS
9600 kJ / 2300 kcal

nicht nur nährstoffreich, sondern auch sofort verzehrbereit, was bedeutet, dass sie direkt aus der Packung gegessen oder mit Wasser zu einem Brei angerührt werden können. Die Haltbarkeit der NRG-5-Notration ist ein weiterer wichtiger Pluspunkt! Die Rationen sind bis zu 20 Jahre haltbar, was sie zu einem idealen Vorrat für den Notfall macht. Die luft- und wasserdichte Verpackung sorgt dafür, dass der Inhalt auch unter extremen Bedingungen geschützt bleibt, sei es bei hoher Luftfeuchtigkeit, starken Temperaturschwankungen oder mechanischen Belastungen. Diese Robustheit und Langlebigkeit stellen sicher, dass die Notration in jeder Situation zuverlässig einsatzbereit bleibt. Wenn es um das Thema »Genuss« beim Verzehr geht, wird die Beschreibung allerdings sehr kurz: Schon fertig. Aber darum geht es hier auch nicht. Auf der Packung steht ja leicht verständlich: »Notration« und nicht »Kulinarischer Gaumenschmaus« oder »Johann Lafers Outdoorhäppchen«. Was draufstehen könnte, sich aber auch jeder gut denken kann: »Mit viel Wasser verzehren«. Das ergibt sich aber ebenfalls aus der Verzehrempfehlung als nahrhafter Brei. Laut Herstellerhinweis ist die NRG-5-Notration übrigens auch für Kinder ab 6 Monaten geeignet – was einmal mehr für die Bestandsbevorratung als absolute Nahrungsnotreserve auch für zu Hause und die ganze Familie spricht. Das allein kann schon das äußerst beruhigendes Gefühl liefern, für Krisensituationen einen mehrwöchigen Nahrungsvorrat verfügbar zu haben und entsprechend gerüstet zu sein. Bei 20 Jahren Haltbarkeit kann man damit nichts verkehrt machen. Und dieses äußerst nützliche »Trockenfutter« wenn es nie zu Hause gebraucht wurde, kurz vor MHD mit der übernächsten Generation verproben.

**20 JAHRE HALTBARKEIT: DIESE NOTRATION SICHERT DIE NOTFALL-VERSORGUNG – JEDERZEIT EINSATZBEREIT.**

möchte. Der Schweizer Hersteller Katadyn ist bekannt für innovative Lösungen im Bereich der Wasseraufbereitung und Notfallversorgung. Mit der NRG-5-Notration haben sie ein Produkt entwickelt, das höchsten Ansprüchen genügt und sogar in vielen Krisensituationen weltweit zur Notversorgung mit Nahrung eingesetzt wird. Ob bei humanitären Einsätzen oder bei Expeditionen in entlegene Gebiete – NRG-5 hat sich vielfach bewährt, wenn reguläre Nahrungsvorräte nicht verfügbar sind.

Die NRG-5-Notration besteht aus kompakten Riegeln, die aus hochwertigen Zutaten wie Weizen, pflanzlichem Fett, Zucker, Malzextrakt und Sojaprotein hergestellt werden. Diese Zutaten sorgen für eine ausgewogene Mischung aus Kohlenhydraten, Proteinen und Fetten, die den Körper in Extremsituationen optimal versorgen. Ein Paket enthält 500 Gramm und bietet etwa 2300 Kalorien, was ausreicht, um den Tagesbedarf eines Erwachsenen zu decken. Zusätzlich sind Vitamine und Mineralstoffe hinzugefügt, welche den Körper in Notfallsituationen unterstützen. Die Riegel sind

Auch nicht unwichtig im Vergleich zur wahrscheinlich deutlich schmackhafteren Fitnessriegel-Konkurrenz bei Outdoorausflügen ist die umfassende Nährstoffzusammensetzung der NRG-5-Riegel. Während Fitnessriegel oft für kurzfristige Energieboosts entwickelt werden und nur begrenzte Nährstoffe bieten, ist die NRG-5-Notration so konzipiert, dass sie den gesamten täglichen Nährstoffbedarf deckt. Zudem sind Fitnessriegel in der Regel nur wenige Monate haltbar, während die NRG-5-Rationen ja bis zu 20 Jahre lang ihre Qualität behalten. Somit sind diese Nährstoffgeneralisten für alle, die auf wirklich alles vorbereitet sein wollen, optimal. Und Katadyn hat mit der Variante NRG-5 Zero für Menschen, die unter Glutenunverträglichkeit leiden, sogar eine geeignete Alternativ-Notration im Angebot.

Neben der Katadyn NRG-5 gibt es auch andere spannende Notrationsangebote, die ähnlich hochwertig und haltbar sind. Zum Beispiel die **Seven Oceans Standard Emergency Ration** sowie **BP-5 Compact Emergency Food** oder auch **Mainstay Emergency Food Rations** – besonders beliebt in den USA.

Meinen Favoriten und Produkthelden kennt ihr ja jetzt. Entscheidet bitte selbst, ob das ein Thema für eure Bestandsliste ist.

# 9 MARANEO M2 ADVANCED TAUCHERANTRIEB

Eine Diskussion darüber, ob jetzt und hier das Beste des Kapitels zum Schluss kommt, ist müßig. **ALLE PRODUKTHELDEN** im Buch gehören zu den jeweils besten ihrer Art.

Und was ich euch bis jetzt vorgestellt habe, trägt in meiner Bewertung fast ausnahmslos einen Must-have-Hinweis: Sehr nützlich und überwiegend leicht beschaffbar! So soll es sein, wenn Dual-Use die Mehrwerte militärischer Ausrüstung mit ihrem bewiesenen Einsatznutzen, äußerster Robustheit und Innovationskraft in den zivilen Ausrüstungsbestand übertragen soll. Zum Kapitelende legen wir den Schalter aber jetzt mal in Richtung Traumprodukt um und drücken dabei den Schubhebel ganz durch. Jetzt kommt Profi-Equipment in der cineastischen »James-Bond-und-Actionfilm-Klasse«. Als reales Einsatzwerkzeug für Spezialeinheiten unter Wasser. Was ansonsten nur noch für Berufstaucher und Unterwasserforscher einen echten Must-have-Charakter besitzt. Wie so etwas aussieht und funktioniert, zeige ich euch inklusive der faszinierenden Leistungsdaten jetzt in Form des Produkthelden Maraneo M2 Advanced Taucherantrieb. Der diejenigen, die dazu ausgebildet sind, in ihrem Einsatzauftrag unterstützt, indem er sie lautlos und mühelos durch die Wasserwelt katapultiert.

**JAMES-BOND-STYLE FÜR SPEZIALKRÄFTE: MARANEO M2 – DER ULTIMATIVE UNTERWASSER-ANTRIEB!**

Dazu die wesentlichen Leistungsdaten und technischen Spezifikationen in einer kurzen Zusammenfassung: Der Maraneo M2 Advanced beeindruckt mit einer Schubkraft von über 42 Kilogramm, die durch zwei leistungsstarke, oberschenkelmontierte Thruster realisiert wird. Mit dieser enormen Kraft können Sie sich mit bis zu 9 km/h (150 m/min) durch das Wasser bewegen und dabei selbst in den strömungsreichsten Umgebungen die Kontrolle behalten. Das System operiert mit einem bemerkenswert niedrigen Geräuschpegel, ideal für verdeckte Missionen, bei denen Diskretion gefragt ist. Der Antrieb ist druckfest bis über 100 Meter Tiefe und wird von einem 1062-Wh-Lithium-Ionen-Akku betrieben, der UN38.3 zertifiziert und schnell aufladbar ist. Eine Ladung bis zu 80 % dauert weniger als eine Stunde, die vollständige Ladung weniger als zwei Stunden. Wartungsfreiheit ist ein weiteres Plus: Der Maraneo M2 Advanced enthält keine regelmäßig zu ersetzenden Verschleißteile und ist aus korrosionsbeständigen Materialien wie Aluminium, POM, Titan und Gummi gefertigt.

Wie es sich für solche Hightech-Einsatzausrüstung für Spezialkräfte gehört, die ihre Köpfe und den Bewegungsapparat für die eigentliche Mission, den zu erfüllenden Auftrag frei haben müssen, ist die Steuerung des Maraneo M2 Advanced intuitiv. Sie erfolgt über Körperbewegungen, wodurch die Hände weitgehend frei bleiben. Dank seiner modularen Bauweise lässt sich der Maraneo M2 Advanced flexibel an verschiedene Ausrüstungsgegenstände anpassen. Das robuste Tragesystem mit Molle-Befestigungen ermöglicht eine schnelle und sichere Anbringung, was das Handling und die Einsatzmöglichkeiten zusätzlich erleichtert. Die hohe Schubkraft und die intuitive Steuerung des Systems ermöglichen es zudem, längere Strecken zu tauchen und dabei Energie zu sparen. Unterwasser-Antriebssysteme wie der Maraneo M2 ermöglichen es Kampfschwimmern, sich schneller und weiter unter Wasser zu bewegen. Was besonders bei Infiltrations- und Exfiltrationsoperationen von entscheidendem Vorteil ist.

## 42 KILO SCHUBKRAFT, BIS 100 METER TIEF – HIGHTECH FÜR PROFIS UND ABENTEUERLUSTIGE.

Warum das aber nicht nur eine spannende Kurzgeschichte über militärisches Hightech-Equipment ist, sondern wirkliche Dual-Use-Mehrwerte, also auch handfeste zivile Berufsprofi-Nutzen unter Wasser bietet, liegt auf der Hand: Mit einer Schubkraft von über 42 Kilogramm und einer Geschwindigkeit von bis zu 9 km/h ermöglicht der Antrieb ein müheloses Gleiten durch das Wasser, wodurch Taucher längere Strecken ohne Erschöpfung zurücklegen können. Die intuitive Steuerung durch Körperbewegungen lässt die Hände frei, um andere Aufgaben zu erledigen, wie das Sammeln von Proben oder die Bedienung von Ausrüstung. Das System ist druckfest bis über 100 Meter und besteht aus korrosionsbeständigen Materialien, die eine lange Lebensdauer und minimale Wartung gewährleisten. Die Steuerung des Antriebs ist leicht zu erlernen, und das Gerät ist ergonomisch gestaltet, **sodass es auch mit Neoprenhandschuhen problemlos bedient werden kann.** All dies wünschen sich natürlich auch ambitionierte Hobbytaucher, denen der Maraneo M2 Advanced ein spannendes und komfortables Taucherlebnis bieten kann, das die Erkundung der Unterwasserwelt erleichtert und zu einem echten Abenteuer macht.

Wer an diesem letzten Produkthelden jetzt so viel Interesse gefunden hat, dass er ihn unbedingt haben muss, der kann ja beim Hersteller Maraneo einfach mal anfragen. Viel Erfolg!

**Ich hoffe, meine Auswahl von Dual-Use-Ausrüstungen hat euch gefallen.** Jetzt nehme ich euch mit zu meiner Produkthelden-Auswahl in und außer Haus XXL und zeige euch da an ein paar ganz besonderen Beispielen, wie man sich Nachbars Neid verdient. Also, aufsitzen, wir rücken ab!

# IN- UND AUSSER HAUS XXL: NACHBARS NEID MUSS MAN SICH VERDIENEN

**M**ake my Day! Was wäre dazu besser geeignet als ein paar besonders nette Haushaltswaren plus gepflegtes Gartengroß- und -kleingerät, um klarzumachen, wer der coolste Kerl im Ring beziehungsweise der eigenen Straße oder sogar dem ganzen Ort ist? Also einfach mal deutlich kreativer sein als mit einer PS-stark befüllten Garageneinfahrt herumzuprotzen – plus dem Booster eines stets offenen Garagentors, das den Blick auf die tiefergelegte Eingreifreserve freigibt. Und auch ungleich origineller sowie konfliktfreier als bei örtlicher Anwesenheit die Fensterfronten des eigenen sowie der Nachbarhäuser mit seinem auf der Straße geparkten zwölf Meter langen dreiachsigen Reise- und Wohncontainer zu beschatten. Sich Nachbars Neid oder – noch viel besser – Anerkennung und Aufmerksamkeit durch eine gezielte, geschmackvolle Auswahl besonders cooler Ein- und Ausrüstung für Haus, Hof und Garten zu verdienen, ist eine ganze Ecke subtiler und bietet zudem jede Menge Selbstbelohnungspotenzial. Tue dir Gutes und lass andere auch mal darüber reden, das schadet ja nichts.

Die Wahl der möglichen Produkthelden war gerade für dieses Kapitel riesig, und die Entscheidungen für die richtige Mischung somit extrem schwierig. Es gibt eben viele Dinge, die in der jeweils neuesten Version besonders spannende Geschichten als echte »Must-Haves« für Männer liefern und gleichzeitig auch überreichlich viele Traumprodukte für drinnen und draußen. Gerade bei den gut begründbaren und Hausfrieden sowie Familienfreude erhaltenden Produkthelden habe ich mir dazu Rat und Tipps vor allem von Freunden und Experten gesucht, die qualitative Mehrwerte und praktischen Langzeitnutzen genauso schätzen wie Aha-Effekte und das ganz große Staunen. Für Kerle, die häufig zur unterhaltsam genussgeprägten Rudelbildung neigen und sich dazu gerne enge Freunde inklusive besonders guter Nachbarn ins Haus oder den heimischen Garten einladen, sind hier zudem ein paar echte Highlights am Start, die sowohl mit inneren Werten als auch ihrem Produktauftritt punkten. Ein paar dieser Produkthelden dürfen und sollten außerdem als Interessen- und Budgetkonkurrenten mit einer Urlaubsreise verstanden werden. Warum auch nicht? Perfektes, genussgeprägtes Urlaubsfeeling auf der heimischen Terrasse und im Garten ist völlig stressfrei, extrem nachhaltig und außerdem praktisch.

Macht was draus, liebe Familien-Kerle mit netten Nachbarn und Selbstbelohnungsgenen. Hier kommt meine passende Produktheldenauswahl dazu …

# KAPITEL 2

# 10 ZASSENHAUS SERVIERTELLER (SCHAUFEL) WORKER

Ich liebe einfach die lockeren Kapiteleinstiege mit ein paar **KNACKIGEN ÜBERRASCHUNGSEFFEKTEN.**

Und ich bleibe dabei: sympathische Produkthelden in meiner Auswahl müssen nicht immer groß, exklusiv und schwer beschaffbar sein. Aber sehr, sehr cool sollten sie sein. Und man darf auch schon mal zufrieden grinsen, wenn man einen dieser Produkthelden in seinen persönlichen Bestand aufnimmt. Genau diese Voraussetzungen erfüllt unser Kapitelstarter. Und selbst wenn bei ihm der Anspruch »Nachbars Neid muss man sich verdienen« spätestens dann erledigt ist, wenn der Nachbar-Buddy next door nach der Einladung zum Grill-Battle bei offenem Zauntor nachlegt und zur Rückrunde mit seinen Barbecue-Festspielen was Ähnliches auf den Tisch bringt: Dieses Arbeitsgerät aus der Gruppe der Genussveredler bleibt ein Tabletop-Hit mit Nachkaufanspruch, mindestens als Verschenkware! Deshalb zeige ich ihn hier in der Schaufelversion. Ja, diese grandiose Futterschippe gibt es auch als Spatenblatt, und zwar in perfekt befüllter genussfertiger Einsatzausrüstung. Die nächste gute Nachricht: Sowohl der Spaten- als auch der Schaufelblatt-Teller sind wahlweise in den Größen 25 × 18 cm oder 30 × 22 cm erhältlich. Was absolut Sinn macht, weil so direkt mal das Anrichten von Vorspeise oder Beilage plus Hauptgang geklärt ist.

**GENIALE FUTTERSCHIPPE TRIFFT AUF STIL: DER »WORKER«-TELLER FÜR ECHTE GRILLMEISTER!**

Im Datenblatt und der Betriebsanleitung dieses Hand- und Tischwerkzeugs findet sich der komplette Anwendungsnutzen: Der Steak-/Servierteller aus europäischer Fertigung namens »Worker« besteht aus glasierter Keramik und ist nach Herstellerangaben mikrowellenfest – na ja, welcher Genusskerl braucht das schon? **Aber, das ist wichtig: bis 240° Celsius belastbar heißt »ofenfest«.** Er eignet sich damit nicht nur zum schicken Servieren, sondern auch für die echte Arbeit vorweg – den Einsatz im Ofen und bis zu der Hitzegrenze von 240° Celsius auf dem Grill.

Damit deckt er große Teile unserer Gourmet-Erlebniswelt ab. Und beweist seine Werkzeugbefähigungen zur Bestandsaufnahme für Küche, Esstisch und Grill-Equipment. Wobei ich diesen Produkthelden, der allein in jedem Kerle-Bestand ziemlich einsam wäre, vor allem als das Servierteller-Statement für zu Hause sehe – sowohl drinnen als auch draußen. Nicht »für gut«, also beim heimischen Empfang von Schwiegermüttern oder der Erbtante aus Amerika – dafür tut es dann normales Edelporzellan mit oder ohne Goldrand. Sondern »für sehr gut«, also für die wirklich wichtigen Tafelgenüsse und besonderen kulinarischen Anlässe: Grill-Sessions oder Kochevents mit ein paar Best-Buddys oder den echten Lieblingsnachbarn.

Das meine ich ernst. Denn ich sehe null Anlass, diesen Teller als »Running Gag« zu verkaspern. Die Form liefert den Unterhaltungswert und den Aha-Effekt, ganz klar. Sie ist ein echter Hingucker und sorgt für Gesprächsstoff. Aber ich kenne mich mit solchen Dingen ganz gut aus: Die Qualität hält locker mit der Markenklasse qualitativ sehr ordentlicher Essteller mit! Die 240° Celsius an indirekter Hitze schafft bei den normalen runden oder eckigen Tellern aus Keramik zudem längst nicht jeder. Und der Anwendungsnutzen deckt eine ziemlich große Bandbreite ab. Außerdem ist das einer der Produkthelden im Buch, der sich ideal als gut bezahlbares Geburtstagsgeschenk für andere Kerle eignet. Das ist dann sogar noch »skalierbar« auf der nach oben offenen Wertschätzungsskala: Nur der Teller, zwei bis vier davon, Teller mit Grillbuch, Teller mit Steakbesteck, vier Teller mit Kiste Craftbier, sechs Teller mit Skotti-Grill oder – der muss jetzt einfach noch sein: 24 Stück zusammen mit dem Flammkraft Block D. Wobei das dann wirklich ein sehr runder Geburtstag eines richtig guten Freundes sollte – der einem zudem selbst mal etwas besonders Nettes zum runden Geburtstag geschenkt hat.

Wie dem auch sei: Ich bin ein echter Fan dieser maximal-coolen Tellernützlinge und empfehle sie

deshalb als Must-have für den Kerle-Ausrüstungsbestand. Lohnt sich zum Besitzen und Benutzen! Außerdem habe ich mir ganz nebenbei eine perfekte Überleitung zum nächsten Produkthelden verschafft, wie ihr gleich sehen werdet.

Die Nennung anderer Geschirrhersteller, die ähnlich kerlige Teller wie den hier anbieten, spare ich mir ebenfalls. Ich kenne aktuell einfach nichts Vergleichbares. Also: next Produktheld!

# 11 FLAMMKRAFT BLOCK D (GENERATION 5)

Jetzt folgt ein Produkt gewordenes Statement für technische Innovation, perfekten Anwendungsnutzen, **DESIGNQUALITÄT, ERFINDER- UND MACHERLEIDENSCHAFT**. Und, und, und.

Ein Endstufen-Grillmonolith, für den »Nachbars Neid« einfach keine Währung ist, weil er schlicht Bewunderung und Begeisterung auslöst. Bei jedem, der ihn mindestens mal ansehen und anfassen, im besseren Fall testen und im Optimalfall

besitzen und benutzen darf. Kerle-Ware pur, in der Champions League. Ich hatte Teil eins, also Ansehen, Anfassen und Erklärung vom Grillprofi bei meiner Recherche-Reise für das Buch. Die mich dazu für kleine bis richtig große High-end-Grillausrüstung in die Zentrale und den riesigen Store von Santos Grills in Köln geführt hat. Übrigens ein Männer-Refugium, in dem man locker einen ganzen Tag verbringen kann, um danach mit sattem Grinsen fette Beute gemacht zu haben. Oder um total happy einen ziemlich kompletten Überblick über die aktuelle Angebotsauswahl dieser Königsdisziplin von Kerle-Ware mitzunehmen. Leider ist der Store so gut gesichert, dass jeder Versuch, sich da abends einschließen

## IMPOSANTER GRILL-MONOLITH FÜR ULTI-MATIVEN GENUSS UND ECHTE BEWUNDERUNG!

zu lassen, um eine ganze Nacht zum Kuscheln mit der Genusstechnik zu verbringen, wohl scheitert. Entsprechende erfolglose Versuche soll es schon gegeben haben. Mir hat der Besuch dort mehrere Produkthelden verschiedener Spitzenhersteller beschert. Und einer davon ist der Flammkraft Block D in der aktuellen Generation 5. Den stelle ich euch jetzt mal, so massiv, wie er ist, und auch halbwegs detailgetreu, vor. Das haben der Hersteller und diese kompromisslos gute Grillgenussmaschine einfach verdient. Los geht's, technische Daten und Leistungen inklusive ...

Die Geschichte von Flammkraft begann mit zwei Ingenieuren, Manuel Lasar und Knud Augustin, die nach einem Grill suchten, der ihren hohen Ansprüchen genügte. Da sie leider keinen passenden Grill fanden, entschieden sie sich, ihren eigenen zu entwickeln. Ihr Ziel war schlicht Perfektion und höchster Anwendungsnutzen. Also die Kombination aus Qualität, Langlebigkeit, leistungsstarker Grill-Performance und Benutzerfreundlichkeit. Aus diesem Anforderungsprofil entstand der Block D. Die massiven, vollständig aus Edelstahl gefertigten Modelle der Block-Serie und das dazu passende Zubehör bieten alles, was für ein Endstufen-Grillerlebnis benötigt wird. Die Modelle sind im Grunde superkompakte, flexible Außenküchen, die aus vollem Material gefertigt werden. Der Block D wurde über die Jahre kontinuierlich weiterentwickelt. Jede neue Generation hat dabei Verbesserungen und Neuerungen gebracht. Der aktuelle Block D der Generation 5 ist das Ergebnis dieser kontinuierlichen Weiterentwicklung. Er ist vollständig (!) aus Edelstahl gefertigt, und das in massiven Materialstärken. Er bietet eine extrem leistungsfähige Röstzone und eine große Hauptgrillfläche, die alle Varianten des Grillens – von direkter und indirekter Hitze bis hin zu Low & Slow – ermöglicht. Mit Temperaturen von 75° Celsius, also komplett indirekt bis 900° Celsius direkt über dem Röstbrenner, setzt der Block D aktuell echte Maßstäbe in der Oberklasse. Das Brennerkonzept, ausgestattet mit Edelstahl-Gussrosten, macht den Einsatz von reichlich Zubehör möglich und befeuert dazu das »OfenDock« optimal.

Ein absolutes Highlight ist auch die maximale Röstbrennerleistung: Die Fläche des Röstbrenners misst 16 × 22 cm und bringt eine Leistung von maximal 5,4 kW. Nur mal so: Das sind umgerechnet über 7 PS. So viel Power ermöglicht das gleichzeitige Anrösten mehrerer richtig großer und massiver Fleischstücke. Der Betrieb der Teppanyaki-Platte und des Woks läuft dank der hohen Leistung natürlich auch perfekt. Die Regelung des Brenners erlaubt sowohl das Rösten mit maximaler Kraft als auch den Einsatz als Zuheizer beim Pizzabacken. Ebenso kann er die Hauptgrillfläche im indirekten Low & Slow-Betrieb von 75° bis 110° Celsius befeuern. Der Deckel ist ebenso kompromisslose Extraklasse: Er ist vollständig

doppelwandig und isoliert, was ein schnelles Aufheizen und konstantes Halten der Temperatur ermöglicht. Dämpfer aus Hochtemperatursilikon machen das Öffnen und Schließen des massiven Deckels geräuscharm und vor allem auch ohne Bodybuilding-Training leistbar. Das muss man live erleben, allein den Deckel aufzuklappen ist schon ein Kerle-Spaß! Zur einfachen Reinigung besitzt der Block D zusätzlich eine sehr nützliche Schublade für die Entnahme des Ablaufsystems. Alle Brenner lassen sich mit nur einer Schraube entnehmen und wieder einsetzen. Das Brennerkonzept erfordert keine Abdeckbleche über den Brennern, was die Reinigung vereinfacht. Außerdem ist das Zubehörprogramm nicht überladen, sondern wirklich gut durchdacht und erweitert die Grillmöglichkeiten sinnvoll. Ob Wok, Pizzastein, Teppanyaki-Platte oder Rotisserie – alle Zubehörteile sind kompatibel und ermöglichen zig kreative Kombinationen. Das klappbare Rost des OfenDocks bietet optimalen Zugriff auf den Wok, während das OfenDock auf der Hauptgrillfläche weiter im Einsatz ist. Der Drehspieß kann parallel weiterlaufen, womit der Grill seiner Vielseitigkeit beweist.

Ich könnte noch locker ein bis zwei Seiten über die funktionalen Details dieses Grills weiterschreiben, aber das wird dann irgendwann auch beim Mitlesen ermüdend. Ich arbeite ja nicht an einem Sponsorenvertrag, finde das Gerät und sein Innenleben und die Möglichkeiten, die es bietet, aber einfach faszinierend. **Das ist allerfeinste Ingenieurskunst von zwei leidenschaftlichen Entwicklern, die das Beste vom Besten herstellen wollten.** Und dies auch mit engagierten Mitmachern hinbekommen haben. Das Gerät strahlt genau das aus und liefert es auch, was »Made in Germany« mal so besonders und begehrt gemacht hat. Und ist deshalb inzwischen auch die Top-Wahl bei Grillenthusiasten, die bereit sind, für solch einen Einmalkauf die faire und absolut berechtigte Kohle auf den Tisch zu legen. Hält ja schließlich gefühlt ein ganzes Kerle-Leben lang. Und ist bei so einer Lebensdauerrechnung dann wieder ein richtiger Schnapper.

Papier ist bekanntlich geduldig – also prüft die Story doch einfach beim Fachhändler eures Vertrauens. Der Rest ergibt sich dann automatisch, versprochen! Spätestens, wenn dieses Traumprodukt seinen Weg in die Ausrüstung jedes Grills-Kerls gefunden hat und dort einen schwer zu verdrängenden Spitzenplatz einnimmt. Dann klappt es auch mit den Nachbarn, die gerne öfter mal vorbeikommen (würden). Ist ja schließlich eure Entscheidung.

Für mich ist der Flammkraft Block D ein Traumprodukt in der Auswahl dieses Buches!

**DER FLAMMKRAFT BLOCK D BIETET IN JEDER HINSICHT PERFEKTION FÜR DEN GRILLMEISTER:**

Genau wie mein nächster Produktheld, der jetzt folgt. Wir bleiben dazu bei den Heiß- und Heizgenusswerkzeugen. Allerdings mit einem leichten Richtungswechsel zu den herstellerischen und kulinarischen Kernkompetenzen aus Bella Italia.

# 12. PIZZAOFEN ALFA FORNI LINIE CLASSICO

Mit dem nächsten Produkthelden könnt ihr gewaltigen Genussspaß auf **KLASSISCHE ITALIENISCHE ART** erleben.

Und euch nebenbei, je nach aktuellem Familienstand, sowohl als Singles als auch als Ehemänner oder Familienvätern so richtig in den Olymp der Beliebtheitsskala katapultieren. Single-Kerle macht diese Edeltechnik für Haus und Hof zudem zu regelrechten Traumtypen. Mr. Right oder Super-Dad dank italienischer Spitzentechnik zum Pizza-Backen. Das funktioniert besonders gut, wenn man damit auch umgehen kann und sich mit den richtigen Zutaten und deren kreativ köstlicher Kombination auskennt. Dann läuft es für euch! Wenn alles zusammenpasst, seid ihr echte Helden und Mehrwert-Männer. Ihr könnt Pizza! Und habt dazu einen eigenen Pizzaofen – nicht nur ein Backblech für die Standard-Umluftvariante im Küchenblock. Also lehnt euch als Familienväter mal ganz entspannt zurück, wenn die Blagen von nebenan ihren Besuch zur Kinderparty mit Vatis Cabrio shuttlen. Nett, aber eben auch nicht besonders originell, geschweige denn einzigartig. **Wenn eure Kids ihren Geburtstag mit Freunden im heimischen Garten feiern, macht der Dad die Pizza selbst.** Auf einem richtigen Hightech-Pizzaofen. Weil er den hat und das kann. Bamm! Volle Punktzahl bei Family & Friends und Neidfaktor 10 im Nachbargarten. Der Schlüssel zu solchen heimischen Erfolgsgeschichten mit extrem hohem Selbstbelohnungspotenzial, auch außerhalb von Familienfeiern, ist aber das passende Wunderwerkzeug: der Pizzaofen! Und genau den habe ich hier zu unserem gemeinsamen Projekt gemacht und nach intensiver Suche gefunden. Nicht in der blutarmen Kompaktversion mit Stecker dran, sondern in der zivilen Variante von Profi-Pizzaöfen eines sehr renommierten Herstellers aus Italien. Der die erstklassigen »belle macchina« Hochleistungs-Pizzaöfen für den Haus- oder Gastronomiegebrauch in perfekter Handwerksqualität in Italien fertigt.

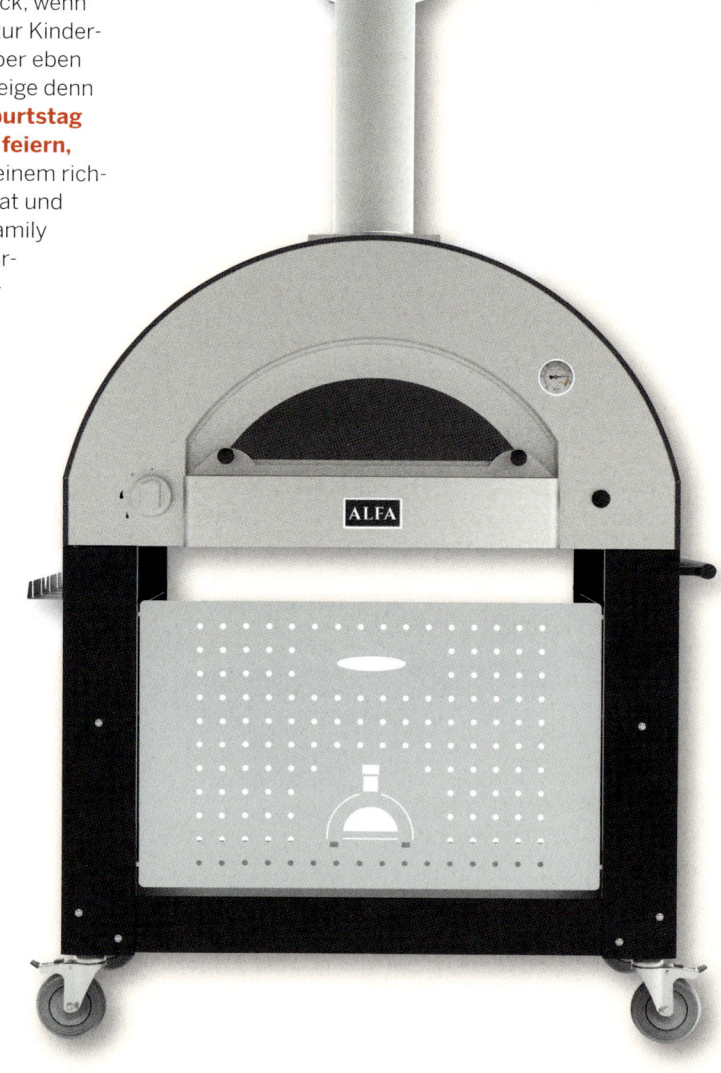

Der Hersteller heißt Alfa Forni, hat seinen Stammsitz in Anagni, zwischen Rom und Neapel, also der Region, die als Wiege und Ursprung der Pizza gilt und gehört zu den Spitzenanbietern seiner Zunft. Das Unternehmen wurde 1977 von Marcello Ortuso und Rocca Lauro gegründet. Ihr Ziel war es, traditionelle italienische Handwerkskunst mit moderner Technologie zu verbinden. Mit dieser Vision entwickelten sie Pizzaöfen, die

## DER ALFA FORNI XXL: PIZZA-BACKEN AUF ITALIENISCHE ART – DER PURE HOCHLEISTUNGSGENUSS!

für ihre kompromisslose Qualität und Leistungsfähigkeit bekannt sind. Mit einem Fokus auf Qualität und Benutzerfreundlichkeit hat sich Alfa Forni kontinuierlich weiterentwickelt und bietet heute eine breite Palette an Pizzaöfen für verschiedene Bedürfnisse. Und genau dort bin ich, unterstützt von Experten-Tippgebern, fündig geworden und habe ein perfektes Beispiel für Spitzentechnik im Bereich Pizzaöfen für ambitionierte Pizza-Selbst- und Zuhausebäcker ausgewählt.

Das Alfa Forni XXL Modell der Linie Classico, mit dem man vier Pizzen gleichzeitig perfekt hinbekommt. Wenn man die Fähigkeiten des Ofens beherrscht, was gut und schnell lernbar ist, bietet das Modell sowohl Holz- als auch Gasbefeuerung und ermöglicht dank des Hybrid-Kits flexibles Wechseln zwischen den Befeuerungsarten. Der Ofen, dessen massiver Korpus rund 118 Kilo wiegt und inklusive Kamin Außenmaße von 108 × 91 × 115,7 cm besitzt, zeige ich euch hier mit dem praktischen, zusätzlich erhältlichen Unterschrank. Weil diese Konfiguration als Stand-Alone-Version einfach noch mal mehr bietet. Diese Classico-Variante, die es übrigens auch in einer Nummer kleiner für zwei gleichzeitig zuzubereitende Pizzen gibt, zeichnet sich durch ihre robuste Edelstahlkonstruktion und die doppelten Isolierschichten aus Keramikfasern aus, die eine optimale Temperaturhaltung gewährleisten. Das ist kein Hobby-Pizzaöfchen, das ist semiprofessionelle Spitzenware! Die dank der patentgeschützten Alfa Heat Genius Technologie Temperaturen von bis zu 500° Celsius in nur 30 Minuten erreicht, was das Backen von vier Pizzen gleichzeitig in gerade mal 90 Sekunden ermöglicht. In dem Ofen steckt einfach unheimlich viel Know-how drin, und das Material ist vom Allerfeinsten!

Diese und noch viele weitere spannende Detailinfos kann man in den Herstellerprospekten und auf der Website nachlesen. Das lohnt sich und macht deutlich, warum dieser und andere Pizzaöfen der Premiummarke Alfa Forni mit ihren Leistungen echte Ausnahmetalente sind. Außerdem ist das sehr feines Wissen für eine abendfüllende Diskussion mit Freunden über dieses Wunderwerk der Pizzagerätetechnik. Bei der dann gleichzeitig die passenden Testbefüllungen ofenfrisch gemeinsam verzehrt werden können. Das wird sicher öfter passieren. Ist doch spitze, so ein fachlicher Austausch unter Freunden mit parallelem Leistungsbeweis von Mann und Maschine!

Das ist der Stoff, aus dem Produkthelden gemacht werden. Hier als Traumprodukt mit dem Anspruch, für diejenigen zum Must-have zu werden, die sich das gut gelaunt leisten können und wollen. Lohnt sich in jedem Fall.

Auf zum nächsten Produkthelden. Es bleibt spannend und geht jetzt mal raumfüllend im Garten weiter ...

**MIT DEM ALFA FORNI WIRD JEDER ZUM PIZZA-PROFI: DER OFEN, DER JEDES FEST ROCKT!**

# 13 FASSSAUNA STANA FINNHAUS WOLFF

Ab in den Garten. Und da auf die große Freifläche oben links, wo bis jetzt nur Unkraut wächst und deshalb aber noch reichlich Platz für Aufbauten mit **SPASS- UND ERHOLUNGSFAKTOR** ist.

Die Interessenten für solche B- oder C-Lagen auf dem eigenen Grundstück können mächtig groß oder sehr überschaubar sein. Bei schwierigen Bodenverhältnissen, wie weichem Untergrund, klärt sich das dann ganz schnell: Entweder es bleibt, wie es ist, oder es wird als Unkrautersatz ein Obst- und Gemüsebeet, was im Hinblick auf die Selbstversorgungsmöglichkeiten immer interessanter wird. Haken dran, Fall erledigt. Wenn der Boden jedoch fest genug ist, um eine zielführende Erdverdichtung für eine Bebauung zu ermöglichen, dann steckt den Claim ab, markiert seine Ränder und macht daraus euer Projekt. Ist ja nicht so schwierig. Bis auf die Entscheidung, was darauf gebaut werden soll. Eine Option ist natürlich immer der nächstgrößere Schuppen zur qualifizierten Einlagerung neu anzuschaffender Gartengeräte. Kluge Kerle, die größere Budgetentscheidungen für so etwas nicht allein treffen wollen oder können, nennen das Objekt in der Budgetfreigabephase vorsorglich »Gartenpavillon« oder »Gartenlaube«. Die wirkliche Zweckbestimmung kommt ja erst raus, wenn der Schuppen fertig ist und dann doch weniger luftig und romantisch als gedacht wurde – und somit nur noch als Lagerraum taugt. Aber so was klappt eben meist nur einmal und kann dabei auch längerfristig für innerfamiläre Verstimmungen sorgen.

**GARTEN-UPGRADE: SAUNAFASS VON FINNHAUS WOLFF – WELLNESS-OASE FÜR JEDE GARTENECKE!**

Das deutlich bessere Projekt ist daher eine Zwei-raum-Lösung, die wirklichen Geländenutzen für alle bietet und bei der der Erlebnisfaktor für uns Kerle auch in der Größe und Ausstattungsqualität liegt. Ich bin und bleibe bekennender Fan solcher Bauten, nämlich einer richtig erstklassen Gartensauna! Und deshalb möchte ich euch dazu das passende aktuelle Modell von einem Anbieter vorstellen, der aus guten Gründen – vor allem wegen seiner Qualität und dem perfekten Service – bereits starke Produkthelden für die letzten

**FINNHAUS WOLFF BRINGT DIE PREMIUM-SAUNA FÜR ECHTES URLAUBSFEELING NACH HAUSE!**

Ausgaben geliefert hat: Finnhaus Wolff aus dem sauerländischen Warstein-Belecke mit seiner 40-jährigen Erfahrung ist ein Unternehmen, das beim Saunabau und den Modellen großen Wert auf nachhaltige Materialien und Qualität legt. Das Unternehmen setzt auf langlebige Konstruktionen und präzise Verarbeitung, was eine fünf-jährige Garantie auf die Produkte unterstreicht. Und genau deshalb habe ich mir von denen als Produkthelden diesmal einen modernen Klassiker ausgesucht: ein Saunafass der Extraklasse, als Zweiraum-Sauna. Seht es euch mal an!

**Das ist ein 8 m² großer Erholungsbrummer mit Spitzentechnik hinter seiner Vollglasfront** und zwischen 127 mm starken, hochwertig gedämmten Korpuswänden aus nordischem Holz. Die Rückwand ist aus Vollholz, und die Seitenwände sind – schön diskret für die Nachbarschaft abgeschirmt – ohne Fenster. In dieser Zwei-Raum-Familiensauna, bei der der Vorraum für Kleidung und Getränke vorgesehen ist und sich somit auch zum Umziehen eignet, fehlt nichts. So können Wellnessoasen als Produkthelden aussehen, die ein ganzjähriges Urlaubsfeeling für Gartenecken und Fleckchen liefern, die zuvor trist und öde waren. Geht doch, mit dem richtigen Familienprodukt! Und noch eine gute Nachricht zu dieser wohnwertsteigernden Relax-Behausung: Sie wird fertig montiert an den entsprechend vorbereiteten Aufstellplatz geliefert. Was dem Gute-Laune-Faktor noch mal deutlich erhöht und den Stresslevel, insbesondere von handwerklich minderbegabten Kerlen, deutlich senkt.

In dieser Qualität und Ausstattung ist die Garten-Fasssauna Stana für die meisten von uns ein Traumprodukt. Ist doch auch schön, der Platz im Garten bleibt vielleicht für sie frei ...

# 14 HERKULES WERKBANK

Wie findet ihr Arbeitsgeräte und Werkzeuge, die selbst **HANDWERKLICHE MEISTERWERKE** sind? Das sind für mich Dinge, die ich kennenlernen möchte, die mich neugierig machen und ein Stück weit auch faszinieren.

Produkte, handwerkliche Erzeugnisse, die Geschichten erzählen können und die, weil sie überwiegend von sehr kleinen Herstellern kommen, oft nicht das Interesse und die Aufmerksamkeit finden, die sie verdienen. Wobei es ein paar ganz spannende Unternehmen auf der Handelsseite gibt, die sich diesen Produkten annehmen und sie zeigen: Manufactum und Dictum beispielsweise. Deren Kataloge und Produktauswahl sind für mich bei jeder Neuauflage und jedem Update des Angebotes unterhaltsame, informative Lektüre. Manchmal so interessant, dass ich mir die vorgestellten und beworbenen Produkte näher ansehe und dann auch die Hersteller dahinter mit ihren Unternehmensgeschichten recherchiere, mit ihnen den direkten Kontakt suche und sie danach hin und wieder bitte, mir ihre aktuellsten Produkte zur Auswahl für das Buch vorzustellen. Ein so für die erste Ausgabe der 99 Dinge gefundener

kleiner Hersteller perfekter Werkbänke, eine kleine, feine, 1908 gegründete Schreinerei Herkules Bodenfelde im Oberen Wesertal, die gerade vor einem Eigentümerwechsel in neue, fachlich versierte Hände steht, hat mir den Funktionsmöbel-Produkthelden hier geliefert. Ihre Werkbank, ein für kreative und engagierte Heimwerker unverzichtbarer Arbeitstisch und Holzbearbeitungsgeneralist, möchte ich euch als großartiges Beispiel für gelebte Handwerkskunst vorstellen.

**EINE WERKBANK FÜR HEIMWERKER, DIE ECHTES HANDWERK LIEBEN UND LEBEN.**

Sie ist für Kenner und Genießer von Endstufen-Heimwerkerausrüstung fast ein Must-have-Produkt. Wer so etwas besitzt, der darf es deshalb ruhig stolz vorzeigen und daran sein eigenes handwerkliches Können beweisen. Zugegeben, ein wenig plakativer Produktheld, aber dafür einer mit Werten, die ich unbedingt beschreiben möchte. Als bestes Beispiel einer perfekt gefertigten Werkbank. Denn Heimwerken ist für viele Männer ja mehr als nur ein Hobby – es ist eine Leidenschaft. Und was braucht man dazu als passionierter Macher und Könner? Die eine robuste und absolut zuverlässige Werkbank. **Das ist ein solider Arbeitsplatz, der nicht nur stabil und funktional ist, sondern auch die eigene Kreativität und Präzision unterstützt.** Die Herkules-Werkbank ist genau das Passende dafür. Mit einer beeindruckenden Plattengröße von 150 × 65 cm bei einer Arbeitshöhe von 90 cm bietet sie genügend Raum für viele Holzprojekte, egal ob klein oder groß. Die massive Buchenplatte mit

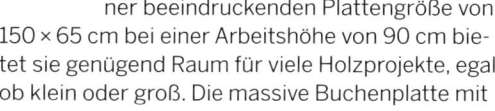

einer Stärke von ca. 50 mm ist nicht nur robust, sondern auch formschön. Ihre fein geschliffene Oberfläche, die dreifach mit Leinöl imprägniert ist, sorgt dafür, dass die Herkules-Werkbank nicht nur langlebig, sondern auch pflegeleicht ist. Das Untergestell aus massivem Buchenholz mit zwei Querzargen sorgt für die nötige Stabilität und Standfestigkeit. Ein echtes Plus sind auch die zwei außen anliegenden Spannzangen – eine rechts außen an der kurzen Seite und eine vorne links an der langen Seite. Diese Spannzangen halten Werkstücke fest im Griff. Für die präzise Feinarbeit bietet die Herkules-Werkbank zusätzlich eine Lochreihe für Rundbankhaken, die von der rechten Spannzange aus nach links verläuft. Und das sind längst nicht alle Details dieses Meisterstücks. Aber es sollte vielleicht genügen, um

## HERKULES-WERKBANK: EIN MUST-HAVE FÜR LEIDENSCHAFTLICHE HEIMWERKER UND KREATIVE KÖPFE.

euch für diesen Hersteller und seine Angebote zu interessieren. Die Begeisterung kommt spätestens dann von allein, wenn man so eine Werkbank dann tatsächlich mal begutachten konnte. Da wird dann Haptik zum Erkundungserlebnis.

Zum Schluss auch hier meine Einordnung dieses Produkthelden: Die Werkbank ist zu besonders als Must-have für gelegentliche Freizeitheimwerker. Dazu gibt es günstigere, rein funktionale Alternativen, z. B. von Küpper, Wolfcraft, Stanley usw. Aber für diejenigen, bei denen Heimwerker- und Hobbyrefugien kreative Lebensräume sind, bleibt eine Herkules-Werkbank sicher nicht allzu lange ein »Traumprodukt«.

Für den folgendes Produkthelden aus dem Bereich nützliche Hausfuhrparkergänzungen gilt wohl eine ähnliche Einschätzung. Man muss ihn nicht unbedingt haben. Aber was macht das schon bei einer Auswahl von 100 Dingen für echte Kerle …

# 15 HYBRID-SCHNEEFRÄSE HONDA HSM 1380I1 TDR

Wer Bock hat, den fetten SUV auf der Einfahrt seines Nachbarn auf Matchbox-1:43-Interessen-Niveau zu schrumpfen, für den habe ich jetzt **DAS PASSENDE GERÄT!**

Mit unbestreitbarem Nutzen und echten Mehrwerten in jedem halbwegs ernst zu nehmenden Winter. Bei solchen Gelegenheiten kommt der hochmotivierte kommunale Räumdienst bekanntlich dreimal. Leider nicht täglich, sondern monatlich. Da bleibt, wenn es sich tagelang richtig einschneit, schnell mal mehr auf dem Hof, auf Gehwegen und am Straßenrand liegen, als einem lieb ist. Und das Haftungsrisiko bei unterlassener Räumpflicht ist schließlich ebenfalls nicht ohne. Wer sich in solchen Situationen – insbesondere in höher gelegenen ländlichen Regionen mit räumbedürftigen Grundstücks- und Zuwegungsflächen von ein paar hundert Quadratmetern plus X – auf

die gute alte Schneeschaufel mit 40 cm Räumbreite verlässt, der ist schon mal flott auf der Verliererstraße. Abgesehen davon, dass sowas die eigene Mobilität erheblich einschränken kann und es zudem alles andere als stimmungsfördernd ist, morgens schon drei Stunden vor der Fahrt zum Arbeitsplatz den Hausmeister Krause selbst zu machen. Da ist es doch viel entspannter, eine halbe Stunde vor dem üblichen heimischen Abgang kurz in die Garage zu huschen und hinter einer sehr ordentlichen handgesteuerten Schneefräse mit Kettenfahrwerk wieder rauszukommen und damit durchzustarten. Das ist Männerwerkzeug, für dessen Einsatzmöglichkeit sich mancher Kerl im

schneefreien Sommer als Zubehör sogar noch eine gut gebrauchte mittelgroße Schneekanone zulegt! **Dafür muss sich keiner Nachbars Neid verdienen.** Den gibt es gratis. Häufig mit Freundschaftsangeboten in der gehobenen »Wünschdir-was«-Klasse, wenn man einfach etwas länger mit den Händen an Lenker und der Bedieneinheit bleibt, während man die Nachbarschaft auch noch tiefenentspannt von der lästigen weißen Naturware in den Ein- und Zufahrten befreit.

Wie so eine muskelschonende Winterwunderwaffe aussieht, zeige und beschreibe ich euch jetzt mit meinem Produkthelden, der Honda HSM 1380i1 TDR Hybrid-Schneefräse. Ein echter Könner beim heimatlichen Schneeräumeinsatz! Seit über 30 Jahren verfeinert Honda seine Schneefräsen durch permanente innovative Weiterentwicklungen. Die HSM 1380i1 TDR ist ein besonders aktuelles Beweisergebnis dafür. Ihre Hybrid-Technik ist das Herzstück und sorgt dafür, dass ihr nie die Puste ausgeht. Mit einem beeindruckenden 8,7 kW starken iGX390-4-Takt-Motor räumt sie bis zu 83 Tonnen Schnee pro Stunde – das entspricht dem Volumen eines kleinen Hauses! Dank ihres Hydrostat-Antriebs kann man die Geschwindigkeit stufenlos an jede Schneebedin-

gung anpassen. Egal, ob Neuschnee oder gefrorener Altschnee, diese Fräse passt sich der jeweiligen Lage an. Besonders erwähnenswert ist das traktionsstarke Raupenlaufwerk, das für maximale Stabilität und Flexibilität sorgt, inklusive ausreichender Traktion. Die Bedienung der HSM 1380i1 TDR ist ruckzuck gelernt. Der elektrisch gesteuerte Auswurfkamin lässt sich per Joystick so einstellen und justieren, dass der Schnee punktgenau dorthin befördert wird, wo er hinsoll und nicht einfach nur wie bei einem Schneepflug für die nächste Hindernisbildung an anderer Stelle sorgt. Zusätzliche Vorteile der HSM 1380i 1TD Hybrid Schneefräse als Profi-Einsatzgerät sind der standardmäßige Scheinwerfer für den Nacht- und Dämmerungseinsatz, das Selbstdiagnosesystem, das intelligente Steuerungssystem (ICS) und die Zero-Turn-Funktion – durch die man mühelos auf der Stelle wenden kann – ohne jeglichen Kraftaufwand oder ruckartiges Lenken.

**SCHNEEFRÄSE FÜR ECHTE KERLE: MACHT DIE WINTERARBEIT ZUM KINDERSPIEL!**

Ob die Honda HSM 1380i1 TDR Hybrid-Schneefräse eher Must-have oder ein Traumprodukt ist,

ist zum einen sicher eine individuelle Wohn- und Standortfrage und hat zudem auch viel mit der zu räumenden Fläche zu tun. Aber bei regional gewohnt intensiven Wintern kann der Must-have-Faktor ja vielleicht dadurch erleichtert werden, dass ein paar schlaue Kerle mit gemeinsamen Grundstücksgrenzen einfach zusammen in diese Arbeitserleichterung investieren. So bleibt gerade

bei diesem Gerät alles harmonisch und stressfrei, solange alle mal drankommen und es im Einsatz bedienen dürfen.

Probleme, die unser nächster Produktheld nicht kennt. Denn bei ihm gibt es nichts einzuteilen. Er liefert erstklassige Genussergebnisse ...

# 16 LANDIG MINI-WURSTFABRIK

**SELBST IST DER MANN** – wenn er das kann! Küche und Grill können ja viele von uns. Und einige sogar richtig perfekt!

Speisen zubereiten, inklusive eingekaufter Zutaten aus allen möglichen und hoffentlich richtig guten Quellen wie Bioläden, Feinkosthandlungen sowie Metzgereien oder Jägern und Anglern des Vertrauens. Aber wie wäre es eigentlich, sich auch mal an die Vorstufe heranzutrauen? Die hinter der Vor-Vorstufe liegt, die immer mehr Kerle beherrschen, indem sie gärtnern oder selbst fischen und jagen? Stellt euch vor, ihr könntet nicht nur zusammen mit einer Universalküchenmaschine Brot backen (lassen), sondern auch so richtig mit den Händen tief im Hack oder Brät, wursten? Zu Hause mit frischem Fleisch in bester Metzgerqualität oder aus der selbst erlegten Jagdbeute? Ich hatte für solch ein Erlebnis mit dem Wunsch nach mehr davon einen eintägigen Gruppenkurs in der **Wildkammer in Bad Sobernheim bei meinen Jagdfreunden Petra und Klaus Nieding**, die mit ihrer großartigen Wildmetzgerei in der letzten Ausgabe des Buches vertreten waren. Das solltet ihr wirklich mal ausprobieren! Ein tolles Erlebnis! Inklusive dem stolzen Ergebnis, wenn die eigene selbst produzierte Wurstkreation mit ihrer fein abgestimmten Gewürzvielfalt und den eigenkreierten Aromen in der Pfanne oder auf dem Grill landet und mit

**WURSTMEISTER WERDEN – MIT DER MINI-WURSTFABRIK VON LANDIG WIRD'S ZUM GENUSS!**

begeisterten Freunden oder Familienmitgliedern verzehrt wird. Einfach nur spitze! Aber genug geschwärmt. Lasst uns mal über die operative Umsetzung reden: die passende und möglichst küchenkompatible und auch noch bezahlbare Grundausstattung in möglichst profinaher Spitzenqualität. Also kein Cutter für ein paar Tausend Euro vom Fleischergroßhandel, sondern eine Kosten- und Aufwandsnummer darunter, trotzdem in Top-Qualität.

Das geht. Den passenden Hersteller und die Produktkombi dazu liefert nämlich **ein zweiteiliger Produktheld, den ich als Landig Mini-Wurstfabrik zusammenfasse.** Die korrekten Bezeichnungen dieses Einsatz-Duos lauten »Profi-Fleischwolf WD 300« und »Wurstfüller 5 Liter stehend«. Beide sind als Kombination unschlagbar und ideal für jeden, der professionell Fleisch verarbeiten und wursten will. Der Hersteller ist eine Topadresse und bekannte Marke für fleischverarbeitende Profi-Ausrüstung zum Kühlen und Reifen, Zerwirken sowie Verarbeiten und Vakuumieren. Fleischgenuss-Hobbyisten und die meisten Jäger kennen und schätzen die Qualität der langlebigen und innovativen Landig-Produkte. Und das Unternehmen ist zudem Marktführer bei hochwertigen Dry-Ager-Reifeschränken, insbesondere für den professionellen Gebrauch. Das Unternehmen kann also wirklich was. Und das zeigt sich einmal mehr bei dieser Produkthelden-Kombi mit dem Profi-Fleischwolf WD 300 als Hauptakteur. Mit seinem komplett aus rostfreiem Edelstahl gefertigten Gehäuse und einer beeindruckenden Durchsatzleistung von bis zu 260 kg Fleisch pro Stunde setzt der WD 300 neue Maßstäbe. Nicht nur für Metzgereien und Feinkostläden, sondern auch für ambitionierte Hobbyköche. Das Herzstück dieses Fleischwolfs ist sein bärenstarker WolfsHeart-Motor, ein echtes Kraftpaket, das die hohe Durchsatzleistung erst ermöglicht. Dieser Motor ist nicht nur extrem leistungsstark, sondern auch für den Dauerbetrieb ausgelegt. Dank der permanenten Luftkühlung und dem 2-fach kugelgelagerten Getriebe läuft der Motor auch unter hoher Belastung ruhig und effizient. Das bedeutet, dass er lange Arbeitszeiten ohne Überhitzung oder Leistungsverlust hinbekommt. Das integrierte BigFeed-System sorgt dafür, dass auch große Fleischstücke problemlos verarbeitet werden können. Durch die spezielle Ausführung der Förderschnecke werden

## LANDIG SETZT NEUE MASSSTÄBE FÜR PROFIS UND AMBITIONIERTE HOBBYKÖCHE.

die Fleischstücke schneller in den Schneidekopf transportiert, wodurch die Verarbeitung erheblich beschleunigt wird. Dies reduziert zudem die Gefahr einer Überfüllung des Schneidesatzes und sorgt für einen reibungslosen Arbeitsablauf. Egal, ob gerade Hackfleisch, Tatar oder Wurstfüllungen hergestellt werden. Noch ein Plus des WD 300: Er ist mit einem innovativen Vorschneidesystem ausgestattet, das die Verarbeitungszeit um mindestens 30 % verkürzt. Dieses System ermöglicht einen sauberen Sehnenvorschnitt und verhindert Quetschungen und Erwärmung des Fleisches. Das integrierte 2-fach Schneidesystem sorgt für ein kurzfaseriges Schnittbild, das besonders für die Herstellung von Hackfleisch und Tatar geeignet ist.

Zum Zubehör gehört alles und sogar etwas mehr, was ambitionierte Hobby-Fleischverarbeiter sich wünschen. Selbst wenn sie das manchmal noch gar nicht wissen: Zwei Lochscheiben (4,5 mm und 8 mm), eine Vorschneider-Lochscheibe und ein Kreuzmesser. Für die Wurstherstellung ist ein 25-mm-Wurstfülltrichter enthalten, und der praktische Stopfer erleichtert die Arbeit zusätz-

lich. Dann schwenken wir doch noch flott zum Erklärteil von Part zwei der Kombi, dem stehenden Wurstfüller mit 5 Litern Füll- und Fassungsvermögen. Wenn wir mit dem fertig sind, wissen wir, dass alles ein Ende hat, aber die Wurst eben zwei. Mit einer Füllkapazität von 5 Litern und einer stabilen Edelstahlbodenplatte mit Hemmfüßchen bietet der Wurstfüller einen perfekten Halt und eine einfache Anwendung. Das 2-fach-Metallgetriebe sorgt für eine gleichmäßige und präzise Verarbeitung des Wurstmaterials. Der Zylinder, der Rahmen und die Grundplatte sind komplett aus rostfreiem Edelstahl gefertigt, was die Reinigung besonders einfach macht. Im Lieferumfang enthalten sind fünf Edelstahl-Wurstfülltrichter in den Größen 10, 16, 22, 32 und 38 mm, die hohe Flexibilität bieten, um zig verschiedene Wurstsorten und -größen herzustellen. Der Kolben ist mit einem Entlüftungsventil ausgestattet, um die Handhabung weiter zu erleichtern. Also wirklich alles drin und dran, was es zum Erfolgserlebnis macht, sich selbst am Wursten zu versuchen. Und dann dabei zu bleiben!

**So was gibt es auch von anderen Herstellern in den verschiedensten Qualitätsstufen.** Zum Üben kann man das Thema also auch in Einstiegspreislagen haben. Wer es aber direkt richtig machen will, ist bei Landig keinesfalls verkehrt. Also deutlich mehr Must-have als Traumprodukt.

Und mit einem Must-have geht es nun ebenfalls weiter ...

# 17 AILLIO BULLET R1 KAFFEERÖSTER

Ich bin ein bekennender Fan von Produkthelden, die schon auf den ersten Blick nach **LEISTUNGSVERSPRECHEN UND STORYTELLING** aussehen!

Deren Auftritt einen neugierig macht, weil er Souveränität und Langlebigkeit ausstrahlt. Retro-Optik macht mehr mit mir als glattgebügelte Formen und abgeschliffene Kanten. Gebürsteter Edelstahl, emaillierter Stahl und lackierter Eisenguss erreichen mich leichter als glanzspiegelnde Kunststoffflächen in aktuellen Trendfarben. Wenn Produkte eine besondere Ausstrahlung haben, dann will ich fast immer wissen, was sie können und wofür sie im Wortsinn »gut sind«. Und werde dabei selten enttäuscht. Wenn die Leistungen zur Optik passen, fällt es mir besonders leicht, daraus unterhaltsame Produktheldenbeschreibungen zu machen. Ich muss dann ja auch nicht wirklich viel dafür tun. Das Produkt weckt mit seinem Bild schon Interesse.

**DIESER KAFFEERÖSTER BEGEISTERT MIT RETRO-CHARME UND TOP-TECHNIK.**

So ein »Sieh-mich-an-und-mach-was-mit-mir«-Produktheld ist der Kaffeeröster Bullet R1 des Herstellers Aillio, der sowohl für den Hausgebrauch als auch für kleine kommerzielle Röstereien geeignet ist. Erst mal: Was für ein starkes Thema! **Kaffee, diese Weltreligion der trinkbaren Genüsse mit einer bis heute nicht auserzählten Historie.** Und den ungezählten Röstvarianten, Mischungen und Kreationen von unterschiedlichsten Rohkaffeesorten sowie Qualitäten. Plus den Zubereitungsmöglichkeiten mit einem ganzen Produktkosmos von Kaffeemaschinen. Und dann noch die Rezepte und Mixturen von sensorisch geschulten Baristas – grandios. Kaffeegenuss kann für uns Kerle zum Erlebnishobby und zur großen Passion werden. Bei dem man sich lernend weiterentwickelt und irgendwann an dem Punkt kommt, wo vor der perfekten High-end-Siebträger-Kaffeemaschine etwas noch nie Selbstgemachtes fehlt: die Handwerkskunst der Röstung! Gefühlt der »Alchemisten-Teil«, die Geheimwissenschaft, bei der sich guter Kaffee

später in der Tasse von sensationellem Kaffee trennt, falls der Rohkaffee vorher schon top war. Und genau dazu habe ich meinen Produkthelden für euch gefunden! Tatkräftig beraten und mit Informationen unterstützt von einem Expertenteam aus Hausen in der Schweiz, den Roast Rebels. Was die mit Kaffee machen, könnt ihr ruhig mal googeln. Und ihr findet sie auch im Bezugsquellennachweis wieder.

Aber jetzt zum Produkthelden Bullet R1 und seinen Möglichkeiten. Er ist ein hochmoderner Trommelröster mit 14 Kilo Leergewicht und hauptsächlich aus robustem, pulverbeschichtetem Stahl und Aluminium gefertigt, der dank seiner fortschrittlichen Technologie und präzisen Steuerung gleichbleibend hochwertige Röstungen hinbekommt. Mit seiner kompakten Größe und dem energieeffizienten Betrieb bietet der Bullet R1 die perfekte Lösung für Kaffeeliebhaber und Profis, die ihre Röstfähigkeiten verfeinern möchten. Die robuste Verarbeitung und einfache Wartung des Geräts garantieren langfristige Zuverlässigkeit und Freude am Rösten. Der Bullet R1 verwendet ein patentiertes Induktionsverfahren zur Erhitzung der Trommel, das in neun Stufen von 350 W bis 1500 W einstellbar ist. Die Röstkapazität reicht von 150 g bis 1 kg Rohware, was sowohl kleine Proben als auch größere Mengen ermöglicht. Die Trommelgeschwindigkeit und der Lüfter sind in zehn Stufen einstellbar. Die Bohnentemperatur wird präzise über einen Infrarot-Sensor (IBTS) sowie eine klassische NTC-Sonde gemessen. Die Röstung dauert etwa 10 bis 15 Minuten. Ein Radiallüfter stellt den Luftstrom in der Maschine sicher, der zu einer effizienten und gleichmäßigen Röstung beiträgt und transportiert zudem Dampf und Rauch nach außen. Eine externe Kühlschale sorgt für eine schnelle und effiziente Abkühlung der Bohnen. Zu den besonderen technischen Highlights gehören der Infrarot-Bohnentemperatursensor (IBTS), der die Temperatur präzise misst, und die RoasTime-Software, die umfangreiche Protokollierungs- und Analysetools bietet und im Hintergrund auch mit der Roast.World-Plattform verknüpft ist und so die Möglichkeit bietet, mit allen anderen Bullet-Besitzern ganz einfach Röstprofile und Erfahrungen auszutauschen.

Noch mal zurück zum Anfang: Mit dieser Spitzentechnik im perfekt geschnittenen Produktdesignmantel holt ihr euch ein sehr

sichtbares Genussstatement ins Haus. Und nicht nur das: Ihr seid dann diejenigen, von denen der geröstete Kaffee für eure Freunde kommt. Das ist Heldenware, die das neue, geschichten- und entdeckungsreiche Hobby direkt mitliefert. Ein Hobby, das Technik und Genuss perfekt vereint! Macht was daraus, wenn ihr mögt. Bleibt die Frage

nach Must-have oder Traumprodukt? Die lasse ich hier unbeantwortet, entscheidet es selbst.

Wir machen jetzt einfach mit Kaffee weiter und sehen uns dazu eine sowohl vom Design als auch bei den Leistungen beeindruckende Siebträger-Kaffeemaschine an ...

# 18 SIEBTRÄGER-KAFFEEMASCHINE DE'LONGHI LA SPECIALISTA MAESTRO – COLD BREW

Nach neun Jahren Pause wird es echt Zeit für ein Update zum Thema Siebträger-Kaffeemaschine in der **ENDSTUFE DER BRÜHGENUSS-LIGA**.

Nachdem ich euch ja nun schon zu potenziellen Kaffeeröstern gemacht habe, ist es nur konsequent, mit einem richtig großen Kaliber bei den Kaffee-Vollautomaten zum leistungsfördernden Heiß- und Kaltgenuss der über 120 bekannten Kaffeearten die passende Wirkreichweite zu erzeugen. Der Schuss muss aber sitzen! Weil wir hier mit einem Thema von Bestandsware für unsere Kerle-Welt am Start sind, aus dem wir Männer gerne mal einen vorzeig- und vorführbaren Leistungswettbewerb machen. Und häufig auf Gleichgesinnte treffen, die bestens informiert sind und deshalb bei der Einladung zum Küchenrundgang bei dem Teil des Maschinenparks besonders genau hinsehen. Entweder beschert einem das dann ein müdes Lächeln oder ein sehr intensives Gesprächsergebnis mit dem oder den Expertenfreunden auf fachlich bestens informierter Augenhöhe. Ganz grundsätzlich habe ich nichts gegen Verbesserungsvorschläge, man lernt ja viel daraus. Aber irgendwie ist es doch noch deutlich befriedigender, wenn es nichts zu verbessern gibt und man selbst der Ratgeber ist.

**DER SIEBTRÄGER, DER KAFFEEKUNST ZUR PERFEKTION ERHEBT!**

Den passenden Produkthelden genau dafür stelle ich euch jetzt vor. Es ist der »Wunschlosgenussglücklich«-Siebträgermaximalist La Specialista Maestro von De'Longhi. Schon die Bezeichnung ist ein Leistungsversprechen! Was die äußeren und inneren Werte dieses hochmodernen 16-Kilo-Leergewicht-Trums mit seinen 19 Bar Pumpendruck und einer Eingangsleistung von 1450 Watt absolut erfüllen. Schon die Optik mit den Rundinstrumenten und den hochwertigen Bedienknöpfen und -reglern auf dem Bedienfeld macht deutlich, dass hier mit einem sehr überzeugenden Brüh-Ergebnis zu rechnen ist.

Robust, kraftvoll und dabei stilvoll – diese Maschine ruft förmlich danach, den Kaffee-Alltag zu revolutionieren. Gebürsteter Edelstahl und elegante Linien – da kann kein glänzender Plastikbomber mithalten. Die De'Longhi La Specialista Maestro ist nicht nur eine Kaffeemaschine, sie ist ein persönlicher Barista – immer bereit, einen perfekten Kaffee zu zaubern. Egal, ob ihr euch morgens nach einem heißen, kräftigen Espresso sehnt oder an einem heißen Sommertag einen erfrischenden Cold Brew genießen wollt – diese Maschine kann es einfach! Die innovative Cold Extraction Technology sorgt zudem dafür, dass man in weniger als fünf Minuten einen Cold Brew zubereiten kann, der den Fit-und-wach-Leistungstacho hochdreht.

Ach ja, was ist eigentlich mit perfektem Milchschaum in Barista-Qualität und passender Optik? Eine der leichteren Übungen für die La Specialista Maestro. Der My LatteArt-Milchaufschäumer liefert euch die Kontrolle – ihr macht den Schaum selbst und seid damit Helden eurer eigenen kleinen Kaffeebar. Oder lasst das LatteCrema Hot System die Arbeit machen. Immer cremig, immer perfekt. Und die Technik dahinter? Absolut High-End! Acht Mahlgradeinstellungen, fünf Temperaturprofile – die Maschine passt sich den Bohnen an wie ein Maßanzug. Die innovative Technik zum Tampen, also dem Verdichten des Kaffeemehls im Brühsieb, sorgt für gleichbleibende Druckergebnisse bei der Dosierung, und die dynamische Vorbrühung passt die Länge an die Dichte des Mahlguts an. Ergebnis? Perfekte Extraktion, jedes Mal. Mit der De'Longhi La Specialista Maestro macht ihr jeden Schluck zu einem Erlebnis. **Probiert auch einfach mal einen exklusiven Espresso Cool oder einen erfrischenden Cold Brew** – die Maschine liefert die passende Abwechslung statt Kaffeeroutine.

Keine halben Sachen, keine Kompromisse! Nur erstklassiger Kaffee, der geschmacklich immer wieder überrascht und neugierig auf noch mehr macht. Die La Specialista Maestro ist ein Statement, ein Versprechen und ein tägliches sich als Alternative ansehen kann. Macht es einfach und vergleicht in Ruhe. Für mich als intensiver Kaffeetrinker- und -genießer ist so ein perfekter Siebträger-Vollautomat in jedem Fall ein Must-have und

**VON ESPRESSO BIS COLD BREW: DIE DE'LONGHI LA SPECIALISTA MAESTRO BRINGT BARISTA-QUALITÄT NACH HAUSE.**

Endstufenarbeitswerkzeug in der zubereitungs-aktiven Kaffee- und Espresso-Handwerksmeis-terklasse.

Natürlich gibt es in der Klasse auch von anderen starken Qualitätsmarken so einiges, was man

damit eine absolut lohnende Investitionsempfehlung!

Das gilt übrigens genauso für den letzten Produkthelden dieses Kapitels. Werfen wir mal einen Blick darauf ...

# 19 TRAININGSMASCHINE TAURUS AIR BIKE ERGO-X

Dieses professionelle Trainingsgerät für zu Hause **VERBINDET FITNESS MIT SPASS**.

Platz ist bekanntlich in der kleinsten Hütte. Die spannende Frage ist aber einmal mehr: Was muss oder soll denn rein? Egal, ob Unterstand, Wohngarage, Drei-Zimmer-Wohnung oder Villa-Protzo-Totale – es gibt so ein paar Sachen, für die wir Kerle immer einen Platz finden. Auf unseren Prio-A-Listen ist da sehr regelmäßig als Ausgleichsbuchung zum XXL-Kühlschrank und dem Groß-

bildfernseher mindestens ein richtig vernünftiges Fitnessgerät zu finden. Macht definitiv Sinn! Im Zweifelsfall nicht nur für uns allein, sondern für Freundin, Frau und Restfamilie gleich mit. Wobei ich noch nie von ernsthaften Beschwerden gehört habe, wenn wir als normal konditionierte Männer die kaufentscheidende Auswahl getroffen haben. Ist das nicht schön? Besonders dann, wenn uns dazu eine Budgetaufstockung zugesagt wird, bevor wir auf die Pirsch und die Teststrecke gehen. Um die reinen »Bauch-Beine-Po«-Ertüchtigungsgeräte macht Mann dabei aber schon einen eleganten Bogen. Zu klein, zu limitiert in den Möglichkeiten und sieht zudem meist

**HIER KOMMT DER ALLESKÖNNER FÜR EFFIZIENTES GANZKÖRPERTRAINING ZU HAUSE.**

aus wie eine Kleiderstange mit Haltegriffen. Wir Männer wissen: Bei richtig guten Fitnessgeräten trainiert das Auge ja mit, die müssen schon auf den ersten Blick vom Mann auf das Material vertrauen und sportliche Herausforderungen erkennen lassen. Aber im Zweifelsfall auch nicht zu archaisch wirken, wenn sie familientauglich beschafft werden sollen. Im Lastenheft für so einen Heimtrainer steht außerdem meist der Ertüchtigungsnutzen für möglichst viele, idealerweise alle trainierbaren Muskeln. Mal abgesehen von der anders zu trainierenden Schluckmuskulatur. Also: challenge accepted? Na klar! Das ist machbar. Ich habe mich dazu beim größten Händler für Freizeitsportgeräte in Europa, Fitshop – früher Sport Tiedje – umgesehen. Und etwas richtig Spannendes bei deren Premium-Eigenmarke Taurus gefunden, deren Geräte auch in professionellen Studio eingesetzt werden. Das Taurus Air Bike Ergo-X, das übrigens auch als Kernelement und Basismodul für einen kleinen, feinen Studioausbau taugt, indem es sich mit weiteren Geräten dieser Hochleistungsbaureihe wie vor allem dem Rudergerät und einem Laufband kombinieren lässt.

Das Taurus Ergo-X ist eine richtige Trainingsmaschine, **ein Fitmacher-Arbeitsgerät, das Ergometer und Crosstrainer geschickt kombiniert,** um ein anspruchsvolles Ganzkörpertraining zu ermöglichen. Das innovative Luftwiderstandssystem reagiert dynamisch auf die Intensität der Bewegung: Schneller treten, drücken oder ziehen steigert den Widerstand automatisch, was eine nahtlose Anpassung an unterschiedliche Fitnesslevel erlaubt. Egal, ob Otto-Normal-Fitnesskerl oder ambitionierter Muskelmann, das Gerät ist ein echter Möglichmacher zum Muskelaufbau, -erhalt- oder -ausbau! Der robuste Stahlrahmen trotzt, wenn er muss, selbst den härtesten Trainingssessions und garantiert Langlebigkeit. Ideal für Crosstraining, ist das Ergo-X besonders effektiv für knackige HIIT-Sessions, die auf maximale Ergebnisse in minimaler Zeit abzielen. Es trägt bis zu 160 kg Gewicht, bereit, jeden zu unterstützen, der seine Grenzen ausreizen möchte.

Die Ausstattung des Taurus Ergo-X lässt selbst für richtige Sportskanonen wenig Wünsche offen. Verschiedene Griffpositionen ermöglichen ein zielgerichtetes Training von Armen und Ober-

körper. Die festen Fußstützen erlauben es, die Beinarbeit zu pausieren und sich voll auf das Krafttraining der oberen Extremitäten zu konzentrieren. Ein mächtiges Luftrad sorgt für geschmeidige, fließende Bewegungen, während die Verstellbarkeit des Sitzes in horizontaler und vertikaler Richtung es ermöglicht, blitzschnell die perfekte Position für jede Körpergröße einzustellen. Das klare, übersichtliche

**PLATZSPAREND: DAS TAURUS AIR-BIKE ERGO-X BRINGT POWER-TRAINING IN JEDE ECKE.**

Display bietet eine Auswahl von acht Trainingsprogrammen inklusive drei individuell anpassbaren Intervallprogrammen und vier zielorientierten Einstellungen für Zeit, Distanz, Kalorien und Herzfrequenz. Alle kritischen Trainingsdaten werden auf dem LCD-Bildschirm angezeigt. Die Energieversorgung des Displays erfolgt batteriebetrieben, sodass keine Steckdose nötig ist. Für diejenigen, die ihre Trainingseinheiten noch präziser überwachen möchten, bietet das Ergo-X die Option, einen Brustgurt zur Herzfrequenzmessung anzuschließen. Mit einem Gewicht von stabilen 74 Kilo (unbeladen) und Aufstellmaßen von 1,24 Meter Länge, 72 Zentimeter Breite und einer Höhe von 1,44 Metern – also in etwa Europaletten-Maß – ist es ziemlich kompakt und damit sogar prima dazu geeignet, in so ziemlich jedem Wohnraum einen fitnessfördernden Unterschlupf zu finden. Es lässt sich auch vorzüglich mit Wohnraum-Deko aus dem Bereich Home-Entertainment, vorzugsweise Flatscreen, zum gemeinsamen Einsatz kombinieren!

So, fertig beschrieben. Passt doch perfekt! Ein vernünftiger Hometrainer mehr zum Ausdauer- als Krafttraining wie dieser Kamerad hier ist jedenfalls ein absolutes Must-have! Starke Geräte mit ähnlichen Leistungen haben etliche Hersteller im Programm. Zum Beispiel **Life Fitness**, **Technogym**, **Precor**, **Schwinn**, **Matrix Fitness** und **Octane Fitness**, um nur einige wichtige zu nennen.

By the way, wirklich ein perfektes Kapitelende zur Überleitung in Kapitel 3. Ergometer sind schließlich so was wie die immobile Fahrradvariante. Deren beweglichen Produkthelden-Kollegen sind gleich als nächstes dran.

# FAHRZEUGBESTAND: MOBILITÄTS-HIGHLIGHTS MIT UND OHNE RÄDER

Supertoll: Ein paar brandneue Porsche-, Ferrari- und Mercedes-Traumwagen und das Kapitel wäre ruckzuck voll. Schöne Idee und ganz einfach zu haben. Aber die Nummer mit nett betexteten, vergrößerten Quartettkarten von einem halben Dutzend aktueller Supersportwagen ist mir einfach zu dünn. Stattdessen zeige ich euch lieber was anderes für den Fahrzeugbestand. Zum Beispiel Geländewagen, die diese Bezeichnung immer noch verdienen und somit Männerträume zum Reinsetzen und Gelände erobern daheim und unterwegs sind. Einige ihrer Kameraden in verschiedenen Preis- und Leistungsklassen hatten meine Aufmerksamkeit in den Vorausgaben dieses Buches. Genau wie die starken Zweiradtypen mit und ohne Motor, zu denen ich euch diesmal spannende Nachfolger als E-Bike Produkthelden vorstelle. Außerdem habe ich zwei Hersteller von Kleinfahrzeugen in ganz eigenen Mobilitätsspaß-Klassen entdeckt. Ein paar richtig feine Must-Haves für die Anhängerkupplung und das bewohnbare Dachgepäck haben ebenfalls meine Neugier geweckt. Sie sind als kultige Nützlichkeiten meiner Experten-Tippgeber aus dem Adventure- und Expeditionsbereich in diesem Kapitel angekommen. Dafür danke an Volker Lapp und Andreas Macherey! Außerdem finde ich, dass die Ober- und Unterwasserwelt mehr Kerle-Aufmerksamkeit verdient hat. Einer der neuen Produkthelden liefert hierzu einen ziemlich einmaligen Tiefgang.

Wie haltet ihr es eigentlich mit den Fahrzeugschätzen aus eurer eigenen Bestandshistorie, die heute begehrte Old- oder Youngtimer sind und damit ebenfalls Mobilitäts-Highlights wären? Manchmal wünsche ich mir, ich hätte die Weitsicht und das Geld gehabt, um etliche dieser Wegbegleiter gut konserviert zu lagern und jetzt wieder hinter dem Steuer genießen zu können. Die meisten Kerle haben dazu ja erstklassige fahrbare Erlebnisware in ihren Lebensgaragen. Apropos Lebensgarage: Ich habe aktuell noch einen ganz persönlichen Mobilitätshelden im Fahrzeugbestand. Er ist auf den ersten Blick unspektakulär und nicht mal ein »echter« Geländewagen: Ein Skoda Kodiaq 4×4, Baujahr 2017. Er hat meiner Familie und mir dank seiner Geländegängigkeit und einer erlebten Wattiefe, die er offiziell gar nicht bietet, am Flutabend des 14. Juli 2021 auf einem einsamen Feldweg hier in der Eifel wohl das Leben gerettet. Mit inzwischen knapp 250.000 Kilometern auf der Uhr läuft er bis jetzt ohne unplanmäßige Boxenstopps. Nun darf er aber bald gehen und sein Modell-Nachfolger wird dann wieder mein neues fahrbares »Must-have-Multitool«.

Euch jetzt viel Entdeckerspaß mit den Mobilitäts-Produkthelden dieses Kapitels …

# KAPITEL 3

# 20 AUDI E-TRON FOIL VON AEROFOILS

Das Element Wasser ist seit je her ein Sehnsuchtsort für uns Männer, der **ABENTEUERLUST UND FREIHEIT** verkörpert.

Das Gefühl, auf dem Wasser zu sein, den Wind im Gesicht und die endlose Weite vor sich zu haben, zieht viele von uns magisch an. Es ist der Reiz des Unbekannten, die Herausforderung der Naturgewalten und das Streben nach ultimativer Unabhängigkeit, die die Fortbewegung auf dem Wasser und die zahlreichen Möglichkeiten des Wassersports so aufregend für uns machen. Die Auswahl zum insbesondere küstennahen Wassersportspaß für uns Kerle ist riesig, neue innovative Fortbewegungsmittel inklusive. Surfen bietet uns die pure Freiheit, auf den Wellen zu reiten, und Kitesurfen bringt den Adrenalinkick, wenn man mit Drachen und Brett vom Wind getrieben über das Wasser fliegt. Windsurfen kombiniert die Eleganz des Segelns mit der Dynamik des Surfens, während Stand-up-Paddleboarding die perfekte Möglichkeit bietet, stehend die Aussicht zu genießen und gleichzeitig ein Ganzkörpertraining zu absolvieren. Tauchen und Schnorcheln öffnen die Türen zur faszinierenden Unterwasserwelt, und Kajakfahren sowie Kanufahren laden dazu ein, Küstengewässer auf abenteuerliche oder entspannte Weise zu erkunden. Segeln nutzt die Kraft des Windes, um majestätisch über das Wasser zu gleiten, während Jet-Skiing Geschwindigkeit und Nervenkitzel pur bietet. Bodyboarding

**DAS HIGHTECH-HYDROFOIL FÜR GRENZENLOSEN FAHRSPASS ÜBER DEM WASSER.**

bringt Spaß auf kürzeren Brettern, und Parasailing hebt einen vom Boot aus in die Lüfte, für ein unvergleichliches Flugerlebnis. Und, und, und.

Ein ganz besonders innovatives Hightech-»Und« stelle ich euch in diesem Kapitel als Produkthelden vor. Wir fangen mit dem sensationellen Audi e-tron Foil von Aerofoils an. Ein Hydrofoil, auch Tragfläche genannt, ist eine geniale Erfindung, die Auftrieb erzeugt, indem sie den Druckunterschied zwischen Ober- und Unterseite nutzt. Dieses Prinzip ermöglicht es Flugzeugflügeln, in die Lüfte zu steigen, und hebt auch das e-Foil über das Wasser. Die Entwicklungsursprünge der Hydrofoil-Technologie reichen bis ins 18. und 19. Jahrhundert zurück, mit Pionieren wie Sir George Cayley, der die grundlegenden aerodynamischen Prinzipien identifizierte. In den 1920er-Jahren trug der deutsche Wissenschaftler Max Munk erheblich zur Weiterentwicklung der Hydrofoil-Theorie bei, was übrigens auch den Weg für moderne Luft- und Raumfahrttechnologien ebnete. Die hochaktuelle Reise des Audi e-tron-Foils von Aerofoils begann dann vor acht Jahren, als die Gründer Christian Rössler und Franz Hofmann beim Kitesurfen waren. Kiteboards

waren für sie einfach nur schwer und teuer. Mit ihrem technischen Know-how – Christian als Luft- und Raumfahrtingenieur und Franz als Entwickler für Wasserstofffahrzeuge bei Audi – begannen sie in Christians Keller, eigene Hydrofoils zu bauen. Der Erfolg ihrer ersten Prototypen weckte ihren Ehrgeiz. Sie stellten sich ein elektrisch betriebenes Hydrofoil vor. Nachdem sie Audi von ihrer Vision überzeugen konnten, bauten sie über Weihnachten den ersten Prototyp und bewiesen, dass man auf energieeffiziente Weise über das Wasser fliegen konnte. Audi stieg begeistert von der Leidenschaft und dem Know-how dieser genialen Erfinder ein, und so wurde das Audi e-tron Foil von Aerofoils 2018 auf der Kieler Woche erstmalig einem breiten Publikum präsentiert. Die Reise führte weiter zu Auftritten auf der CES in Las Vegas und der LA Auto-Show. Und seit 2022 kann jeder seinen eigenen »Audi fürs Wasser« erwerben.

Das Audi e-tron Foil von Aerofoils ist ganz grundsätzlich die elektrische Version eines Hydrofoils und benötigt weder Wind noch Wellen. Ein vollständig abgeschirmter Propeller sorgt für den nötigen Schub, und das Board hebt ab, um mit bis zu 55 km/h über das Wasser zu fliegen – schnell, leise und emissionsfrei. Eine Fernbedienung erlaubt es dem Fahrer, die Geschwindigkeit nach Belieben zu steuern. **Dieses e-Foil ist für fast alle Wetterbedingungen und Fahrertypen geeignet.** Aufgrund des Carbonmastes und der individuell anpassbaren Flügel ist das e-Foilen relativ einfach zu erlernen, sodass man sofort loslegen kann. Besonders hervorzuheben ist die Sicherheit: Der Propeller ist komplett umschlossen, wodurch Verletzungen an drehenden Teilen nahezu ausgeschlossen sind. Dies macht das Audi e-tron Foil zum sichersten e-Foil weltweit. Doch das Audi e-tron Foil bietet nicht nur ein Höchstmaß an Sicherheit, sondern auch ein unvergleichliches Fahrgefühl. Der in den Rumpf integrierte Propeller minimiert den Wasserwiderstand und maximiert die Effizienz. Dank des schlanken Antriebsdesigns gleitet das Hydrofoil geschmeidig durch das Wasser und eignet sich auch für das Wellenreiten. Der 80 cm lange Carbonmast ermöglicht ein höheres und stabileres Fliegen als bei anderen e-Foils auf dem Markt. Durch die Verwendung von Carbon anstelle von Aluminium bleibt das e-Foil auch bei hohen Geschwindigkeiten stabil und wendig. Das Set ist leicht zu transportieren und kann in wenigen Minuten zusammengebaut werden. Die Fernbedienung verfügt über ein hochauflösendes Farbdisplay und ermöglicht die Wahl zwischen verschiedenen Fahrmodi, die individuell auf die Bedürfnisse des Fahrers abgestimmt werden können. So bietet das Audi e-tron Foil von Aerofoils

unvergleichlichen Fahrspaß – schnell, leise, emissionsfrei und sicher – und setzt neue Maßstäbe für Leistung und Sicherheit im Wassersport. Das ist allerfeinste Männer-Wasserfahrzeug-»Ware«, da gibt es keine Diskussion.

Ein lupenreines Traumprodukt der vordersten Reihe für alle, die auf dem Wasser nach dem Extraklassen-Abenteuer suchen! Schauen wir, wie es mit dem nächsten Produkthelden weitergeht. Traumprodukt oder Must-have?

**DAS AUDI E-TRON FOIL VEREINT GESCHWINDIGKEIT, SICHERHEIT UND ELEGANZ.**

# 21 UNTERSEEBOOT NEMO 2

Jetzt pfeifen wir mal fröhlich das Liedchen **»ICH WÄR SO GERNE MILLIONÄR«** oder machen einen Termin bei unserem Vermögensberater, um etwas Ballast aus dem Depotbestand gegen Liquidität auszutauschen … und dann flüssig in eine ganz neue Fahrzeugklasse abzutauchen.

Wem es zu Lande oder in der Luft mit dem ganzen Drohnen-Gedöns einfach zu voll wird, der taucht gerne mal ab. In die Unterwasserwelt der in weiten Teilen noch unerforschten, grenzenlosen Riesen-Aquarien der Weltmeere. Das Abenteuer, unbekannte Tiefen zu erkunden, verborgene Gold- und Silberschätze in Schiffswracks zu entdecken und neue Meeresbewohner zu finden, ist ein totales Kerle-Ding. Deshalb ist Gerätetauchen für viele von uns auch ein richtig faszinierendes Hobby. Aber das Ganze geht natürlich auch ein paar gepflegte Nummern größer und anders, in

Edelvarianten mit einer Menge feinster Technik dran und drin. Und genau dies zeige ich euch mit dem nächsten Produkthelden, einem absoluten Traumprodukt. Wobei, wer über einen Bentley mit Anhängerkupplung oder eine halbwegs hochseetaugliche Jacht mit ein paar Quadratmetern gut erreichbarem Stauraum in der Tendergarage mit Kran verfügt, kann hier vielleicht sogar eine Bestandslücke schließen.

Man nehme dazu: Das Unterseeboot Nemo 2 der niederländischen Firma U-Boat Worx, einem bekannten Hersteller von bemannten Tauchbooten. Bei einem solchen Thema, bei dem es neben der Produktheldenidee auch um Sicherheit und hohe Verlässlichkeit geht, sehe ich mir dann schon den »Absender«, sprich Herstel-

rungssysteme, die für einfache Handhabung und hohe Sicherheit sorgen. Der Manta-Controller erlaubt sogar untrainierten Passagieren, das U-Boot unter Aufsicht zu steuern, während der Marlin-Controller eine drahtlose Kontrolle an der Oberfläche ermöglicht. Diese Technologien und das Engagement für höchste Qualität haben dem Unternehmen zahlreiche Auszeichnungen eingebracht, darunter den prestigeträchtigen Red Dot Design Award.

ler, näher an und lasse deshalb keine »Bastelbuden« oder hippe Start-ups mit unklarer Wachstumsfinanzierung ins Buch. Das betrifft U-Boat Worx nicht, die verstehen was vom U-Boot-Bau und sind im Markt bestens etabliert. Das Unternehmen hat seinen Sitz in Breda und hat sich durch die Herstellung von Luxus-Unterseebooten für den Privatgebrauch, Forschungseinrichtungen und den Tourismussektor

## UNTERWASSER-ABENTEUER MIT DEM NEMO 2, DEM KLEINSTEN U-BOOT DER WELT.

einen Namen gemacht. Seit seiner Gründung im Jahr 2005 hat U-Boat Worx zahlreiche Modelle entwickelt, die durch ihre fortschrittliche Technologie und Zuverlässigkeit überzeugen und war nach eigenen Angaben das erste Unternehmen, das Lithium-Ionen-Batterien in seinen U-Booten einsetzte. Was längere Tauchzeiten und höhere Energieeffizienz ermöglicht. Zu den weiteren Innovationen gehören die Manta- und Marlin-Steue-

Der Nemo 2 ist das wohl aktuell kleinste und leichteste bemannte Unterwasserfahrzeug der Welt und ermöglicht Tauchgänge bis zu einer Tiefe von 100 Metern. Mit einer Länge von 2,80 Metern, einer Breite von 2,31 Metern sowie einer Höhe von 1,55 Metern ist er äußerst kompakt und benötigt weniger Stauraum als zwei Jet-Skis. **Durch sein geringes Gewicht von 2,5 Tonnen kann er problemlos hinter einem Auto auf einem Anhänger transportiert werden.** Das kompakte Design erlaubt eine einfache Handhabung, egal, ob die Wasserung von Land oder von einem Schiff aus erfolgt. Die vollständig aus Acryl bestehende Druckhüllen-Kuppel bietet eine absolut unvergleichliche Rundumsicht auf die Unterwasserwelt, während das moderne, komfortable Cockpitdesign eine funktionsprofessionelle und gleichzeitig futuristische Atmosphäre für Pilot und Passagier liefert. Das Funktionsprinzip des Nemo 2 basiert auf seiner transparenten Druckhülle und den vier leisen elektrischen Schubdüsen, die präzises Manövrieren und Schweben in starken Strömungen ermöglichen. Die Steuerung erfolgt über den Manta-Controller, der präzises Manövrieren und Assistenzfunktionen wie Auto-Heading und Auto-Depth bietet, sowie den Marlin-Controller, eine drahtlose Fernbedienung, die das Starten und Bergen sowie das Navigieren an der Oberfläche erleichtert. Mit einer Geschwindigkeit von bis zu 3 Knoten und einer Betriebsdauer von bis zu 8 Stunden können ein Fahrer und ein Passagier auf unvergleichliche Unterwasser-Expeditionen gehen. Schatzsuche inklusive!

Wobei, ready to use nach kurzem »Unboxing«, also der Entnahme aus einem XXXL-Versandkarton, ist so ein Mini-U-Boot mit seinen ganzen technischen Feinheiten natürlich nicht. Die Schulung für die »Licence to Dive« ist der erste Schritt in eine Abenteuerwelt in den Tiefen des Ozeans, die in jedem Fall eine Überlegung wert ist. Dazu genügt ein Anruf bei U-Boat Worx in Breda. Da erklärt man euch sicher, wie es losgeht und weitergeht ...

Und wir machen jetzt weiter mit dem nächsten Mobilitätshelden mit Fahrspaß-Kuppel. Für den haben sicher die meisten von euch die passende Driver-Licence schon in der Tasche!

# 22. MESSERSCHMITT KABINENROLLER KR 202 SPORT

Bodengebundene Oldtimer, egal ob auf zwei, drei, vier oder noch mehr Rädern und gerne auch mal Kettenantrieben, sind ein **ULTIMATIVES KERLE-DING**.

Oldtimer liefern uns Zeitreisen durch über 100 Jahre Motorsportgeschichte mit erlebbaren Ingenieurshistorien, Design-Ikonen und Technikwundern für alle Männersinne: Ansehen, Anfassen, Riechen und, wenn's richtig gut läuft, sogar Fahren! Und natürlich ihre Namen und Entwicklungsgeschichten durch die Synapsen tanzen und auf der Zunge zergehen lassen. Grandios! Deshalb gehören Oldtimer-Events von Modell- und Markentreffen über Ausstellungen und Messen bis hin zu Festivals mit leistungsmessenden Rennserien oder Streckenklassikern zu unseren Pflichtveranstaltungen. Da wollen und müssen wir einfach hin! Für mich ist so eine Veranstaltung der jährliche Oldtimer-Grand-Prix auf und am Nürburgring. Da gehe ich auf Entdeckerpirsch im deutlich erweiterten Fahrerlager und in der Boxengasse. Und genieße natürlich neben den ganzen geparkten Fahrzeughistorien auch die Rennserien. Was man dort sehr selten findet, sind Nachbauten. In der Szene und bei den Fans gibt es eine Grundregel: »Wer Oldtimer schlecht kopiert, vermurkst,

nachbaut oder mit modernem Anbau-Firlefanz verfälscht, wird mit Spott, Häme und lebenslanger Missachtung bestraft.« Und das ist gut so!

Was erlaubt ist und Anerkennung selbst bei Oldtimer-Puristen findet, sind erkennbare Neuinterpretationen, die den Stil der Originalvorlagen wertschätzend beibehalten, mit aktueller Technik kombinieren und dabei das ursprüngliche Fahrerlebnis der Vorbilder erlebbar halten. Und genau so etwas habe ich auf dem OGP 2023 entdeckt und stelle es euch jetzt hier als Produkthelden vor.

**KULT-OLDTIMER TRIFFT AUF MODERNE TECHNIK – EIN ECHTES MUST-HAVE!**

Ein Modell aus einer ganzen Serie verschiedener Auswahlmöglichkeiten des Anbieters, Elektroantriebsversion inklusive. Es ist der Messerschmitt Kabinenroller KR 202 Sport, ein superkultiger Freizeit-Fahrspaßgigant auf kleinster Fläche, dem man seine historischen Vorbilder, die Kabinenrol-

ler Messerschmitt KR-175 und KR-200/KR-201 von Fritz Fend & Willy Messerschmitt, deutlich ansieht. Mit ihm und seinen Modellverwandten kehrt der Messerschmitt Kabinenroller in aktuellem Glanz zurück und kombiniert dabei sein Historiendesign der 50er-Jahre mit modernster Technik. Der ursprüngliche Zweitaktmotor wurde durch einen umweltfreundlicheren 155-ccm-Viertaktmotor von Piaggio ersetzt, der 16,9 PS leistet und die EURO-5-Norm erfüllt. Dank der Zusammenarbeit mit 3PPP, TÜV NORD, TÜV Rheinland und GTÜ entspricht der KR-202 Sport allen modernen Sicherheitsstandards und ist mit einem Führerschein der Klasse B fahrbar.

## EIN RETRO-AUFMERKSAMKEITSVERDRÄNGER FÜR MODERNE SPORTWAGEN DER LUXUSLIGA.

Äußerlich bleibt der Retro-Look bestehen, ergänzt durch technische Upgrades wie LED-Beleuchtung und größere Reifen. Die Karosserie aus glasfaserverstärktem Kunststoff bietet zusätzlichen Schutz und reduziert die Geräusche. Im Innenraum treffen Klassikerelemente auf moderne Features wie USB-Anschlüsse und ein optionales Multimedia-System. Das Fahrzeug wiegt nur etwa 220 kg und beschleunigt dank des CVT-Automatikgetriebes dynamisch auf bis zu 110 km/h. Technisch beeindruckt das Produkthelden-Modell KR-202 Sport mit einem Hybrid-Chassis aus feuerverzinktem

Stahl und Aluminiumwaben, inspiriert von der Rennsporttechnik. Hydraulische Scheibenbremsen an allen drei Rädern sorgen für eine zuverlässige Verzögerung, während die ausgeklügelte Federung und die Reifengrößen vorne (120/70-13) und hinten (140/70-14) die Fahrdynamik optimieren. Seine Abmessungen, die ihn auch absolut citytauglich machen und mit Sicherheit überall, wo er einparkt, beim Publikum für neugieriges Interesse und Gesprächsstoff sorgen, betragen etwa 2850 mm in der Länge, 1220 mm in der Breite und 1180 mm in der Höhe. Der Radstand misst 2040 mm, was zu einer stabilen Fahrweise beiträgt.

Hinter dieser Neuauflage steht der deutsche Autobauer und Designer Joachim M. Adlfinger sowie die »Neue Kabinenroller GmbH«, ein Unternehmen der »3P Pedalo Power Parts« aus Sassenberg. Seit über 30 Jahren entwickeln die Zweiradmechanikermeister Stefan Niemerg und Michael Dreyer hochwertige Fahrzeugkomponenten und komplette Fahrzeuge. Ihre Expertise in Antriebs- und Fahrwerkstechnik sowie in der Homologation garantiert höchste Qualitätsstandards. **Für Fans moderner Antriebe gibt es den KR-202 auch als Elektroversion,** den KR-202 E. Hergestellt werden die Retro-Aufmerksamkeitsverdränger für moderne Sportwagen der Luxusliga in Handarbeit im Süden Spaniens unter der strengen Kontrolle und Aufsicht des »Wiedererfinders« Joachim Adlfinger persönlich.

Der neue Messerschmitt Kabinenroller ist ein Traumprodukt. Was sich ziemlich sicher in ein Must-have verwandelt und deshalb Budgetfreigabe erhält, wenn die eigene Partnerin die erste Probefahrt hinter dem Steuer mitmacht. Ab dann ist ein Garagenplatz schon so gut wie reserviert. Das Leben kann ja manchmal so schön wie einfach sein!

# 23 INEOS GRENADIER STATION WAGON

Auf zu den **AUTOMOBILEN VÄTERN ALLER ERLEBNISERGEBNISSE** geprägten Kerle-Fortbewegungen, den großen Geländewagen.

Je nach Zählart gab es bis vor ein paar Jahren vier zivile und stets als Nachfolgemodell neu beschaffbare in der Klasse: **Toyota Land Cruiser**, **Land Rover Defender**, **Mercedes G-Klasse** und **Jeep Wrangler**. Ende für die große Fahrt im hammerharten Gelände. Aber immer schön alle paar Jahre ein Modell-Update dazu, unter dem zwar meist die Geländetauglichkeit als Kernkompetenz nicht litt, die Ecken und Kanten und damit das Charakter-Design aber immer mehr abgeschliffen wurde. Und innen wurde es auch immer kuscheliger und bedienungssmarter. Schöne neue Geländewagen-Welt, bei der das Abenteuer für so manchen immer mehr draußen bleibt und das fahrerische Können in Edel-Fahrgasträumen 4.0 wegautomatisiert wird. Wer das nicht wollte, der griff zum gepflegten »Alteisen« der gebrauchten Vorgängermodelle. Etwas, das sich noch immer bestens mit den eigenen fahrerischen Leistungen kombinieren lässt. Die einfache Formel dazu: Je älter der Geländewagen, desto mehr musst du selbst können. So geht Abenteuer! Aber mittlerweile gibt es eine ziemlich starke Alternative. Und die zeige ich euch hier, den Ineos Grenadier Station Wagon.

Geschaffen von einem Macher wie aus dem Kerle-Bilderbuch: Sir Jim Ratcliffe. Mit der Marke Ineos und deren Masterpiece Grenadier schuf er den ultimativen Begleiter für alle Männer, die das fahrbare Abenteuer im Gelände suchen. Die Idee zur Entwicklung eines neuen Geländewagens, mit dem Jim Ratcliffe die robuste Seele des klassischen Land Rover Defender bewahren, aber mit modernster Technologie versehen wollte, wurde 2017 in einer Londoner Kneipe namens »The Grenadier« geboren. Die Entstehungsgeschichte des Grenadier liest sich wie ein Abenteuerroman – von den rauen schottischen Highlands bis zu den Wüsten Afrikas. Der Bau dieses Fahrzeugs erforderte das Fachwissen von Ingenieuren und Designern, die mit unermüdlicher Hingabe einen Geländewagen-Typ schufen, der ein Werkzeug selbst für extremste Bedingungen ist. Mein Highlight ist der Grenadier Station Wagon, ein 5-Sitzer mit allem, was Männer wirklich wollen. Unverwechselbare, kantig-authentische Funktionsoptik inklusive. Aber der Station Wagon liefert zusätzlich auch reichlich Fahrgastkomfort. **Die Kernkompetenzen sind und bleiben aber vor allem die bemerkenswerten Offroad-Fähigkeiten:** Ein Bodenabstand von 26,4 cm und eine Wattiefe von 80 cm, 35,5°-Böschungswinkel vorne, 28,2°-Rampenwinkel sowie 36,1°-Böschungswinkel hinten machen ihn ideal für anspruchsvolle Geländebedingungen. Die großzügige Ladekapazität, die Platz für eine Europalette bietet, und das maximale Anhängegewicht von 3,5 Tonnen sind weitere Pluspunkte zur Abenteuerbewältigung. Da passt vieles optimal – und auch rein. Mensch wie Material, sprich Ausrüstung. Der Grenadier

**DIE ENTSTEHUNGSGESCHICHTE DES GRENADIER LIEST SICH WIE EIN ABENTEUERROMAN.**

ist insgesamt knapp über 4,90 Meter lang, 1,93 Meter breit und etwas über 2 Meter hoch. Er hat einen Radstand von 2,92 Metern und ein Leergewicht von fast 2,8 Tonnen. Den übersieht so schnell keiner!

Und unter der Motorhaube ist auch ordentlich was los, damit es immer und überall vorangeht.

zum perfekten Offroader machen. Die Fünflenker-Aufhängung mit progressiven Schraubenfedern sorgt für eine hervorragende Fahrdynamik und Komfort, selbst in den rauesten Umgebungen. Alles weitere, nicht erwähnte technische Details inklusive, solltet ihr euch bei einer Probefahrt vom Fachpersonal des Herstellers erzählen lassen. Dies nicht zu machen, hielte ich für einen

Er ist wahlweise mit einem 3,0-Liter-Reihen-Sechszylinder-Benzinmotor, der 283 PS und 450 Nm Drehmoment liefert, oder einem Dieselmotor mit 249 PS und 550 Nm Drehmoment zu haben. Zwei zuverlässige Kraftpakete von BMW, die für ihre Leistungsfähigkeit bekannt sind. Der, wie es sich gehört, auf einem Leiterrahmen mit geschlossenem Kastenprofil aufgebaute Grenadier verfügt über ein robustes Chassis mit permanentem Allradantrieb und drei Differentialsperren, die ihn

### INEOS GRENADIER STATION WAGON: DER NEUE MASSSTAB FÜR OFFROAD-PIONIERE UND ABENTEUERLUSTIGE.

Fehler! Den Funktionstest dieses modernen Fahrwerkzeugs in der Geländewagen-Endstufen-Leistungsklasse solltet ihr euch nicht entgehen lassen!

Für diejenigen, die einen großen Geländewagen beruflich oder zur fortgeschrittenen Freizeitgestaltung suchen, ist der Ineos Grenadier mit seinen verschiedenen Modellvarianten eine absolut diskussionswürdige Must-have-Alternative zu den etablierten Markenerzeugnissen. Und für den Rest einer der Traum-Geländewagen!

Der zweite Geländewagen, der nun noch folgt, ist und bleibt ein Traumwagen. Es sei denn, man hat ihn. Eine Option mit Seltenheitswert ...

# 24 RIGBY DEFENDER MADE BY KINGSMEN

Manchmal ist das einfach so: **ES KANN NUR EINEN GEBEN!** Und dann ist es nicht einfach nur ein »Traumprodukt«, es ist ein Solitär, ein Fahrzeug-Unikat.

Hier ist es ein ganz besonderes Beispiel dafür, wie man einem ohnehin schon über Jahrzehnte mit Legendenstatus aufgeladenen Geländewagen noch eine Story, eine ganz besondere Abenteuergeschichte, auf den stählernen Fahrzeugleib schreiben kann. Eine Geschichte aus einer eigenen Zeit, verkörpert von einem Fahrzeugprotagonisten, der am Ort des Geschehens seit Jahrzehnten in der Fortschreibung seiner Modellgenerationen seinen Wirkungsgrad hat. Meist als unverwüstlich robustes Fahr-Werkzeug abseits fester Routen. Die Rede ist vom Land Rover Defender. Aber in einer einzigartigen Ausgabe. Dazu haben sich einige der Besten ihres jeweiligen Faches, John Rigby & Co, Kingsmen Editions Ltd und Traditional English Guncases (TEG), zusammengeschlossen, um dieses Fahrzeug zu erschaffen. Ernest Hemingway, der nicht nur für seine Literatur, sondern auch für seinen abenteuerlichen Lebensstil bekannt war, hätte diesen Land Rover Defender zweifellos geliebt. Innerhalb von sechs Monaten hat der Fahrzeugveredler Kingsmen Editions einen klassischen Defender 130 der Vorgängergeneration des heutigen Modells in dieses Traumfahrzeug verwandelt, dem in jedem cineastischen Historien-Movie über die wilde Natur Afrikas ein fester Platz sicher wäre. Das Zusammenspiel der handwerklich kompromisslosen Kreativkräfte der drei Unternehmen

**KLASSISCHES GELÄNDE-FLAIR TRIFFT MODERNE TECHNIK FÜR ECHTE ABENTEURER.**

zeugt sowohl von ihrem Können als auch von der Leidenschaft aller Beteiligten für dieses Projekt im urbritischen Stil abenteuererfahrener Gentlemen mit ausgeprägter jagdlicher Passion und Tradition.

Der zu diesem Lebensstatement umgebaute Defender 130, der auf der extralangen Version des ursprünglichen Offroaders basiert, ist sowohl ästhetisch ansprechend als auch hoch funktional. Die große Ladefläche des Defender 130 ist ideal für den Transport von Entdecker-Ausrüstung oder auch Jagdbeute. Zu den besonderen Ausstattungsmerkmalen des Wagens gehört ein 25-Liter-Druckwassersystem, das während des Aufbrechens der jagdlichen Nahrungsbeute oder zur Reinigung der Ausrüstung genutzt werden kann. Ein Überrollkäfig dient nicht nur als Schutz bei Überschlägen, sondern bietet auch Befestigungspunkte für eine leuchtstarke LED-Zusatzscheinwerferleiste, und eine um 270° ausziehbare Markise schützt vor Sonne und Regen. Ideal für ein Lunch oder die rund um den Erdball mit höchster Gelassenheit zelebrierte Teatime im Freien oder das Erzählen von Lagerfeuer-Geschichten im Schutz der imposanten Fahrzeugkulisse. Die durchdachten Details zeigen die Innovationskraft ihrer Erfinder und deren besondere Befähigung, die Bedürfnisse von Outdoor-Enthusiasten zu erfüllen. Im Innenraum des Fahrzeugs dominiert edles, braunes Leder, das auch die Türverkleidungen und Teile des Armaturenbretts schmückt. Der Heckbereich des Pick-ups ist besonders praktisch gestaltet: Ein großzügiger Schuber rechts bietet Platz für zwei Langwaffen, während ein weiterer Schuber links das Trinkbesteck für acht Personen beherbergt, wobei Gläser und Spirituosen den Rigby-Schriftzug tragen. **Hinter jedem Detail der Ausstattung steht also ein handwerkliches Ausrufezeichen,** meist zusätzlich versehen mit funktionalem Mehrwert. Das Beste vom Besten hat hier seine Plätze und feste gemeinsame Anordnung gefunden.

So etwas kann man sich nicht zusammenkaufen, man muss es sich nach eigenen Vorstellungen und persönlichen Wünschen entwickeln und dann bauen lassen. Deshalb ist dieser Produktheld auch ein Ideengeber. Also nicht einfach nur ein traditionsreicher, extrem robuster Geländewagen mit besonders langer und exklusiver vorbestellbarer Ausstattungsliste, sondern eine Fahrzeugvision, die Realität wurde.

Wie aus Visionen von Outdoorexperten mit sehr funktionsfokussierten Ansprüchen reale Fahrzeuge werden, zeige ich euch nun. Eine spürbar andere Welt, wenngleich es auch hier um Expeditionsausrüstung geht …

# 25 GAVON EXPEDITIONSTRAILER 340

Ich bin ganz ehrlich: Die Hintergrundstory und Entstehungsgeschichte des nächsten Produkthelden hätte ich viel lieber dessen Erfinder erzählen lassen. Denn es geht um ein Transportwerkzeug, einen Ausrüstungsgegenstand für den Outdooreinsatz von Profis, ein mobiles feststoffiges Quartier, einen Expeditions-Trailer. **DIE WELTWEIT EINSATZHARTE UND GELÄNDEGÄNGIGE VARIANTE DES CAMPINGANHÄNGERS.**

Über die mir außer dem Erfinder und Weiterentwickler seiner eigenen Modelle, der sich aus solchen Diskussionen tiefenentspannt raushält, die meisten anderen Experten berichteten, es gäbe in dem Segment deutlich mehr »Schein als Sein«. Also aufgeblasene Campingwagen im Abenteuerlook, die schon auf Feldwegen und Schotterpisten leistungstechnisch in den Sack hauen. Mächtige Anhänger-Kisten für Family und Friends, die mit ihrem Inhaltsschnickschnack prima hinter jedes höhergelegte SUV passen, aber schon beim Rangieren und Manövrieren in schwierigem Gelände für üble Überraschungen sorgen. So Diskussionen gibt es mit dem Produkthelden hier, dem von der **Outdoorlegende Volker Lapp** neben verschiedenen weiteren Modellvarianten konzipierten Gavon-Expeditionstrailer 340, nicht. Allerdings auch keine XXL-Wohlfühl-Vollausstattung, bei der der bordeigene Champagner am nächsten erreichten Etappenziel wohltemperiert und nett geschüttelt aus der Pulle perlt und die eingebaute Duschkabine kurzweilige Körperhygiene verspricht. Stattdessen gibt es hier beim Fahrwerk und der Wohnkabine das »Kann-wirklich-was«-Programm in qualitativer Endstufe und mit Funktionsgarantie in fast jedem Terrain ... sofern die Zugmaschine tauglich synchronisiert ist und als Geländewagen ebenfalls top performt. Merke: Bei Outdoorprofis kommt es immer auf das komplette Gespann an.

Der Expeditions-Trailer 340 an der Anhängerkupplung macht seinen Job, da gibt es keine Diskussionen. Immer und so gut wie überall. Volker Lapp will es schließlich so. Mit einem zulässigen Gesamtgewicht von 1600 kg und einem Leerkabinengewicht von ca. 700 kg kombiniert dieser Trailer Leichtbauweise mit extremer Belastbarkeit. Er hat mit einer Länge von 4,95 Metern inklusive und 3,40 Metern ohne Deichsel sowie einer Breite von 1,96 Meter und mit geschlossenem Hubdach 2,30 Meter Systemhöhe kompakte Idealmaße selbst fürs richtig gemeine und herausfordernde Gelände inklusive knapp bemessener Durchfahrtswege. Durch eine Bodenfreiheit von 320 mm an der Achsmitte und einen Böschungswinkel von ca. 32° zeigt der Trailer einmal mehr sein hervorragendes Geländegängigkeitskonzept. Das Fahrgestell ist vollständig feuerverzinkt und mit einem Doppel-C-Profil geschweißt, was für zusätzliche Stabilität sorgt

**EIN ROBUSTER EXPEDITIONSTRAILER FÜR PROFIS – BEREIT FÜR JEDES TERRAIN!**

und so gut wie unkaputtbar ist. Die Achsaggregate sind mit Blatt- und Parabelfedern sowie Gasdruckstoßdämpfern ausgestattet, um auch in anspruchsvollem Gelände optimale Leistung zu gewährleisten. Der Aufbau der Wohnkabine ist aus einem Composite-Sandwichmaterial gefertigt, das leicht und dennoch robust ist. Diese aufeinander abgestimmte Bauweise von Fahrwerk und Wohnkabine sorgen dafür, dass der Trailer auch in schwierigstem Terrain nicht an Stabilität verliert. Innen bietet er eine durchdachte Raumaufteilung mit einer Sitzecke, die sich zur Liegefläche umbauen lässt, sowie eine voll ausgestattete Küchenzeile mit Spüle, Gaskocher und Kühlschublade. Eine Einbauheizung, wahlweise mit Gas oder Diesel, sorgt für wohlige Wärme selbst bei extremen Minusgraden, während die Thermofenster mit Fliegen-, Sonnenschutz- und Verdunkelungsrollos ausgestattet sind, um Basiskomfort in jeder Umgebung zu bieten. Stauraum ist reichlich vorhanden, was die Nutzung dieses quartiergebenden Multitools für längere Expeditionen ermöglicht. Das Aufstelldach erweitert die Innenhöhe und bietet zusätzlichen Schlafraum für bis zu vier Personen. Es kann mit Thermo-Elementen für maximale Wintertauglichkeit ausgestattet werden, wodurch der Trailer auch in extrem kalten Bedingungen nutzbar bleibt.

wie Fahrradhalter, Wasserversorgungssysteme, Heizsysteme und Solar-Panels zur autarken Stromversorgung. **Die Kombination aus modernster Fertigungstechnologie und klassischer Handarbeit sorgt für absolute Top-Qualität und Langlebigkeit dieser Bewohn- und Schutzkapsel,** die für den Funktionseinsatz unter widrigsten Witterungs- und Geländebedingungen ausgelegt ist und passend entwickelt wurde und somit die Sicherheit von abrufbaren Leistungsreserven bietet, die die meisten selbst hart gesottenen Outdoor-

Die komplette Konstruktion und Ausstattung des Expeditions-Trailers 340 als Offroad-Allrounder basieren auf Volker Lapps jahrzehntelanger Erfahrung und Leidenschaft für Outdoor-Abenteuer. Das Konzept »So viel wie nötig und so wenig wie möglich« spiegelt sich in der einfachen, aber robusten Technik wider, die leicht reparierbar und überschaubar ist. Diese Philosophie sorgt dafür, dass der Trailer bei minimalem Gewicht maximale Leistung und Beweglichkeit bietet, ohne dabei auf sinnvollen Komfort zu verzichten. Die Bereifung ist auf 235/85R16 AT-Stahlfelgen ausgelegt, mit optionalen Aluminiumfelgen und einer Ersatzradhalterung mit Kurbelfunktion. Ergänzt wird das Trailer-Konzept durch vielseitiges Zubehör

**DIESEN TRAILER ANS LIMIT ZU BRINGEN, IST FAST UNMÖGLICH.**

fans nie komplett abrufen und ausschöpfen werden. Aber gut und beruhigend zu wissen, dass man eher selbst nicht mehr weiterkommt als solch ein Profi-Quartiergerät.

Noch eine weitere wichtige Information zum Schluss. Der Gavon 340 nimmt es seinen Nutzern und Besitzern nicht übel, wenn es mit ihm an der Anhängerkupplung mal zum straßengebundenen Camping-Wochenende an die Nordsee oder in die Alpen geht. Das einzige Problem dabei sind die Platznachbarn mit ihren fahrbaren Häusern, die keine Ruhe geben und jedes Detail dieses Alternativkonzeptes für Erlebnisreisen ohne unnötigen Ballast erfahren wollen. Echte Kerle halten das aus.

Und jetzt hänge ich euch mal was völlig anderes an die Geländewagen-Kupplung. Wer darin auch mal übernachten will, bringt am besten ein Zelt mit ...

# 2.6 MULDENKIPPER MULDY GOLD EDITION

Ich hänge noch einen dran! Habt ihr schon mal darüber nachgedacht, so richtige »Stahlwaren« an die Anhängerkupplung anzudocken? Einen **ANHÄNGER ALS LASTEN-MULTITOOL**?

Der vor nichts Angst hat, so gut wie alles mitmacht und dabei so manche Kleinlaster-Pritsche in den Schatten stellt? **Mein Freund Andreas Macherey hat so ein Teil vom passenden Stahlbauhersteller bei ihm direkt ums Eck.** Das Teil hat er mir erst auf einer Messe gezeigt und dann in der Praxis auf seinem Hof in Naurath mal in Voll-Action vorgeführt. Mehr Smart- als einfach nur Heavy Metal, aber unverwüstlich. Ein sehr, sehr nützliches Teil namens Muldy zum Be- und Entladen sowie Transport von allem, was her oder weg muss.

Der Hersteller Weber Stahl bietet seit 1992 als Familienunternehmen mit über 120 qualifizierten Mitarbeitern modernste Sonderstahlverarbeitung. Die Verarbeitung von Stahl ist ihre Leidenschaft und Spezialität, die stellen täglich vielfältige Stahlprodukte für ihre weltweite Kundschaft her. Die Muldy ist inzwischen ein echtes Referenzprojekt für die Qualität und Innovationskraft des Herstellers. Ein kompakter, unverwüstlicher Mini-Kipper, der schwere Lasten wie Schotter, Kies, Abbruchmaterial oder Grünschnitt genauso transportiert wie besonders sperriges, leichtes Zeug. Einfach an einen Geländewagen oder SUV und sogar Pkw mit passender Anhängelast ankoppelbar, liefert sie durch die extreme Belastbarkeit und Langlebigkeit aus hochfestem Feinkornstahl das Transportergebnis der Wahl. Der ideale Muldenkipper-Anhänger für Bauprojekte, Gartenarbeiten und sonstige Transportaufgaben. Ein Arbeitsgerät in der Wegschaffer-Leistungsklasse!

**DER UNVERWÜSTLICHE STAHL-ANHÄNGER FÜR JEDE TRANSPORT-HERAUSFORDERUNG!**

Das Premium-Modell ist die Muldy Gold Edition als Limited Edition mit dem Siegel und der Signatur von Andreas Macherey. Sie setzt durch ihre erstklassige Ausstattung neue Maßstäbe. Sie

misst 4,15 Meter in der Länge und ist 1,68 Meter breit sowie 1,40 Meter hoch. Das Leergewicht variiert zwischen 830 und 910 kg, während das zulässige Gesamtgewicht 3.500 kg beträgt. Die Nutzlast liegt zwischen 2.590 und 2.670 kg, bei einer Stützlast von 150 kg. Der Rahmen aus feuerverzinktem, extrahochfestem Stahl und verschiedene Anschraubhöhen für die Zugdeichsel bieten maximale Flexibilität. Eine 12-Volt-E-Hydraulikanlage ermöglicht das Kippen der Vollstahlmulde um 45 Grad, während die schwenkbaren Hecktüren mit Sicherheitsverschluss 270 Grad geöffnet werden können. Mit ihrer speziellen Lackierung, robusten Reifen (205 R 14C) und

**DER KOMPAKTE KIPPER BIETET MAXIMALE FLEXIBILITÄT UND LANGLEBIGKEIT.**

extra Stoßdämpfern für Geschwindigkeiten bis zu 100 km/h sowie einem 5-stufigen Teleskopzylinder und einem Gesamtvolumen von 5,4 m³ ist sie für beinahe jede Beladungsherausforderung zwischen Eifel und Outback gemacht. Allerdings zum Goldtransport aufgrund ihrer offenen und erkennbar ungepanzerten Bauweise leider nicht. Das lässt sich bei den sonstigen Nutzwerten dieses Kipper-Anhängers mit zivilem Maximalnutzen aber durchaus verschmerzen!

Richtig hochwertige und beladungsstarke Anhänger gibt es auch von anderen Qualitätsherstellern. Das hier ist mein Produktheld zu dem Thema und natürlich, genau wie bei allen anderen 99 Dingen, keine Kaufaufforderung.

Auf zu neuen Ufern. Und Seen ...

# 2.7 FALTBOOT NORTIK SCUBI 1 XL

Bootfahren, **ERKUNDUNGS- UND ERHOLUNGSERLEBNISSE AUF DEM WASSER** sind und bleiben ein großes Kerle-Thema.

Ganz egal, ob in der Sehnsuchtsvariante auf richtig großer Fahrt, als Tages- oder Wochenend-Trip oder einer längeren Fluss- und Seen-Exkursion auf heimischen Gewässern und in Drumherum-Europa. Das eingesetzte Material entscheidet über die Art der Reise und auch darüber, ob das Ganze dann zum Wassersport oder doch zur entschleunigten Schippertour wird. Schön ist dies ja irgendwie alles. Hauptsache auf dem Wasser die Natur genießen. Die »Gerät und Mann«-Variante, die uns Kerle fordert und hinterher auch richtige Geschichten liefert, die wir abspeichern und gerne weitergeben, sind die Ein-Mann-und-ein-Kleinboot-unterwegs-Erlebnisse. Da kommt was bei raus, was uns fordert

**KOMPAKT, ROBUST UND VIELSEITIG: DAS NORTIK SCUBI 1 XL IST DER PERFEKTE BOOTSPARTNER!**

und begeistert. In der ersten Ausgabe des Buches habe ich für so was je ein erstklassiges Faltboot von Klepper und ein Schlauchboot von Grabner vorgestellt und zu Produkthelden gemacht. Diesmal nehme ich die Abkürzung und stelle euch dazu einen Produkthelden vor, der auf Basis eines Faltbootes mit seinen Stabilitäts- und Fahreigenschaftsvorteilen auch die Vorzüge von Schlauchbooten beim Auftrieb und der Handhabung im Leistungsgepäck hat.

**Das nortik scubi 1 XL ist dazu ein Top-Beispiel für seine Hybrid-Technik.** Es vereint die Vorteile von Falt- und Luftbooten und ist als Hybrid-Kajak schnell aufgebaut und liefert eine beeindruckende Vielseitigkeit. Mit einem Gewicht von gerade mal 12 Kilo und einem Packmaß von 85 × 55 × 22 cm ist es leicht zu transportieren und zu lagern. Zwei Hochdruckschläuche sorgen für zusätzliche Stabilität, während die robuste PVC/PU-Außenhaut und das innovative »foam padded keel protection«-System das Boot schützen. Es bietet hervorragende Fahreigenschaften und ist für verschiedenste Abenteuer geeignet. Seine Länge beträgt 3,80 Meter, und es ist mit einer Breite von 80 Zentimetern auch für stämmige, sorry, kräftige Kerle ein Thema. Das Cockpit misst 245 × 50 cm, mit Verdeck 84 × 48 cm. Das eloxierte Aluminiumgestänge und die PVC/PU-Außenhaut liefern Robustheit und Langlebigkeit. Innerhalb von etwa 10 Minuten ist das Boot aufgebaut und einsatzbereit. Im Lieferumfang mit drin: Packrucksack, Hängesitz, Schenkelgurte, Luftpumpe, Kielstreifen, »foam padded keel protection« und ein Reparatur-Set. Mit reichlich Platz für XL-Paddler und/oder Gepäck wie einen Bierkasten und einem perfekten Geradeauslauf, ist es auf unterschiedlichen Gewässern bestens zu gebrauchen. Das Boot lässt sich nach dem Baukasten-Prinzip aufrüsten und anpassen. Möglichkeiten dazu: Verdeck, Spritzschürze, Steueranlage, Drop-Stitch-Einlageboden

und sogar eine Besegelung. Dank seines kompakten Packmaßes findet es in jeder freien Ecke Platz und notfalls auch unter dem Bett. Und zum Transport gibt es im Unterschied zu normalen Kajaks auch nicht das ganze Dachträger-Theater, ab in den Kofferraum oder auf die Rücksitze. Restgepäck daneben, Tür oder Klappe zu und die Reise geht los.

Noch kurz zum Anbieter und dessen Expertise: Die Ulmer Firma Out-Trade kreiert, produziert und vertreibt erfolgreich seit über 20 Jahren auch die Eigenmarke nortik und damit auch die richtig hochwertigen scubi-Modelle. Die Qualität von nortik und des scubi 1 XL Faltkajaks ist so gut, dass es bei einer ganzen Reihe großer Outdoor- und Bootssport-Anbieter im Angebotsprogramm ist. Alles andere als die Regel in diesem Segment. Wer sich an Bootsausflüge mit extrem kleinem und dabei leistungsfähigem Gepäck herantraut oder einfach reichlich Boot auf spontane Wassererlebnistouren hat, der ist hier goldrichtig und hat die passende Einsatzware jetzt gefunden.

Weitere Top-Marken für Faltboote sind zum Beispiel **Klepper**, **Triton advanced**, **Pakboats** und ein paar andere. Wer sucht, findet auch dort spannende Alternativen. Ihr macht das schon richtig.

Für mich ist das jedenfalls ein Must-have-Kerle-Ding und kein Traumprodukt! Genau wie der folgende Anschlusstreffer.

# 28 E-CARGOBIKE OROX

Vielleicht nehme ich in die nächste Buchausgabe doch mal ein Pferd in den Fahrzeugbestand auf. Das wird dann zwar was sehr Kurzes bei der technischen Beschreibung, aber als **TRANSPORTMITTEL FÜRS FAST JEDES GELÄNDE** sind Pferde einfach super geeignet.

Und die alten Cowboy-Rassen American Quarter Horse oder Appaloosa liefern sicher reichlich Storytelling. Stattdessen gibt es aber jetzt erst mal was ganz Neues zum Auf- und Umsatteln beim kompakten Zweirad-Lastentransport. Nachdem in dieser Leistungsklasse »unverwüstlich und besonders geländetauglich« das Militärvelo Fahrrad 12 der Schweizer Armee und das Paratrooper-Faltrad meine Tipps und Produkthelden der Vorauflagen waren. Technik entwickelt sich weiter. Also wird es Zeit für ein unverwüstliches E-Cargobike! Dazu hat der bekannte Hersteller Tern kürzlich etwas aus

**"UNVERWÜSTLICH UND GELÄNDETAUGLICH – DER PERFEKTE LASTEN-TRANSPORTER!"**

seinen Produktionshallen in den Markt gerollt, das mit seinen Leistungsdaten und Möglichkeiten für so gut wie jedes Gelände selbst mit größerem Gepäck richtig abliefert: Stadt, Land, unerschlossenes Land. Wenn pedalbetriebener, motorunterstützter Lastentransport von Mensch plus reichlich Reisegepäck auf dem Programm für die Bestandsliste steht und dazu ein megaverlässliches E-Cargobike mit echten Nehmerqualitäten sowie Maximalleistung gefordert wird, dann habe ich hier was Passendes für euch!

Das Transportwerkzeug meiner Produkthelden-wahl heißt Orox und ist ein echter Generalist der bodengebundenen Zweiradfortbewegung inklusive Gepäck. Der Weg ist das Ziel und hinterm

Horizont geht's weiter. Spaßfaktor inklusive! Mit über 300 Kilometer Reichweite inklusive Reserve-Akku im Gepäck und einem zulässigen Gesamtgewicht von 180 Kilo im Gelände sowie 210 Kilo auf der Straße ist das für das Orox kein Problem. Das ist zweirädrige Arbeitstier-Technik vom Feinsten. 360 Tage im Jahr und rund um die Uhr, bei jedem Wetter. Dabei hilft vor allem die Auswahl zwischen dem L-Rahmen für Fahrer bis zu einer Körpergröße von 1,95 Metern und 130 Kilo Gewicht und der Rahmengröße M für alle ab 1,55 Metern Größe, die dann vom

abgesenkten Oberrohr profitieren. Außerdem kann man je nach Einsatzerfordernis zwischen drei Reifengrößen 29«x3.0«-, 27.5«x4«- und sogar 26«x5« wählen. Robuste Schutzbleche sorgen außerdem dafür, dass Fahrer und Ladung sich auch bei miesem Wetter nicht total einsauen, während das isolierte Frame Pack den Akku selbst bei winterlichen Minusgraden voll funktionsfähig hält. Läuft!

Hier noch weitere wesentliche Leistungsdaten hinter den ca. 35 Kilo Leergewicht des Bikes, die den Performance-Unterschied zu normalen Cargobikes für den Straßenbetrieb machen, am Stück: Es gibt die Modellwahl zwischen dem Orox R14 mit einer 14-Gang Rohloff Speedhub und einem Gates-Riemenantrieb sowie dem Orox S12 mit einer Shimano Deore XT 12-fach Kettenschaltung. Beide Modelle sind mit dem Bosch Performance Line CX-Antrieb ausgestattet, der kraftvolle und leise Unterstützung selbst im steilsten Terrain bietet. Das DualBattery-System ermöglicht eine Reichweite von über 300 km durch einen zusätzlichen Akku. Das Bosch Connect-Module bietet Funktionen wie eBike-Alarm und eBike-Tracking. Die ultrastabile Stahlgabel mit 14 Gewindeösen erlaubt vielfältige Gepäcklösungen, während die Atlas X Cargo Wheels mit robusten Hohlkammerfelgen und dicken Speichen für maximale Zuladung ausgelegt sind. **Der stabile Atlas Kickstand XL erleichtert den Transport von Gepäck und Passagieren.** Die Tern-exklu-

sive Schwalbe Johnny Watts-Bereifung und die kraftvollen Magura 4-Kolben-Scheibenbremsen mit 203 mm Durchmesser sorgen für optimale Traktion und hervorragende Bremsleistung bei jeder Witterung.

Jeder Geländewagen lässt sich bekanntlich auch auf normalen Straßen fahren und sowohl für Job als auch Freizeitgestaltung benutzen. Mit dem Orox Cargobike läuft es als muskel- und motorbetriebenem Bike-Generalisten genauso. Der Unterschied: Die Transportlasten sind deutlich kleiner, normal.

**DER ALLESKÖNNER FÜR GELÄNDE UND STADT – STARK, VIELSEITIG UND STYLISH!**

Aber dafür gibt es auch weder blöde Kommentare beim Shuttleservice zur Kita noch nervige Parkplatzsuche beim Supermarkt um die Ecke. Im Gegenteil! Wer mit der Maschine voll bepackt nicht nur zum Freizeitabenteuer im Gelände, sondern auch zum beruflichen und haushaltsgebundenen Fahrpensum im urbanen Dschungel antritt, der hat als Sympathieträger so gut wie jeden auf seiner Seite. Bewunderung und neugierige Fragen zum Gerät meist inklusive. Ist ja auch ein echter Hingucker, das Teil!

Also ganz klar: Must-have für alle Kerle, denen ein unverwüstliches E-Bike hohen Fahrspaß mit möglichst universellem Transportnutzen bieten soll.

# 29 LIGHT-E-MTB AMUZA DIO

Wir nähern uns dem Ende des Kapitels und das soll noch mal so richtig fahrdynamisch werden. Fahrspaßaction, aber auch **REICHLICH ADRENALIN UND MUSKELEINSATZ** auf zwei Rädern.

Also ab ins Gelände auf dem Zweirad-Sattel. Dafür gibt es inzwischen eine Hochleistungsliga, die Hightech plus Muskelkraft zum Freizeitsporterlebnis der Extraklasse macht. Light-E-MTB heißt das Stichwort für Outdoor-Fahrmaschinen, deren Leistungslimits nicht das Gerät liefert, sondern der Mountainbiker, der es fährt. Gut zu wissen, oder? Und mindestens genauso gut, dass in dieser zweirädrigen »Formel-E« die Technik der Topanbieter neben höchsten Fahrdynamiker-lebnissen durch Gewichtseinsparung und andere Innovationstreiber auch die Fahrersicherheit ganz oben auf dem Entwicklungsradar hat. Das ist für längere Touren im Gelände genauso wichtig wie bei richtig harten Power-Trail-Runden. Zum passenden Gelände für beides habe ich es nicht weit.

**EIN FEDERLEICHTES LIGHT-E-MTB FÜR ADRENALIN UND POWER-TRAILS!**

Das ist bei mir in der Eifel der Nürburgring. Aber nicht der Nordschleifenkurs für die motorisierte »Links-ist-das-Gas«-GT3-Fraktion, sondern das Gelände, das sie außerhalb ihrer Zäune umgibt ... inklusive der Hohen Acht, dem höchsten Berg der Eifel. Die Vulkaneifel ist als Motorsport- sowie Fahrrad-Eldorado absolut teststreckentauglich für alle Fahrzeugklassen – die jeweiligen Endstufen-Fahrmaschinen inklusive. Und direkt ums Eck, in Daun, ist eine Fahrradmanufaktur zu Hause, die genau diese Möglichkeiten genutzt hat, um ein Masterpiece in der Light-E-Bike-Klasse zu entwickeln und auf breite Stollenreifen mit enorm viel Grip zu stellen. Die Maschine stelle ich euch jetzt als Produktheld und Top-Beispiel vor.

Es ist das Amuza Dio der Marke HoheAcht. Das Bike liefert das volle Programm der Leistungselite dieser Klasse und fährt sich dabei nicht wie ein »Stromer«, sondern ist einfach die mit E-Power leistungsoptimierte Version eines Top-Mountainbikes. Mit seinem federleichten Carbon-Rahmen, wahlweise in den Größen 40, 45 oder 50 cm lieferbar, der in der 40er-Rahmengröße gerade mal 1820 g wiegt – in unserer Kerle-Übersetzung steht das für drei Dry-Ager gereifte T-Bone-Steaks – und der dynamischen 29«-Trail-bike-Geometrie ist es das Fahrdynamik-Mittel der Wahl selbst für richtig herausforderndes Terrain. Und dort für die anspruchsvolle All-Moun-

tain-Runde und den Flow-Trail im Bikepark. **Ob steile Anstiege oder rasante bis brisante Abfahrten – das Bike ist für alles gerüstet.** Der leistungsstarke Shimano EP801-Mittelmotor, der speziell angepasst wurde, liefert eine optimale Mischung aus Kraft, Reichweite und Gewicht. Mit dem optionalen Range-Extender, der die Akku-Kapazität auf satte 720 Wh erhöht, sind auch größere Distanzen kein Problem. Die Kombination aus ultraleichtem Hardtail-Rahmen und kräftigem

hintergründiges Chiffre für das Leistungsversprechen des Bikes ist. Stopp! Das muss doch noch mit in den Text, damit der Light-E-MTB-Nachweis auch in einer Zahl geführt wird: Ausstattungs- und modellabhängig beginnt das Leergewicht der AMUZAs mit dem Modell Dio bei gerade mal 18 Kilo Leergewicht. Und ihr zulässiges Gesamtgewicht beträgt satte 140 Kilo. Ihr dürft also ruhig

Motor bietet ein ideales Setting. Das Amuza Dio liefert schon auf den ersten Blick visuell motivierte Pulsbeschleunigung vor der ersten Pedalumdrehung. Oder kürzer: Es sieht einfach superstark aus, dieses Leistungspaket!

Weitere spannende Ausstattungsdetails aus der ellenlangen Edel-Komponenten-Spezifikation: Öhlins RXF36 Gabel, Mavic E-Deemax Laufräder, SRAM X01 Eagle 12-Gang Kettenschaltung, SRAM Guide RE Vierkolbenbremsen, Vorderreifen Kenda Regolith K1214, Hinterreifen Kenda Booster XC. Ich könnte den Leistungskatalog jetzt hier komplett runterpinnen, ist ja noch genug übrig. Mein Alternativangebot: Ich mache das Bild etwas größer, das ist gut zur Pulsbeschleunigung im Sitzen und ihr seht euch alles Weitere auf der Herstellerseite an – da werden sämtliche Feinheiten der Hochleistungstechnik fachlich versiert beschrieben. Auch die Bedeutung der Modellbezeichnung Amuza Dio, die ein sehr spannendes,

schon eine solide Ganzkörper-Bemuskelung und angemessene Körpergröße mitbringen, wenn ihr hier aufsattelt und im Gelände lospowert.

Bleibt die Frage von Must-have oder Traumprodukt. Die muss hier jeder für sich selbst beantworten. Denn das hat vor allem damit zu tun, wie wichtig euch persönlich Mountainbike als Freizeitsport ist.

Natürlich auch hier der Hinweis, dass es gerade in wachstumsstarken Märkten wie dem für Light-E-MTB eine ganze Reihe echter Spitzenanbieter mit großartigen Modellen gibt. Deshalb führt eine Auswahlentscheidung über Fachmagazine, Händlerbesuche und Probefahrten zum optimalen Ergebnis.

Auf zum nächsten Kapitel. Wir reisen mit erstklassiger Ausrüstung. Was dazu produktheldentauglich ist, sehen wir uns nun an …

# GEPÄCKSTÜCKE: REISEN MIT ERSTKLASSIGER AUSRÜSTUNG

Es soll ja Kerle geben, die auf Reisen komplett verzichten, weil das Meiste, was sie mitnehmen möchten, einfach nicht in ein bis drei Koffer passt: Komplette Hobbyräume, mittelgroße Outdoorküchen und ein paar unverzichtbare Küchen-Kleingeräte wie die 200 Kilo schwere Schinken-Schneidemaschine mit Sockel. Andere Kerle sind da einfacher gestrickt: Zwei Sätze Klamotten sowie Lieblingskörperpflege in die kleine Reisetasche plus Amex Centurion im Portemonnaie und los geht's. Wahrscheinlich liegt die richtige und beste Lösung mal wieder genau dazwischen. Die 300 möglichen Packlisten für gepflegtes Hipster-Reisen mit oder ohne Ballast spare ich mir ebenfalls und überlasse sie aufstrebenden Influencern und ihren Warenprobensponsoren. Ich konzentriere mich in diesem Kapitel viel lieber auf ein paar Überraschungsgäste für das Reisegepäck sowie Heldenware, die unterwegs für richtig gute Laune sorgt.

Hier zwischendurch mal eine grundsätzliche Bitte, die vor allem für viele der kleinen Hersteller gilt, die mich in diesem und anderen Buchkapiteln mit ihren Spitzenerzeugnissen begleitet haben: Wenn euch das jeweilige Produkt gefällt und es euch so nützlich erscheint, dass ihr es unbedingt haben wollt, seid schon mal geduldig, falls es nicht sofort lieferbar ist. Gerade kleine Hersteller großartiger Produkte können es sich selten leisten, durch hohe Lagerbestände permanent sofort lieferfähig zu sein. Selbst ich wurde bei mancher kleinen Firma mit besonders guten und spannenden Produkten nur sehr schleppend mit Bildmaterial und Produktinfos »beliefert«, weil die Herstellung und der Verkauf einfach viel wichtiger waren. Und manchmal tritt einem Hersteller dann auch noch das Pech übel ins Kreuz.

So geschehen Ende April 2024 bei einem Produkthelden-Lieferanten dieses Kapitels. Der Firma Gastrock, Familienbetrieb mit dem Gründungsjahr 1868, einem besonders traditionsreichen Hersteller von perfekten Wander- und Sitzstöcken, bei dem ein Brand in der Produktion Ende April 2024 existenzbedrohliche Schäden verursacht hat. Für mich eine Ehrensache, das Unternehmen und seinen fantastischen Sitzstock als Reisegepäck-Produkthelden trotzdem in meiner Auswahl zu behalten und damit das Interesse an diesem hoch praktischen Wanderbegleiter »Handmade in Germany« hochzuhalten. Im gut bevorrateten Handel ist der Sitzstock noch lieferbar. Und wenn es tatsächlich bei einer Bestellung von euch mal länger dauert, wisst ihr jetzt, warum sich das Warten lohnt. Dafür sind andere Produkthelden dieses Kapitels flott und leicht lieferbar. Schaut, was euch gefällt ...

## KAPITEL 4

# 30 HARTSCHALEN DACHZELT HAPUKU

Im letzten Kapitel habe ich euch zwei Geländewagen in der Leistungs-klasse **»MY CAR IS MY CASTLE«** vorgestellt. Hier im Reisegepäck- und Ausrüstungskapitel starten wir direkt mit der ersten Etage der bereiften Burg, dem Wohnaufbau.

Oder ehrlicher, dem Schlafquartier fürs Dach. Platz ist bekanntlich in der kleinsten Hütte, und die maximale Reisefreiheit liefert am besten der dazu geringst notwendige Raum. Die einfachste Variante ist das Ein- oder Zweipersonenzelt, das passt so gut wie immer. Aber das erreicht auch schnell seine Leistungsgrenzen, wenn es tagelang gießt oder schüttet. Oder man einfach keinen ungebetenen Übernachtungsbesuch mag, egal ob Krabbel- und Kriechgetier sowie neugierige oder hungrige Vierbeiner auf der nach oben ortsüblichen, schon mal überraschend offenen Skala von Mutter Natur. Die clevere Lösung mit ausreichend Bodendistanz und Überblick liefert da ein Dachzelt für das Fahrzeug. Übrigens auch die Ultima Ratio für Draußenschläfer im Busch und Outback, solange für die Fortbewegung Autos im Spiel sind. Und für jeden Campingurlaub mit dem gesuchten »Mehr« an Abenteuerfeeling eine genauso prima Sache wie quartiernützlich für Musikevents mit hoher Regen- und Matschbodensicherheit. Also beispielsweise Rock am Ring oder Wacken. Dachzelte sind sichere Schlafhöhlen fürs Autodach. Und das, das ich euch dazu jetzt vorstelle, ist ein sehr robustes und trotzdem kompaktes Beispiel für höchsten Einsatznutzen auf fast jeder Karre. Hauptsache, die zulässige Dachlast liegt nicht unter 95 Kilo, denn genau so viel wiegt das Hartschalendachzelt Hapuku vom Outdoor-Ausrüstungsspezialisten Gordigear, der ursprünglich aus Australien stammt und von dort reichlich Expertise für sein heutiges Sortiment mitgebracht und weiterentwickelt hat.

**SCHLAFKOMFORT UND SICHERHEIT FÜR JEDE ABENTEUERREISE.**

Gordigear hat einen exzellenten Ruf im Markt für Falt- und Hartschalendachzelte, Anhängerzelte und ihre fahrbaren Untersätze sowie Automarkisen zählen in diesen Disziplinen wegen der Funktionalität und Robustheit der Produkte häufig zu den Testsiegern. Das Hartschalendachzelt Hapuku ist ein Referenzprodukt dafür und erfüllt selbst die höchsten Anforderungen von Camping-Experten. Die robuste Aluminium-Hartschale schützt zuverlässig vor jedem Wetter und ermöglicht einen schnellen, unkomplizierten Aufbau. Ein Highlight des Dachzelts ist der innovative Hubbettscherenmechanismus an der Kopfseite, der für einen großzügigen Innenraum sorgt. Mit einer Wassersäule von 8000 mm bietet das Zelt auch

bei starkem lang anhaltendem Regen zuverlässigen Schutz. Der überhängende Eingang erleichtert außerdem den Zugang und ermöglicht die zusätzliche Anbringung eines optionalen Vorzelts als Reserve- und Lagerfläche. Im Inneren sorgt eine Matratze, die sich der Körperform anpasst, für echten Schlafkomfort. Solange draußen keine Bässe wummern oder andere Beschallungsquellen die Nacht zum ungewollt verlängerten Tag machen. Außerdem garantiert die spezielle 3-D-Unterlage ein angenehmes Zeltklima, unabhängig vom Wetter. **Für kalte Nächte gibt es sogar einen speziellen Einlass für Wärme liefernde Heizungsschläuche.** Gordigear hat in sein Hapuku alles reingepackt, was wirklich nützlich auf kleiner Fläche ist. Und die Dinge, normal bei so viel Ausrüstererfahrung, komplett zu Ende gedacht. Deshalb gibt es auch Schuhtaschen in

dem Klappwunder für unterwegs. Darauf muss man erst mal kommen!

Dachzelte sind für kluge Ausrüstungsminimalisten, die beim Camping oder längeren Erlebnisreisen ein sicheres und robustes Nachtquartier im kleinen Mobilitätsgepäck haben wollen, eine erstklassige Lösung. Outdoor-Profis schwören darauf, und Campingfans, denen das Naturerlebnis wichtiger als der halbe Hausstand hinter der Anhängerkupplung ist, sehen das genauso. Die richtig robuste Version davon, die es in ähnlicher Form auch von anderen Qualitätsanbietern gibt, kennt ihr jetzt. Sie kann ein sehr nützliches Must-have sein.

Der nächste Produktheld ist ein Statement und Bekenntnis zur Individualität.

# 31 CLASSIC BEDALE WACHSJACKE VON BARBOUR

**MÄNNER AUF REISEN** wissen immer, was zum passenden Anlass als Gepäck mitmuss. So richtig viel wird es selten.

Ich persönlich kenne keinen Kerl, der mit Armen oder Hinterteil dafür sorgen muss, dass sich der überfüllte Reisekoffer schließen lässt oder der Reißverschluss der Reisetasche oder des Rucksacks klemmt, weil der Inhalt rausquillt. Trotzdem können wir so etwas lösen und tun es auch – nur eben nicht bei unserem Reisegepäck. Bevor es dann aus dem Haus geht, folgt ein gezielter Griff in die Garderobe zur Reisejacke. **Normale Männer haben da maximal zwei Mäntel und vier bis sechs Jacken für verschiedene Wetterlagen.** Zwei der Jacken hängen meist als Multitools und die kommen dann auch mit. Praktische Lieblingsjacken, die bei klugen Kerlen schon mal gerne ganzjährig mit einem richtig guten kleinen Taschenmesser, einem Bundeswehr-Taschentuch, kleinem Moleskine-Schreibblock plus Kuli sowie einem Sturmfeuerzeug bestückt sind. Extrem nützliche Jacken-Basics für unterwegs, egal wo

es hingeht. Einen passenden Typ Lieblingsjacke, einen robusten, zeitlosen Klassiker, der durch seine regelmäßige Benutzung immer schöner wird und sich seinen Lieblingsreisejacken-Anspruch beim Tragen verdient, zeige ich euch jetzt.

Es ist die Wachsjacke Classic Bedale von Barbour. Ein echter Funktionsklassiker mit Stil, der 1980 erstmalig auf den Markt kam. Aus robustem 6oz Sylkoil-gewachstem Baumwollstoff gefertigt, bietet diese Jacke alles, was man von einer robusten Reisejacke mit unverwechselbarem Style erwartet. Form und Funktion: einen 2-Wege-Reißverschluss mit Druckknopfblende, große Cargotaschen, gemütliche Moleskin-gefütterte Schubtaschen und

**PERFEKTE KOMBINATION AUS ROBUSTHEIT UND ZEITLOSEM STIL.**

einen markanten Cordkragen. Der relativ kurze Schnitt und die Rippstrickbündchen an den Ärmeln machen die Jacke nicht nur extrem praktisch, sondern auch zu einem echten Hingucker. Und der Marken-Absender Barbour mit seiner inzwischen 130-jährigen Geschichte, die mit der Herstellung wetterfester Kleidung für Hafenarbeiter und Seeleute begann, bürgt bis heute für höchste Qualität und Haltbarkeit. Insbesondere weil die Classic Bedale-Wachsjacke noch immer in South Shields, im Nordosten Englands handgefertigt wird. Optionales Zubehör wie Innenfutter und eine Kapuze inklusive. Die Jacke kann richtig was und sieht einfach zu jedem Anlass top aus. Damit ist Mann draußen bestens geschützt und kann sich überall sehen lassen.

Also ohne Wenn oder Aber ein Must-have im Reise-Ausrüstungsbestand! Ähnlich praktische Kult-Jacken bieten zum Beispiel Hersteller wie **Filson**, **Romneys**, **Wellington of Bilmore** sowie eine ganze Reihe weiterer namhafter Hersteller. Wenn es bei mir etwas weniger stylish und dafür noch funktioneller auf Reisen gehen soll, greife ich gerne zu meinen Jacken zwei bis fünf von **Fjällräven**, **Wellensteyn** und **Blaser**.

Eine Jacke geht noch. Sie gehört allerdings nicht ins Standard-Reisegepäck, sondern ist ein tragbares Statement aus Leder. Ein Kleidungsstück in der Traumprodukte-Liga. Sehen wir sie uns an.

# 32 LEDERJACKE SEBRING VON HEINZ BAUER MANUFAKT

Ich weiß nicht, wie ihr es mit Bekleidung aus Leder haltet, aber für mich ist Leder ganz grundsätzlich ein besonderes Naturmaterial. Ein faszinierender Werkstoff, **DAS FUNDAMENT ERSTKLASSIGER ERZEUGNISSE**, die ich mir am liebsten in Endstufenmanufakturqualität wünsche.

Also definitiv nichts aus der »Leder-kann-in-China-fast-jeder«-Ecke. Das mag so sein, aber es

erreicht mich nicht, sorry. Leder will ich riechen und ertasten. Und erst wenn das für mich passt

und sich gut und echt anfühlt, auch tragen. Egal ob bei Schuhen, Gürteln, Handschuhen, einer Lederhose oder auch einer Lederjacke als besonders gehegtem und gepflegtem Bekleidungsstück. Deshalb habe ich davon gerade mal zwei. Und die seit vielen Jahre. Ich trage sie anlassbezogen oder zur besonders passenden Jahreszeit. **Was ich euch gleich zeige, ist eine Lederjacke, die auch für mich ein Traumprodukt bleiben wird.** Aber das ist absolut okay. Ich genieße es trotzdem, sie euch hier als einen meiner Produkthelden vorstellen zu können. Inklusive der Herstellermanufaktur, die weltweit zu den besten ihres Fachs gehört. Es ist Heinz Bauer Manufakt aus Reutlingen-Oferdingen, nahe Stuttgart. Dort werden seit über 60 Jahren in meisterhaft traditioneller Handwerkskunst und modernem Design Jackenmodelle aus hochwer-

tigstem Leder und weiteren Naturmaterialien handgefertigt. Tragbare Statements in nicht zu toppender Qualität, mit höchstem Komfort und erstklassiger Funktionalität.

**DYNAMIK UND PERFEKTION AUS EDELSTEM BISONLEDER.**

Zu den begeisterten Kunden und nicht selten ebenfalls Freunden des Unternehmens gehören Menschen, die manchmal selbst Legenden sind. Einer davon ist Walter Röhrl. Für ihn und andere Wertschätzer von tragbaren Lederunikaten produziert Jochen Bauer, Inhaber in zweiter Generation, Jackenkreationen wie diese, das Modell Sebering. Diese sportliche und trotzdem total elegante Cabrio-Jacke im Biker-Style aus edlem Bisonleder mit seiner markanten Struktur verkörpert Leidenschaft und Lifestyle mit Ewigkeitswert. Aufwendig genähte Steppmuster an Schulterpartien und Armabschlüssen verleihen ihr eine dynamische Optik. Die Lederqualität sorgt für ein einzigartiges Tragegefühl, bei dem die ausgeklügelten Schnitte eine perfekte Passform garantieren. Markante Nieten zieren die Reißverschlussenden, und der flexible Zweiwege-Reißverschluss kann bis zum Kinn hochgezogen und mit einem zusätzlichen Riegel am Kragen gesichert werden. Dieses innovative Windschott lässt sich schnell aufklappen und ermöglicht grenzenlosen Fahrspaß mit offenem Verdeck. **Die perfekte Jacke für äußerst gepflegtes**

**Cruising ab Sonnenaufgang bis zum Ende der Tagesetappe.** Egal ob im komplett offenen Oldtimer oder unter dem Schutz eines 911er Targa-Bügels.

Ganz klar ein Traumprodukt. Bei dem sich Fairness hin oder her, der Hinweis auf andere Hersteller von Lederjacken mit vielleicht vergleichbarer Qualität schlicht erübrigt.

Der nächste Produktheld hält sowas aus. Wobei es aufgrund der Story dahinter, auch dort schwierig wird, unmittelbare Vergleiche zu ziehen. Sehen wir es uns an.

# 33 SNEAKER CARL HÄSSNER LIGA VON ZEHA

Schuhwerk im Reisegepäck-Kapitel und dann dazu nur ein Produktheld. Das muss ja in die Grütze gehen. Beim Schuhwerk kochen bei uns Männern zwar nicht die Emotionen bis zur Kernschmelze hoch, aber Diskussionen löst es schon aus, weil auch »Normal-Mann« feste Vorstellungen vom LIEBLINGSSCHUHWERK hat.

Also den fünf bis zehn Paar Schuhen, die wir gern - und oft mehrfach bevorratet - sowie regelmäßig tragen. Deswegen erkläre ich mich als befangen und verweise beim folgenden Produkthelden einfach auf ein paar Promis mit Kultur-Kerle-Status, die der Hersteller nach eigenen Angaben zu seinen Kunden zählt. Da ist es dann nicht mehr wichtig, dass ich auch ein Fan der Marke und ihrer superbequemen, robusten und zudem sehr kleidsamen Sneaker

**EIN ÄUSSERST BEQUEMES UND STYLISCHES SYMBOL FÜR TRADITION UND QUALITÄT, DAS INS REISEGEPÄCK GEHÖRT.**

mit ihrer großen ostdeutschen Sportschuhmacher-Historie bin. Große Künstler und Musiker wie Jan-Josef Liefers, Jack Antonoff, David Letterman, Bonaparte (Tobias Jundt), Daniel Christensen und andere stehen, gehen und laufen auf kultig coolen Zeha-Sneakern. Deren markante Doppelstreifen signalisieren, dass auf ihnen jemand unterwegs ist, der Stil und Qualität schätzt. Ganz egal, ob Promi oder Normalo. So was gehört für mich nicht nur ins Reisegepäck, sondern direkt an die Füße, wenn

es losgeht. Hier kommt schon mal das Bild zum passenden, von mir ausgewählten Modell, dem richtig laufitten, super aussehenden und sehr bequemen Sneaker Carl Häßner Liga.

Kurz zur Story und der Geschichte dahinter, die ist nämlich total spannend: Sie beginnt 1897 mit Carl Häßner, der im thüringischen Weida seine erste Schuhfabrik gründete. Ursprünglich produzierte er Pantoffeln und Filzschuhe, doch ab 1905 lag sein Fokus auf handgearbeiteten Lederschuhen. 1935 übernahm sein Sohn die Firma und verlieh der Marke eine neue sportliche Dimension und Richtung, inspiriert von seiner eigenen Leidenschaft für Fußball. **Ab 1955 wurden die Zeha-Sportschuhe mit den charakteristischen Doppelstreifen in der DDR und auch im Westen zur Marke.** Diese Marke wurde zum offiziellen Ausstatter der DDR-Olympiamannschaft und erlangte so auch internationale Anerkennung für ihre innovativen Sportschuhe. Zeha war DIE Sportschuhmarke der DDR, getragen von Athleten aus rund 60 Disziplinen. Nach der Wende wurde die Produktion 1992 eingestellt. 2002 entdeckte Alexander Barré bei einem Freund zufällig die Zeha-Schuhe seiner Jugend wieder und beschloss gemeinsam mit ihm, die Marke neu zu beleben. Ende 2003 wurden dann die ersten neuen Zeha-Berlin-Paare verkauft und 2006 folgte eine Carl-Häßner-Kollektion als Hommage an den Gründervater. Diese Retro-Kollektion im Stil der 50er-Jahre löste einen Hype aus und gehört bis heute mit Modellen wie Liga und Club zu den Top-Sellern. Ich finde den Vintage-Look des Sneakers, der sich

Richtig gutes und strapazierfähiges Schuhmacher Handwerk wie zu den Zeiten der Häßners, nur mit modernem, innovativem Innenleben.

mit so gut wie allem was für draußen bequem und halbwegs schick ist, super kombinieren lässt, richtig stark. Und die Qualität hält hier auch, was die Optik verspricht! Das sind keine Poser-Sneaker. Sie sind zwar extrem cool, können aber auch was. Sie werden in Berlin designt und in Portugal handgefertigt. Der Carl Häßner Liga ist dabei besonders herausragend. Er wird aus hochwertigem Kalbsleder hergestellt, und seine Sohle aus Leder und Gummi sorgt für optimalen Tragekomfort.

Mein finales Statement: Läuft! Coole Sneaker in passender Qualität sind Must-have und Kerle-Bestandsware. Für mich sind es hier im Buch jetzt diese, aber es gibt natürlich noch andere Marken mit großartiger Geschichte und Top-Qualitäten. Ihr findet sie schon.

Der nächste Produktheld bringt uns auf eine andere Art auf Reisen weiter. Die Verbindungslinie in diesem Kapitel ist sein unverwechselbarer Auftritt und seine Qualität ...

# 34 RUCKSACK SUMMIT BUCKSKIN VON FROST RIVER

99 + 1 Dinge ohne zumindest einen Rucksack? No Way! Schon in den beiden Vorgängerausgaben waren Rucksäcke **UNVERZICHTBARE PRODUKTHELDEN** und Must-haves.

Da allerdings mit Fokus auf ihre technischen Leistungsdaten zum Outdoor- und Freizeitnutzen im richtig harten Gebrauchseinsatz auf Reisen. Als

reine Einsatzausrüstung zum Gepäcktransport. Funktionelles Reisegepäck ab 30 Liter aufwärts zum möglichst rücken- und muskulaturschonenden Transporteinsatz. Das Rucksack-Business ist ein riesiger Markt, der dank alljährlicher Innovationen durch immer neue, leichtere und trotzdem leistungsfähigere Materialkombinationen performt und inzwischen in Deutschland über eine Milliarde Umsatz liefert. Und die Liste der Top-Marken wird immer länger. Hier möchte ich euch diesmal einen der Klassenbesten einer etwas anderen Liga vorstellen. **Einen Rucksack, der zu seinem Nutzen als Gepäckstück einen Geschichtenteil sichtbar mitliefert.** Ein Männer-Rucksack der »Erlebnis- und Ergebnisklasse« für die leichteren Abenteuertouren. Bei denen das Gepäckstück nicht Expeditionstauglich ist, aber trotzdem alles Notwendige reinpasst, ermüdungsarm getragen werden kann und dabei einfach klasse aussieht und neugierig auf seine Entstehungsgeschichte macht. So ein Produktheld ist der Summit Buckskin Rucksack von Frost River.

Seit über 250 Jahren ist dieser uramerikanische Hersteller für seine hochwertige Handwerkskunst und robuste Outdoor-Ausrüstung bekannt. Das in Duluth, Minnesota, ansässige Unternehmen fertigt Rucksäcke, Taschen und Zubehör aus den besten Materialien: gewachstem Segeltuch, erstklassigem Leder und massivem Messing. Jede Naht, jeder Schnitt und jedes Detail spiegeln die handwerkliche Leidenschaft und das Erbe wider, die seit Generationen weitergegeben wurden. Hier wird Qualität großgeschrieben und jedes Stück hält, was es verspricht: Beständigkeit und Exzellenz für den modernen Abenteurer. Ein Paradebeispiel dafür ist der Frost River Summit Buckskin Rucksack. Mit einer Höhe von 61 cm, einer Breite von 28 cm und einer Tiefe von 23 cm bietet er rund 39 Liter Stauraum, inklusive einer zusätzlichen Bodentasche. Trotz seiner Robustheit wiegt er nur 1,6 Kilogramm. Der Rucksack überzeugt durch viele praktische Taschen: eine Innentasche, eine Reißverschlusstasche in der Klappe, eine Außentasche mit Schnalle vorne und ein separates Reißverschlussfach unten. Total durchdacht und praktisch ist zudem die komfortable große Rundum-Reißverschlussöffnung, die leichten Zugriff auf den Inhalt bietet. Und auch beim Tragekomfort und der Robustheit »liefert« der Klassiker:

**EIN FUNKTIONALER RUCKSACK-KLASSIKER MIT REICHLICH STAURAUM UND STORYTELLING.**

Die Schultergurte aus gewachstem Segeltuch und Baumwollgewebe sind gepolstert und mit einem massiven Messing-Jochring befestigt, was für Stabilität und Bewegungsfreiheit sorgt. Das doppelte Segeltuch am Boden schützt zudem vor Abnutzung. Mit seinem Parakord-Kompressionssystem und den D-Ringen lässt sich der Rucksack flexibel anpassen und sicher verschließen. Durch Anregungen von Abenteurern im legendären Camp Manito-wish wurde der Rucksack so gestaltet, dass er für leichte wie auch schwere Lasten geeignet ist. Ein zeitgemäßes Fach, was sich auch für andere flache Gegenstände eignet, eine schnallenverschlossene Vordertasche und ein separates Reißverschlussfach für nasse oder schmutzige Gegenstände machen ihn zum leistungsbereiten Begleiter für jede Reise. Der Frost River Summit Buckskin Rucksack ist also alles andere als »Vintage Deko-Gepäck«, was man am besten zum aufmerksamkeitsstarken Transport zwischen Oldtimer-Kofferraum und Hotel-Suite benutzt; er bietet richtig starken Einsatznutzen als Unterwegs-Gepäck zum Rückentransport!

Wer sich neben den ganzen aktuellen Hightech-Funktionsrucksäcken von großen Qualitätsmar-ken wie **Fjällräven**, **Deuter**, **Tatonka**, **Osprey**, **Mammut**, **The North Face**, **Eagle Creek**, **Vaude**, **Jack Wolfskin** und **Haglöfs**, um nur einige der wichtigsten zu nennen, auch für handwerkliche Klassiker interessiert, der hat hier einen weiteren Must-have-Rucksack gefunden. Oder er sucht weiter und findet dabei etwas anderes.

Mein nächster Produktheld findet sich immer öfter in Rucksäcken aller Art …

# 35 MULTITOOL NEXTORCH MT20

Egal wie minimalistisch oder komplett hochgerüstet Kerle auf Reisen gehen, ohne ein paar **LEISTUNGSSTARKE AUSRÜSTUNGSTOOLS** machen wir keinen Schritt vor die Tür. Selbst dem besten Smartphone in Vollausstattung fehlen dazu etliche Unverzichtbarkeits-Apps.

Spaßkompass, Funzel-App sowie Wasserwaagensimulation hin oder her. Benutzbare Stahlwaren wie Messer und Handwerkzeuge haben die Dinger ebenso wenig in ihren ansonsten ziemlich praktischen Funktionsinnereien wie ein Feuerzeug. Von kompletten Werkzeugkästen ganz zu schweigen. Die müssen aber bei Männern und immer öfter auch Frauen mit, wenn Reisetaschen, Rucksäcke oder Überseekoffer gepackt werden. Solange keine Sicherheitskontrolle zwischen« Start und Ziel liegt, am liebsten im Taschen- oder zumindest Hand- sowie Rückengepäck. Der ideale Werkzeugkasten »to go« ist bekanntlich ein Multitool mit 10 bis 20 nützlichen Basics, zu denen immer ein Messer, eine Säge, eine Schere, mindestens eine Zange und ein Flaschenöffner gehören sollten. Und der Funktionsmetall-Batzen sollte leicht bedienbar, robust, aber bitte nicht zu schwer sein. In der Qualitätsmarkenklasse tummeln sich neben dem Marktführer Leatherman mit seiner mächtigen Auswahl auch Hersteller wie Gerber, Böker, Victorinox, SOG, Roxon und Herbertz als wichtige Player. Zu denen inzwischen im Preis-Leistungs-Segment für richtig gute und trotzdem leichte Mulitools noch der Behörden-Ausstatter für Taschenlampen und anderes Sicherheitsequipment, Nextorch, gestoßen ist. Von dieser Marke zeige ich euch jetzt einen spannenden Produkthelden fürs leichte Reisegepäck, der mir als eingefleischtem Leatherman-, Gerber- und Böker-Multitool-Fan und -Nutzer richtig gut gefällt und mit seinen Leistungen auch Outdoor-Profis überrascht sowie überzeugt hat. Es ist das MT 20 Multitool mit seinen insgesamt 14 Werkzeugen und nur ca. 270 Gramm Gesamtgewicht.

**MIT NUR 270 GRAMM GEWICHT UND 14 INTEGRIERTEN WERKZEUGEN PERFEKT FÜRS LEICHTE REISEGEPÄCK.**

Es verfügt über einen Kabelbinder- und Hartkunststoff Schneider für spezielle Einsätze und Notfälle, den der Hersteller für den Behördenmarkt »Handschellen-Schneider« nennt, über einen Halteclip zur sicheren Befestigung an

Kleidung oder Ausrüstung, eine Rettungsschere mit beeindruckender Schärfe und Schneidleistung sowie ein integriertes Lineal. Außerdem ist ein Gurtschneider ebenso verbaut wie ein austauschbarer Schlitzschraubendreher, der vielseitige Reparaturmöglichkeiten bietet. Eine griffige normale Zange als Kernelement sorgt für robuste und zuverlässige Handhabung bei allgemeinen Aufgaben, während eine Spitzzange präzises Greifen und Halten kleiner Objekte ermöglicht. Die hochwertigen, auswechselbaren Drahtschneider garantieren langfristige Effizienz, und die Premium-Drahtschneider sind speziell für besonders harte Drähte und Materialien ausgelegt. **Zusätzlich ist ein richtig scharfes Messer mit 5,4 cm Klingenlänge für vielfältige Schneidaufgaben integriert,** und eine effektive Säge ermöglicht das Durchtrennen von Holz und ähnlichen Materialien. Natürlich ist auch der Flaschenöffner dran. Spannendes Zusatztool, wenn auch eher für Einsatzkräfte im Rettungsbereich, ist ein Sauerstoffflaschen-Schlüssel, der speziell für den Einsatz in Notfallsituationen mit Sauerstoffflaschen konzipiert ist. Da liefert der ebenfalls verbaute Flaschenöffner als Standard-Werkzeug deutlich häufigeren Einsatznutzen. Selbst wenn der Sauerstoffflaschen-Schlüssel für die meisten von uns nur ein »Bonus« ist, das Multitool ist ansonsten ziemlich komplett. Zusammen mit einer kompakten Hochleistungstaschenlampe und ergänzbar um ein richtig gutes Taschenmesser mit längerer Klinge, ist es die ideale Grundausrüstung fürs leichte Reisegepäck, egal ob Wochenendtour oder Kurzurlaub.

Da ich euch schon die wichtigsten anderen Markenhersteller für Top-Multitools genannt habe, bleibt nur noch meine Must-have-Bewertung für ein Multitool wie diesen Produkthelden!

Nun folgt der nächste Leistungsträger im Kleinstformat, der sich als Top-Produkt seiner Art einen Platz im Kapitel erobert hat. Auch er zeigt Spitzenleistungen, ohne dafür groß ins Geld zu gehen.

# 36 POWERBANK KLARUS K5

Nach dem Handwerkzeug im Taschenformat habe ich jetzt ein Must-have am Kapitelstart, das heutzutage unbedingt reisefähige Bestandsausrüstung ist. Der **LEBENSSAFTSPENDER FÜR UNSERE MOBILE KOMMUNIKATIONSTECHNIK** und Taschenlampen, sobald eine feste Stromquelle fehlt.

Dann ist entweder Ende im Gelände und energieentleerte Smartphones, Smartwatches, Headsets sowie akkubetriebene Taschenlampen werden zum nutzlosen Ballast, oder es ist eine mobile Stromquelle zum Nachladen am Start. Und die macht zur Kleingerätebeladung den meisten Sinn, wenn sie genauso kompakt und bestens transportabel ist. Dazu gilt die 10.000-mAh-Klasse, mit einer Kapazität von 10.000 Milliamperestunden (mAh) aktuell als Standard. Sie kann abhängig von deren Akkukapazität und der Effizienz der Powerbank die meisten modernen Smartphones etwa zwei- bis dreimal vollständig aufladen. Ein echtes Hochleistungsteil in dieser Klasse, was zudem extrem leicht, total robust und deutlich kleiner als die meisten Smartphones ist, habe ich beim Hersteller Klarus gefunden. Den kennen die Outdoorszene und der Behördenmarkt als Top-Taschenlampenlieferanten. Meine Expertenfreunde sind von diesem Powerspender ebenso begeistert wie ich. Es ist die Klarus K5 Powerbank, die erst kürzlich auf den Markt kam und sich mit ihren Leistungen sofort einen Spitzenplatz im High-End Segment der superkompakten 10.000-mAh-Powerbanks erobert hat.

**Dank seines Carbongehäuses wiegt die Klarus K5 gerade einmal 157 Gramm** und ist damit bis zu 30 % leichter als die meisten Powerbanks ihrer Klasse. Mit einer Länge von gerundet 10,5 Zentimetern, 6,3 Zentimetern Breite und 1,4 Zentimetern Höhe passt die K5 problemlos selbst in Hosen- und Jackentaschen. Sie ist außerdem perfekt ausgestattet und absolut auf dem neusten Stand der Technik. Beispielsweise durch ihre USB-C- und einen Anschlüsse, an denen man zwei Geräte gleichzeitig aufladen kann sowie das digitale Display auf der Unterseite, das die verfügbare Kapazität der K5 zuverlässig anzeigt. Ihre maximale Ladeleistung beträgt 22,5 Watt und sie ist mit der QC/PD-Schnellladetechnologie kompatibel. Ein besonderer Modus ermöglicht außerdem das Laden von Geräten mit niedrigem Stromverbrauch, wie Headsets und Smartwatches, die von vielen Standard-Powerbanks nicht erkannt werden. Zusätzlich ist die K5 nach IP68-Standard wasserdicht und verkraftet schadlos Stöße und Fallhöhen bis zu 1,5 Metern. Robuster geht es kaum, selbst bei harten Außeneinsätze. Ich habe diesen kleinen Powerriegel mit seinem optisch coolen, aber vor allem sehr nützlichen Carbongehäuse mittlerweile praktisch immer dabei, wenn ich unterwegs bin. Egal ob auf Reisen oder bei einem nächtlichen Ansitz. Das gibt mir Sicherheit und erspart Probleme, wenn die Restladung auf dem Smartphone zur Neige geht oder ich vergessen hatte, die mitgeführte Taschenlampe zu Hause an den Strom zu hängen.

## ULTRAKOMPAKTER HÖCHST-LEISTUNGS-POWERRIEGEL IN DER 10.000-MAH-POWER-BANK-KLASSE.

Also ohne jede Diskussion ein Must-have. Wem Robustheit, Gewicht und Größe bei einer 10.000-mAh-Powerbank für unterwegs unwichtiger ist als der Preis, der findet sicher auch was für sich. Der Markt bietet dazu reichlich Auswahl – auch im Qualitätssegment.

# 37 SITZSTOCK PRAKTUS SAFETY VOM HERSTELLER GASTROCK

Der Sprung vom letzten Gepäckstück zum nächsten ist auf den ersten Blick eher eine Rolle rückwärts. Ziemlich falsch geblickt, weil der folgende Produktheld auch **EINE ART »AKKU-LADEGERÄT«-GEPÄCKSTÜCK** für Reisen ist.

Nur eben für unseren eigenen Akku. Schon perfekt verarbeitete Wanderstöcke, am liebsten aus dafür bestens geeigneten Hölzern wie Kastanie, Schwarzdorn, Hasel oder auch Eiche, sind ein großartiger Reisebegleiter. Sie geben Halt und damit Sicherheit in fast jedem Gelände mit Auf- und Abstiegsstrecken und erleichtern die Bewältigung von Wander- und Trekkingtouren somit ungemein. Noch nützlicher sind ihre nahen Verwandten mit zusätzlich eingebauter Sitzgelegenheit. Leider wissen immer noch zu wenig Menschen, dass es so etwas Praktisches für Wandertouren und andere Outdoorerlebnisstrecken überhaupt gibt: Diese Mischung aus bequemem Wanderstock mit integriertem Sitzhocker, bei Hochleistungsmodellen mit einem Eigengewicht von gerade mal 1,2 Kilo, also knapp über dem einer 1-Liter-Wasserflasche. Jäger schätzen diese Pirsch- und Sitzwerkzeuge genauso wie Naturbeobachter und erfahrene Wanderer schon lange. Dabei ist es im Grunde ein hochwertiges Jedermannprodukt für viele Reiseanlässe, Outdoor-Sportevents mit Stehplatzkarte inklusive. Da hat man spätestens dann die Lacher wieder auf seiner Seite, wenn nach drei bis vier Stunden das restliche Fußvolk in die müden Knie geht, während man selbst entspannt auf dem Sitz dabei zusieht.

**PERFEKT FÜR OUTDOOR-AKTIVITÄTEN, DA ER LEICHT UND DENNOCH EXTREM ROBUST IST.**

Der passende Hersteller für ein derart nützliches Begleit- und Sitzwerkzeug ist die Firma Gastrock. Ein traditionsreiches Familienunternehmen, das seit über 150 Jahren für höchste Qualität und Innovationen in der Herstellung von Gehstöcken und Sitzstöcken steht. Am Unternehmenssitz in Bad Sooden-Allendorf, der kürzlich bei einem verheerenden Brand weitgehend zerstört wurde, sich aber im Wiederaufbau befindet, entwickelte sich die Firma durch ihre Handwerkskunst unter Einsatz modernster Materialtechnologien kontinuierlich weiter. **Der Hersteller vereint traditionelle Werte mit modernem Design, um hochwertigste Produkte zu schaffen,** die erstklassige Funktionalität liefern. Gastrock produziert äußerst umweltfreundlich und setzt dazu nachhaltige Materialien ein. Beim Sitzstock Praktus Safety, dem Produkthelden und meinem Favoriten aus dem großen Angebot von Gastrock, wurde diese Unternehmensphilosophie und das Know-how perfekt umgesetzt. Dieser in bis zu neun Stufen höhenverstellbare Sitzstock bietet eine ideale Mischung aus Stil und Funktionalität. Ausgestattet mit einem eleganten natürlichen Eichenholzgriff und einem robusten Aluminium-Unterteil, ist er ideal für Outdoor-Aktivitäten aller Art, lange Wandertouren inklusive. Der integrierte Ledersitz, verstärkt mit Segeltuch, sorgt für maximalen Komfort und Stabilität und kann bis zu 130 Kilo menschliches Lebendgewicht tragen. Er ist somit ein Top-Begleiter für Kerle jeder Größe sowie fast aller Alters- und Gewichtsklassen. Und er eignet sich übrigens dank seiner Stabilität und der Tellerzwinge mit solider Edelstahlspitze zusätzlich zur Abwehr von Angriffen aller Art in Wald, Feld und Flur.

Ein Must-have der etwas anderen Art, das man schnell zu schätzen lernt, wenn man viel in der Natur unterwegs ist. Sitzstöcke gibt es auch von wenigen anderen Herstellern, für mich bleiben die von Gastrock aber die besten. Durch den Brand befindet sich das Unternehmen aktuell in einer sehr herausfordernden Wiederaufbau-Situation, die auch Unterstützung durch etwas geduldigere

Kunden des Onlineshops verdient. Wenn ihr also nach einem erstklassigen, handwerklich gefertigten Wanderstock sucht, oder ein Sitzstock jetzt für euch zum Thema geworden ist, bestellt ihn gerne direkt beim Hersteller und genießt die Wartezeit in dem Wissen, das man für euch ein Unikat in bester Manufakturqualität fertigen wird, sobald alles wieder rundläuft.

Reisegepäck als Weitblick-Werkzeug, ganz egal wo und wann, folgt als Nächstes. Klingt etwas kryptisch, aber das löst sich schnell.

# 38 HD-FERNGLAS MIT BILDSTABILISIERUNG VON ALPEN OPTICS

**FERNSICHT UND WEITBLICK SIND AUF REISEN ECHTE MEHRWERTE,** egal ob auf ganzen kurzen Wochenendtrips, Kurzurlauben an die Küste und in den Bergen oder bei richtig langen Touren mit großem Gepäck.

Immer und überall gibt es schließlich etwas zu entdecken, bei dem die einfache vergrößerungsfreie Sehkraft nicht ausreicht. Deshalb sind gute Ferngläser im Reisegepäck eine mehr als feine Sache. Die aber meist, insbesondere wenn es um Gläser mit großem Sehfeld und Vergrößerungen ab dem 10-fachen aufwärts geht, ganz schön ins Gewicht gehen und zudem aufgrund ihrer Bauart auch reichlich Platz beanspruchen können. Deshalb habe ich mich nach einem besonders kompakten Fernglas im Leistungssegment 14x42 umgesehen, was wenig wiegt und trotzdem viel kann. Also technisch etwas zu bieten haben, was nicht nur neu und innovativ klingt, sondern es auch tatsächlich ist. Bei meiner Recherche auf der Outdoor-Fachmesse IWA, auf der alljährlich neben Waffen und anderer Outdoorausrüstung auch die neuesten Ferngläser vieler internationaler Hersteller vorgestellt werden. Aber woher sollte die Innovation kommen? Nachtsichttechnik vielleicht? Schöne Idee, aber doch sehr speziell, ziemlich teuer und zudem integriert in Ferngläser mit deutlich zu geringem Einsatznutzen außerhalb jagdlicher Anwendungen. Also was sonst?

Ein leichtes, kompaktes Fernglas mit einem neuen technischen Setting hat mir dazu die passende Antwort geliefert. Es ist das 640 Gramm leichte und mit Maßen von 18,5 × 11,4 × 7,5 Zentimetern sehr kompakte und damit auch absolut rucksack- und reisekoffertaugliche Apex Steady 14x42 HD-Fernglas mit Bildstabilisierung vom deut-

**EIN HOCHMODERNER FERNGLAS-ALLROUNDER, DER LÄNGERE PUNKTGENAUE BEOBACHTUNGEN OHNE BILDWACKELEI MÖGLICH MACHT. MIT DEM FERNGLAS WEISS MAN BEI SPORTEVENTS, WIE WEIT ENTFERNTE SIEGER AUSSEHEN UND KANN IHNEN DIE SIEGESFREUDE IM GESICHT ABLESEN.**

schen Hersteller Alpen Optics. Ein hochmoderner Fernglas-Allrounder, der längere punktgenaue Beobachtungen ohne Bildwackelei möglich macht, selbst wenn die Arme müder werden. Damit bleibt ihr minutenlang selbst auf weit entfernten statischen oder beweglichen Beobachtungszielen, ohne sie aus dem Auge zu verlieren. Wirklich mal schöne neue Technik!

**Vor allem wegen der beeindruckenden 14-fachen Vergrößerung bei einem großen 42-mm-Objektivdurchmesser.** Das Fernglas zieht also richtig gut bei dynamischen Zielen wie Vögeln in der Luft mit. Und gleichzeitig ist man dank der Vergrößerung auch in der Lage, weit entfernte Objekte auf dem Wasser oder in den Bergen gestochen scharf ins eigene Blickfeld zu vergrößern und dann minutenlang im Auge zu behalten, selbst wenn man aus Ermüdung anfängt, leicht zu verwackeln. Der optische Prismenausgleich mit dem vertikalen und horizontalen 2-Achsen-Gimbal korrigiert das ungefragt und einstellungsfrei. Ein echter Vorteil zudem bei der astronomischen Beobachtung von Himmelskörpern, egal wo man gerade ist. Und auch bei Live-Events in Sportstadien oder großräumigen Freigeländen wie Motorsport-Streckenkursen, bei denen man mit einem normalen Fernglas sein Ziel nach minutenlanger Beobachtungsverfolgung schon mal aus den Augen verliert, weil das Glas runterzieht, bleibt man mit diesem optischen Hochleistungsleichtgewicht einfach drauf und verpasst weder Zieleinlauf noch Zielflagge. Und erspart sich damit die sonst oft üblichen »Bullshit-Momente«, gerade in den spannendsten Situationen. Mit einem solchen Fernglas weiß man stattdessen, wie Sieger aussehen und kann ihnen ihre erschöpfte, glückliche Siegesfreude noch länger gestochen scharf im Gesicht ablesen.

Und dies bei jedem Wetter, denn es ist spritzwassergeschützt nach IPX-4-Standard und die Linsen beschlagen dank der Stickstoffbefüllung auch bei Witterungsschwankungen nicht. Weitere technische Mehrwerte: Durchblick mit und ohne Brille, dank Twist-Up-Augenmuscheln; Lotusvergütung der Linsen, die Regenwasser abperlen lässt; Optisches Barium-Kronglas-BaK-4-Glasmaterial für noch schärfere und hellere Bilder. Reicht das? Wenn nein, gibt es weitere Infos vom Hersteller.

Ich bin weiterhin insbesondere als Jäger von den Leistungen der **weltbekannten Optikmarken Zeiss, Swarovski und Leica absolut überzeugt und finde außerdem Marken wie Blaser, Steiner, Meopta, Nikon, Minolta** und Co. sehr spannend. Aber dieses Fernglas hat eine so beeindruckende Einsatzbandbreite und innovative Features, dass es hier zum Produkthelden und Beispiel für ein ideales Reisegepäck-Fernglas wird.

# 39 KÜHLBOX YETI TUNDRA 45

Von der guten selbstgemachten Unterhaltung in der Reisegepäck-Ausrüstung machen wir jetzt einen satten Sprung in die Werkzeugklasse zum **LEBENSMITTELTRANSPORT FÜR BODENGEBUNDENE REISEN** mit dem eigenen Fahrzeug.

Da passt und gehört immer eine vernünftige Kühlbox rein, wenn Getränke und Essen mitgenommen und/oder am Zielort zugeladen werden sollen. Am besten ab der 20-Liter-Fassungsvermögen-Klasse aufwärts und bloß nicht in »billig«, sonst ist die genussreiche Food- oder Beverage-Fuhre hinterher verdorben oder warme Plörre am Start. So ein Ergebnis braucht kein Kerl im Reisegepäck. In den oberen Klassen inklusive Endstufe mit oder ohne Stecker sind es vor allem Marken wie **Dometic** und **Outwell** die dazu Passendes liefern. Plus dem Hersteller, der aufgrund seiner Technologie, seiner kompromisslosen Qualität und seiner äußerst durchdachten und damit besonders praktischen Kühlboxen einen mächtigen Fußabdruck im Markt hinterlassen hat und dies alles andere als eine »scheue Legende«, sondern sehr präsent: Yeti aus dem texanischen Driftwood. Das sehen meine Outdoor-Experten genau wie ich! Deshalb noch etwas Input zur spannenden Entstehungsgeschichte dieser Marke für euch, die sich seit ihrer Gründung im Jahr 2006 einen legendären Ruf erarbeitet hat: Die Brüder Roy und Ryan Seiders waren von der Qualität der damals erhältlichen Kühlboxen zunehmend frustriert und beschlossen deshalb, selbst die robustesten und leistungsfähigsten Kühlboxen zu entwickeln. Ihr Ziel war es, Produkte zu schaffen, die extremen Bedingungen standhalten und selbst die anspruchsvollsten Outdoor-Fans begeistern. Kühlboxen, die für das harte Leben draußen gemacht sind – egal ob beim Fischen, Jagen oder Campen. Gesagt, getan – Amerikaner können so was schon immer ziemlich gut, siehe Weber-Grills, Thermoskannen, Zippo-Feuerzeuge und so weiter. Und auch Yeti-Outdoor-Equipment hat sich mittlerweile, von robusten Getränkebehältern bis hin zu wasserdichten Taschen, zu einem Symbol für kompromisslose Qualität und top Zuverlässigkeit entwickelt.

»unkaputtbar«, was auf das aufwändige Herstellungsverfahren inklusive der rotationsgeformten Konstruktion zurückzuführen ist. Die Box ist nicht nur sehr sturzunempfindlich, sondern gilt auch als »bärensicher«, was im Moment in unseren heimischen Breitengraden noch keine ganz so große Bedeutung hat. Aber das kann ja noch kommen. Ihre robusten Tragegriffe und die praktische Größe machen den Transport äußerst

**DICKE PERMAFROST-ISOLIERUNG, LANGLEBIG UND UNZERSTÖRBAR – HÄLT ALLES TAGELANG KALT!**

Mein Produktheld in der Kühlboxen-Endstufe ohne Stromversorgung ist die Tundra 45 von Yeti, die mit ihrem Fassungsvermögen von knapp 33 Litern in der bis zu 5 cm dicken »Permafrost«-Isolierung alles, was drin ist, bei ausreichend dimensionierter und beigefügter Kühlakku- oder Eis-Unterstützung, tagelang kalt hält. Selbst bei hartgesottenen und einfallsreichen Test-Experten gelten die Tundra-Kühlboxen einschließlich dieser »45er« übrigens als

praktikabel, selbst bei voller Beladung. Diese Genuss-Schutz-Werkzeugkiste der Extraklasse ist nicht nur eine Kühlbox, sondern hält umgekehrt auch heiße Inhalte lange bestens gewärmt. Wem es also gefällt, seinen »mangelernährten« Wikinger-Kumpels an den Küsten und Fjorden Nordeuropas zum Start des Angelurlaubs einen Kessel voll mit Muttis gehaltvoller Erbsensuppe oder Glühwein mit Schuss noch warm zu servieren und dafür auf der Rückreise erstklassig gekühlte fangfrische Lachse oder Makrelen zuhause wieder anzulanden, für den ist diese Tundra 45 Box genauso perfekt geeignet wie für alle One-Way-Kühlungssicherer auf Reisen. Selbst wenn der Trip nur in die Eifel zum 24-Stunden-Rennen oder nach Wacken zum musikalisch unterlegten Schlammbad geht: Hin mit eisgekühltem Bier, vor Ort drauf sitzen oder stehen und mächtig feiern und dann wieder zurück mit gut gekühlten Spezialitäten der Region – sowas ist eine der leichtesten Übungen für die Tundra 45 Kühlbox von Yeti. Zum Abschluss noch ein paar Rahmendaten und Leistungsmerkmale zur Glaubhaftmachung des Ganzen: Sie hat ein Fatwall-Design mit 5 cm dicker Wärmedämmung, verfügt über strapazierfähige Gummiverschlüsse, besitzt eine gefriertruhenähnliche sogenannte

Coldlock-Dichtung am Deckel, ist auslaufsicher, hat ein Ablasssystem für Schmelzwasser, steht auf rutschfesten Standfüßen, hat robuste Handgriffe aus Polyesterseilen mit Gummigriffen und ist auch noch abschließbar. Alles dran und drin in Außenmaßen von 60 × 40,4 × 39,4 Zentimetern.

Echt top, oder?! Also klar: Must-have! Auch wenn dieser unkaputtbare Temperatursafe eine Ecke mehr kostet als seine weit entfernten Verwandten aus den Wanzl-Körben der Discounter-Aktionen und aus den Pop-up-Sommerzelten der Baumärkte. Das muss so sein. Bei der Qualität.

Hier spare ich mir den erneuten Verweis auf die Yeti-Marktbegleiter bei Kühlboxen. Zwei wurden von mir am Anfang genannt.

Fast ohne ernsthafte Konkurrenz kommt auch der letzte Produktheld des Kapitels aus ...

# 40 STECKBARER KOMPAKT-GASGRILL SKOTTI

Hoch die Hände, Kapitelende. Aber vorher gibt es noch mal ein paar Pfund **EDELSTAHL INS REISEGEPÄCK**, die es echt faustdick in sich haben! Klein, fein und inzwischen war einer zum Testen auch mein.

Aber mal erst die Erklärung dazu, was ich euch da als Gepäckstück empfehle. Eine megakompakte Feuerstelle zum Kochen und Grillen für unterwegs, egal ob bei bestem oder zweitbestem Wetter. Offenes Feuer mitten im Wald oder im öffentlichen Raum ist weder bei uns noch anderswo gerne gesehen, schon gar nicht, wenn die Böden in den Sommermonaten knochentrocken sind. Das ist das eine Problem, das nach einer Lösung sucht und betrifft vor allem die normalen, holzbefeuerten Einweg-Campinggrills, die – zweites Problem –

**STECKBAR, ROBUST UND IN REKORDZEIT EINSATZBEREIT – DAS KANN NUR DER SKOTTI!**

ohnehin in keinen Rucksack oder eine Packtasche für den Kurzurlaub in Mutter Natur passen und – drittes Problem – nach ihrer Benutzung einfach Wegwerfprodukte sind. Wer sich also einfach nur als Wochenend-Spaß oder ganz gezielt zum Erlebnisurlaub mit knapp bemessener Rucksackausstattung eine sichere, schnell verfügbare und funkenflugsichere Feuerstelle zum Kochen, Braten oder Grillen wünscht, der konnte bis vor einigen Jahren lange suchen. Oder sich mit der Backpacker- und Outfitter-Abenteurer-Hobo-Variante abmühen. Auch schön, aber längst nicht wirklich grilltauglich. Mittlerweile gibt es eine echte Alternative, die sehr robust, ruckzuck aufbaubar und dabei mit einem Packtaschen-Maß von 45 × 30 × 3,5 Zentimetern sowie einem

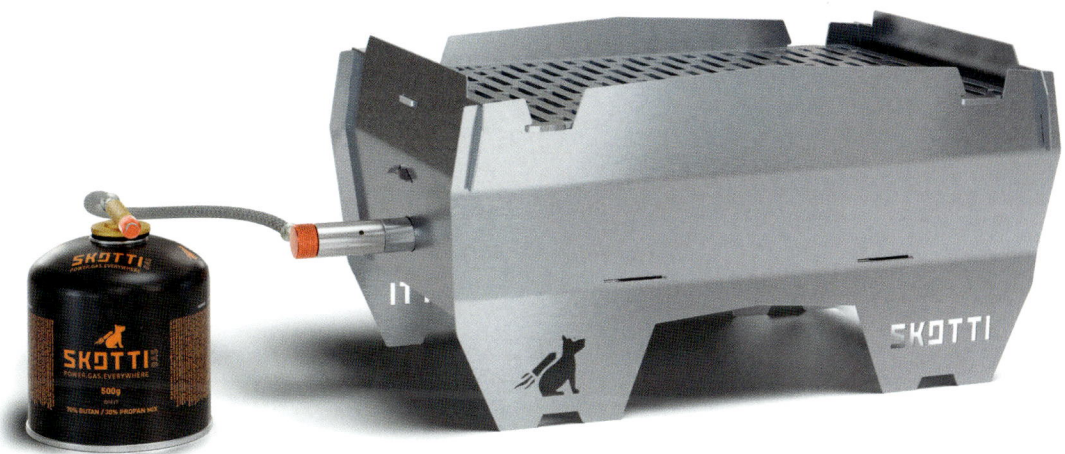

Gewicht von 3 Kilo sogar in die meisten Rucksäcke passt. Wenn dann noch eine kleine handelsübliche EN 417 Schraubkartusche mit Butan-/Propan-Gasgemisch und einem Pfund Gewicht zugeladen wird, reist künftig bei euch ein Grill im Reisegepäck mit, der sich sowohl mit Gas als auch allem anderen Brennbaren inklusive Holzkohle befeuern lässt. Und außerhalb der Reisen selbst als Balkongrill oder Back-up fürs Terrassen-Großgerät perfekte Dienste leistet. Dieses Reise-Grill-Werkzeug zeige ich euch jetzt.

Es ist mein Produktheld, dessen Erfinder, Christian Battel, vor sechs Jahren den ersten steckbaren Gasgrill der Welt entworfen und auf den Markt gebracht hat, den Skotti! **Er besteht aus acht Edelstahlteilen sowie einem Gasschlauch und lässt sich ohne Werkzeug zusammenstecken.** Es gibt inzwischen eine ganze Reihe von Varianten des Skotti, die Christian Battel gemeinsam mit seinem Team in der Firma Vennskap permanent weiterentwickelt und optimiert hat. Besonders nützliches Zubehör inklusive. Der Grill, mit seinen beachtlichen Grillrost-Maßen von 30,4 × 21 Zentimetern, ist mittlerweile Kult und hat sich schon über 100.000-fach verkauft. Der Clou ist das clevere Stecksystem, das aufgrund der Materialqualität und der hochwertigen Verarbeitung einen Aufbau in unter zwei Minuten erlaubt. Danach ist nix verbogen oder verklemmt und es liegen auch keine abgetrennten Fingerkuppen aufgrund scharfer Kanten und mangelhafter Entgratung neben der Stecktechnik. Wer so was als Zusatzerlebnis sucht, um sein mitgeführtes Reise-Verbands-

zeug auszutesten, greift am besten zu billigen Steckgrill-Plagiaten aus Ching-Chang-Chong. Der Skotti hat das nicht im Unterhaltungsprogramm. Dafür bietet er mit der Einführung des neuen Designs sogar eine Pool-Fettauffangschale, die ihn noch umwelt- und benutzerfreundlicher macht. Sie verhindert zuverlässig, dass Fett auf den Untergrund tropft, und erleichtert die Reinigung erheblich. Ein weiterer Vorteil ist die Möglichkeit, diese Schale mit Wasser oder Sand zu befüllen, was die Vielseitigkeit des Skotti weiter erhöht. Die optimierte Korpusgestaltung sorgt für eine gleichmäßige Auflagefläche, ideal für Planchas, Woks, Pfannen oder Töpfe, und spart zudem Gas. Also dank Fettauffangschale keine Sauereien und damit verbundenes Aufreger-Potenzial unbeteiligter Dritter, selbst beim Grilleinsatz des Skotti an Meeresstränden, Badeseen sowie auf mehrtägigen Großevents.

Damit ist der Skotti die ideale, superkompakte, umweltfreundliche sowie Natur schützende Feuerstelle für daheim und unterwegs und mein letztes Must-have in diesem Kapitel.

Wechseln wir also rüber ins nächste Kapitel und sehen uns dort mal ein paar sehr besondere Werkzeuge für den klassischen Heimwerkereinsatz an.

# WERK-ZEUG: NEUES GEHT IMMER, BESSERES SOWIESO

**D**ritte Neuauflage, drittes Werkzeugkapitel. Läuft! Für Männer und damit echte Kerle sind Werkzeuge fester Bestandteil ihrer DNA, ihres Erbgutes. Und fast alles, was sie interessiert, ist irgendwie ein Werkzeug. Mein hochgeschätzter Autorenkollege Michael Allner hat beim Pietsch Verlag ein überaus spannendes Buch daraus gemacht, das zahlreiche nützliche Anwendungstipps von Werkzeugen liefert. Und er wird nicht der Letzte sein, dem dazu enorm viel einfällt. Jede Woche, jeden Monat, jedes Jahr liefern findige Tüftler und hochmotivierte Ingenieure sowie Produktentwickler schließlich erstklassigen Werkzeugnachschub. Hauptsache Top-Qualität und höchster Anwendungsnutzen. Wobei wir uns das »China Bashing« gerade im Werkzeugbereich sparen können und sollten. Denn so schön es ist, für meist eher großes als kleines Geld Produkte mit heimischer deutscher oder europäischer Herstellungszusicherung zu erhalten, das komplette »Made in Germany«-Produktionsversprechen hat inzwischen Seltenheitswert. Und ist in dieser Seltenheit dann überwiegend noch bei kompakten mechanischen Handwerkzeugen zu finden. Der Unterschied zwischen hinnehmbar ordentlicher, guter oder wirklich qualitativ exzellenter Asienware macht vielfach auf Basis heimischer Ingenieurskunst selbst bei namhaften Herstellern mit deutscher Absenderadresse und Historie das jeweilige Produktprogramm sowie dessen sichtbarer Preisunterschied. Und bei den Preis-Leistungs-Verfolgern mit direkt erkennbarem Asienabsender sind mittlerweile längst nicht nur die Gebrauchsanweisungen dank KI leicht verständlich und gut lesbar. Auch die Qualität passt immer öfter mindestens für den Hausgebrauch von Werkzeugen, die über das Jahr verteilt nur fünf- bis zehnmal im Hobby- und nicht im täglichen Profihandwerkereinsatz sind. Für Kerle mit besonderer Neugier und dem Sinn für Herkunftsrecherchen habe ich noch die gut gemeinte Empfehlung, dann und wann mal einen Lieblingsmarken-Check vorzunehmen. Schon interessant, wie viele »deutsche Hersteller« ab der zweiten Wahrnehmungsreihe inzwischen sowohl produktionsseitig wie auch beim Kapital, also den Eigentümern, fest in asiatischer Hand sind. All das macht wenig bis nichts, solange die Produkte begehrt und nützlich sind oder vielleicht auch einfach nur Besitzerstolz wecken sollen. Haben ist bekanntlich viel besser als Nicht-Haben.

Mir reicht sowas aber nicht für die neuen Produkthelden. Die können deutlich mehr ...

# KAPITEL 5

# 41 INVERTER-SCHWEISSGERÄT ACDC WIG 200 PULS PRO VON STAHLWERK

Auf ein Neues – und das mit **WERKZEUGEN DER NEUESTEN GENERATION** in einer sehr »kerligen« Mischung.

Dazu ein Hinweis: Es gab nach der letzten Buch-Ausgabe Leserkritik, die ich bis heute nicht vergessen habe. Da wurde bemängelt, dass ich mich in den Werkzeug-kapiteln der »99 Dinge«-Auswahl noch nie mit einer der anspruchsvollsten Werkzeugklassen für Hobby-schrauber und fortgeschrittene Zuhause-Handwerker befasst hätte: Schweißgeräte. Und das, obwohl bei DMAX doch immer so großartige Programminhalte darüber geliefert wurden. Na und? Bin ich DMAX? Nein, bin ich nicht. Und ich kenne leider auch wenig Hobby-Schweißer. Trotzdem hat mich die Kritik erreicht, und deshalb liefere ich euch jetzt einen erstklassigen, hochmodernen Produkthelden zu diesem Wunschthema. Und dort ganz konkret zum Inverter-Schweißen, das eine präzise Steuerung des Schweißstroms ermöglicht und zu gleichmäßigen und hochwertigen Schweißnähten führt. Inverter-Schweißgeräte haben zudem den Vorteil, dass sie leichter und kompakter als traditionelle Schweißgeräte sind, da sie keine schweren Transformatoren benötigen. Sie sind außerdem energieeffizienter und können dank verschiedener Schweißtechniken auch Materialien wie Edelstahl, Aluminium und Kupfer bearbeiten. Somit bieten sie vielseitige Einsatzmöglichkeiten, die sowohl für professionelle Anwendungen als auch für Hobby-Schweißer ideal sind. Probiert es aus, es scheint mir extrem spannend zu sein. Aber bitte nicht nach der

**BIETET MAXIMALE FLEXIBILITÄT UND KONTROLLE DURCH AC/DC-SCHWEISSEN.**

Methode »Versuch, Irrtum, 112 anrufen«. Macht euch vorher schlau, kauft euch vernünftige Schutzausrüstung und schaltet lieber am Anfang einen Gang runter, bevor ihr metallurgisch mit Temperaturen von 3000° Celsius und mehr am Brenner loslegt. Fragt dazu nicht euren Kumpel mit den Brandlöchern in den Arbeitsklamotten, sondern metallverarbeitende Berufsprofis. So viel dazu! Dann kann es ja losgehen mit dem Produkthelden und seinem Hersteller, den viele von euch mit entsprechendem Interessenprofil sicher schon

kennen: Stahlwerk, ein renommierter Hersteller von Schweißgeräten, hat sich als feste Größe in der Industrie und bei Metall-Hobby-Handwerkern etabliert. Mit einem breit angelegten Sortiment an Schweiß- und Schneidgeräten, die höchsten Ansprüchen genügen, ist Stahlwerk eine anerkannte Größe auf dem Markt, weil das Unternehmen bei seinen Schweißgeräten auf drei zentrale Erfolgsfaktoren baut: Innovation, Langlebigkeit, Benutzerfreundlichkeit.

Ein hochmodernes Inverter-Schweißgerät mit genau diesen Leistungsmerkmalen ist mein Produktheld geworden: das Stahlwerk AC/DC WIG 200 Puls Pro. **Dieses digitale Inverter-Schweißgerät kombiniert Funktionalität und Hightech.** Mit einer Leistung von 200 Ampere ermöglicht es präzises Schweißen von Aluminium und Dünnblech und ist somit ideal für anspruchsvolle Projekte von handwerklich begabten Perfektionisten. Die Kombination aus Wechselstrom- und Gleichstrom-Schweißen sowie die Pulsfunktion bieten maximale Flexibilität und Kontrolle. Digitale Inverter-Schweißgeräte wie das Stahlwerk AC/DC WIG 200 Puls Pro bieten reichlich Vorteile und extrem viele Möglichkeiten, die sie sowohl für professionelle Schweißer als auch für Hobby-Handwerker attraktiv machen. Die kompakte Bauweise und das geringe Gewicht ermöglichen eine einfache Handhabung und machen das 17,4 Kilo leichte Gerät zudem mobil einsetzbar. Dank der präzisen elektronischen Steuerung der Schweißparameter können besonders gleichmäßige und genaue Schweißnähte erzielt werden. Für Hobby-Hand-

werker, die sich bereits mit dem Schweißen auskennen oder es lernen wollen, um sich noch mehr eigene »Selbst-ist-der-Mann«-Möglichkeiten zu erschließen, bietet das Gerät eine Vielzahl an Anwendungsmöglichkeiten: Es eignet sich zum Beispiel hervorragend für Kunst- und Dekorationsprojekte, bei denen filigrane Metallarbeiten gefragt sind und bei kleineren Fahrzeugreparaturen, die keinen Profi-Einsatz erfordern, ermöglicht es die präzise Bearbeitung von Karosserieteilen und individuellen Anpassungen. Natürlich kann das Gerät auch im Möbelbau verwendet werden, um stabile und ästhetisch ansprechende Metallmöbel herzustellen. Haus- und Gartenprojekte, wie die Erstellung von Gartentoren, Zäunen oder Grillgeräten bis hin zum Schweißen von massiven Stahlträgern, liegen ebenfalls – rein technisch – im Umsetzungsradius dieses Schweißgeräts. Insgesamt bietet das Stahlwerk AC/DC WIG 200 Puls Pro sowohl Profis als auch Hobby-Handwerkern jede Menge Potenzial zur kreativen und nützlichen Metallbe- und -verarbeitung. Am besten seht ihr euch die ganzen Leistungsdaten mal auf der Herstellerseite an. Dort findet ihr eine ausführliche Beschreibung des Gerätes.

Ein Traumprodukt für jeden, der sich handwerklich schon richtig gut auskennt und für den Metallarbeiten ganz vorne im Interessenfokus stehen.

Etwas einfacher ist der Einsatz des nächsten Produkthelden. Der braucht nur eine passende Jahreszeit, damit er loslegen kann …

# 42. AKKU-LAUBBLÄSER WG585E VON WORX

Kommt, Männer: Laubbläser sind doch **VOLL UNSER DING**. Egal, ob wir schon Laubbäume auf dem Grundstück haben oder erst noch mit ihnen planen.

In der Städter-Übersetzung: Fahrt im Herbst aufs Land und klingelt bei den Leuten, denen gerade die Blätter von den Bäumen fallen und fragt, ob

ihr kurz helfen könnt, das lästige Blattwerk vom Weg runterzupusten. Ein Laubbläser gehört einfach in fast jeden Kerlewerkzeugbestand, denn er wird früher oder später auf eigenen oder Nachbargrundstücken zur hilfreichen Unterstützung gebraucht – selbst wenn diese relativ weit entfernt sein sollten. Ich habe mir letzten Herbst so ein benzinbetriebenes Hochleistungsteil mit Schlauch und Spitze sowie Huckepack-Technik ausgeliehen und auf den Rücken geschnallt, um Pirschwege im Revier frei zu blasen. Dabei kam ich mir vor wie bei den Ghostbusters. Hat reichlich Kraft gekostet, aber das Ergebnis konnte sich sehen lassen! **Das geht auch deutlich kompakter und mit weniger Gerätschaft am Mann.** Und sorgt neben der positiven Emotionalisierung, wie gerade beschrieben, auch dann für echten Nutzen. Das weiß jeder, der einen größeren Garten mit Laubbaumbestand hat und der die Nummer mit dem manuellen Recheneinsatz und mühsamen Zusammenfegen des Laubs, was jeden Tag wieder an Ort und Stelle von den Bäumen fällt, einfach nicht mag. Der Spaßfaktor ist unbestreitbar vorhanden, aber es ist auch eine riesige Arbeitserleichterung und reduziert zudem den Zeitaufwand der herbstlichen Gartenarbeit beträchtlich. Deshalb hat jeder größere Gartengerätehersteller,

der seiner Konkurrenz keine Angriffsflächen durch Themenlücken im Sortiment bieten will, Laubbläser in seiner Angebotspalette. Selbst die großen Discounter sind bei der Ziehung mit Aktionsangeboten dabei. Also könnten hier statt meines Produkthelden gefühlt 200 verschiedene Modelle stehen. Tun sie aber nicht, weil die Marke Worx von Positec gerade einfach einen kompakten Laubbläser mit besonders cooler, äh, funktioneller Optik und spannenden Leistungsdaten im Programm hat. Der ist mein Produktheld.

Es ist der kompakte bürstenlose Akku-Laubbläser WG585E von Worx mit seinen äußerst strammen

Leistungen. Dieser 40-V-Laubbläser wiegt gerade mal 1,5 Kilo ohne Akkus und liegt extrem gut in der Hand. Er erreicht eine Luftgeschwindigkeit von bis zu 266 km/h und ein Luftvolumen von 1050 Kubikmetern pro Stunde – kein anderer Bläser in dieser Leistungsklasse kommt da ran. Er verfügt über drei Geschwindigkeitsstufen sowie einen Turbo-Knopf, mit denen sich Luftvolumen und -geschwindigkeit der Leafjet Sonic Turbine individuell und variabel steuern lassen. Die innovative Air Amplifier-Technologie saugt zusätzliche Luft von außen an, was das Entfernen von nassem Laub oder sogar Schnee ermöglicht. Der bürstenlose Motor des Geräts bietet eine benzinähnliche Leistung und verlängert die Laufzeit sowie die Lebensdauer des Akkus. Dank des dualen Arbeitsmodus und der variablen Geschwindigkeitsregelungen passt sich der Worx WG585E.9 seinen jeweiligen Aufgaben an. Seine beiden 18V (20V Max) Akkus sind zudem in anderen Geräten des Herstellers einsetzbar. Sounds good?

**ERREICHT BIS ZU 266 KM/H LUFTGESCHWINDIGKEIT UND ENTFERNT MÜHELOS SELBST NASSES LAUB UND SCHNEE.**

Für mich in jedem Fall, deshalb ist ein vernünftiger Laubbläser – zumindest für Männer mit eigenem Garten oder anderen guten Gründen zur herbstlichen Laubentsorgung – ein absolutes Must-have. Und dieser kompakte Hochleistungs-Produktheld ist meine aktuelle Empfehlung dazu. Den Aufzählreim der anderen Herstellermarken spare ich mir, ihr kennt sie ja bereits und habt wahrscheinlich mehrere Gartengeräte verschiedener Qualitätsmarken im Einsatz.

Auf zum nächsten Werkzeug im Kapitel. Deutlich schwereres Gerät …

# 43 AKKU-TRENNSCHLEIFER TSA 300 VON STIHL

Ja, ich mach es zu meinem Projekt. Der nächste Produktheld ist ja die passende Maschine dazu und gehört in die **KLASSE DER WERKZEUGE FÜR HANDWERKLICH FORTGESCHRITTENE** Kerle.

Die gut und gerne auch schon als Einsatzkräfte bei Feuerwehr oder THW hilfreiche Erfahrungen mit so etwas gemacht haben können. Ein Power-Werkzeug-Generalist für Grobes bis Mittelfeines. Die Rede ist von Trennschleifern. Sie sind ein ultimatives Allround-Werkzeug für Heimwerker-Kerle! Egal ob Metall, Stein, Beton oder sogar Fliesen – vor so einem Multitalent ist kein unbearbeitetes Material sicher. Metall schneiden geht beispielsweise immer: Rohre, Stangen und Profile werden mühelos durchtrennt. Auch Terrassenplatten sowie Materialien wie Beton, Ziegel und Naturstein lassen sich mit dem passenden Großkaliber leicht bearbeiten – ideal für Renovierungsprojekte im Garten oder in der Garage. Rostige Oberflächen und alte Farbschichten sind mit Drahtbürstenaufsätzen als Zubehör ultraflott Geschichte. **Spezielle Schleif- und Polierscheiben sorgen für das perfekte Finish, wo es gebraucht wird.** Besonders praktisch ist ein Trennschleifer bei der Renovierung von Küche und Bad, Altlastenentsorgung durch Zerkleinerung inklusive. Danach gelingt präzises Fliesenschneiden einfach und schnell. Auch das Entfernen von Fugenmaterial zwischen Fliesen, die Vorbereitung von Oberflächen zum Schweißen oder das Schneiden von Kunststoffteilen sind mit einem richtig guten Trennschleifer drin. Und, und, und. Also gehört so ein Spitzenteil natürlich hierher. Mein Produktheld mit passendem Leistungsspektrum ist flammenneu und erst seit Mitte August 2024 auf dem Markt. Er kann sich deshalb besonders gut sehen lassen.

Es ist der Stihl TSA 300, der sich als neues Ausnahmetalent im Markt der Akku-Trennschleifer positioniert und sich als unverzichtbares Werkzeug für jeden handwerklich begabten Mann etablieren möchte. Das sollte klappen, denn mit seiner beeindruckenden Leistung ist der TSA 300 der stärkste Akku-Trennschleifer im aktuellen Sortiment von Stihl und punktet direkt durch seine Vielseitigkeit. Ob im Garten- und Landschaftsbau, im Hoch- und Tiefbau oder bei Einsätzen von Rettungsdiensten und der Feuerwehr – das Kraftpaket bewältigt jede Herausforderung. Sein Herzstück ist der leistungsstarke EC-Motor, der sowohl extrem geräuscharm arbeitet als auch nahezu verschleißfrei ist. Dank der kompakten Bauweise und des geringen Gewichts lässt sich der Trennschleifer präzise führen und schneidet Baumaterialien bis zu einer Stärke von 110 mm mühelos. Der Start erfolgt einfach per Knopfdruck, was die Handhabung besonders komfortabel macht. Mit dem empfohlenen AP 500 S-Akku liefert das Gerät ausreichend Energie für eine unterbrechungsfreie Betriebszeit von bis zu 20 Minuten. Die intelligente elektronische Steuerung sorgt für eine konstante Leistung während der gesamten Laufzeit und bringt den TSA 300 damit auf Augen- und Leistungshöhe

**ROBUST UND LEISTUNGSSTARK, DIE PERFEKTE LÖSUNG FÜR INTENSIVE HANDWERKSARBEITEN!**

mit seiner benzinbetriebenen Konkurrenz. Ein weiterer Pluspunkt: Das Gerät ist nach IPX4 spritzwassergeschützt und daher auch bei Regen und Nässe problemlos einsetzbar. Die innovative Auslaufbremse mit Rekuperationsfunktion erhöht zudem die Akkulaufzeit, indem sie die beim Abbremsen gewonnene Energie zurückspeist. Dadurch bietet der Trennschleifer maximale Effizienz und Verlässlichkeit, die Profis genauso wie Intensiv-Heimwerker schätzen werden. Sein 36-V-Lithium-Ionen-Akku ist mit mehr als 30 weiteren Geräten des Stihl AP-Systems kompatibel, die sich für eine Vielzahl von Anwendungen eignen. Dies erhöht den Einsatznutzen der Akkus deutlich. Der Hersteller bietet hierfür eine breite Palette an Ladelösungen – von Einzel- und Mehr-

fachladegeräten bis hin zu mobilen Lade-
stationen, die auch ohne Steckdose
zuverlässig Energie liefern. Das sorgt
für höchste Einsatzbereitschaft und
unterbrechungsfreie Akku-Power.

Der TSA 300 ist ein Akku-Profi-Trennschleifer aus
der Spitzenliga, der sich auch dem Einsatz durch
ambitionierte Hobby-Heimwerker nicht verwei-
gert. Für viele wird er trotzdem ein Traumprodukt
bleiben. Warum auch nicht? Von ultimativen
Werkzeugen zu träumen, kann schließlich richtig
schön sein.

Ganz real bleibt dafür der gewohnte Hinweis,
dass auch andere großartige Hersteller ähnliche

Traumware bereithalten. Bekannte Marken wie
**Bosch**, **DeWalt**, **Hilti**, **Einhell**, **Festool**, **Makita**
und einige weitere gehören dazu.

Der nächste Produktheld ist ebenfalls ein Traumprodukt. Bei dem ehrlicherweise der Must-have-
Faktor noch mal viel geringer ist als hier, aber er
markiert auch die erkennbare Endstufe in seinem
»Gehege« …

# 44 HEISSWASSER-HOCHDRUCKTRAILER HDS SERIE VON KÄRCHER

Hochdruckreiniger liegen in einer ähnlichen »Emotionalisierungsklasse«
bei uns Männern wie Laubbläser. Doch aufgrund ihres ganzjährigen Nut-
zungspotenzials haben sie noch eine **DEUTLICHE PISTOLENLÄNGE VORSPRUNG.**

Schließlich gibt es »immer was zu kärchern«.
Mit dieser Dauernutzen-Gewissheit hat es die

Welt- und Wertmarke aus Winnenden sogar in
den Duden geschafft. Und sorgt mit permanen-

tem Produktnachschub auf neuestem Stand der Hochdruckreiniger-Technik für immer neue und weiter optimierte Geräte für die berufsprofessionelle und private Kundschaft. Kaum überraschend, dass in vielen Haushalten bereits ein Hochdruckreiniger im Einsatz ist und bei allem Respekt vor dem Gesamtmarkt und seinen Angebotswelten, die meisten sind nun mal gelb. Deswegen ging es bei der neuen Produktauswahl für das Buch auch nicht darum, ob ich wieder einen topaktuellen Hochdruckreiniger zum Produkthelden mache, sondern darum, welcher Kärcher es diesmal sein sollte. Und ich habe mir und euch hier ein reines Traumprodukt ausgesucht. **Ein Modell aus der Kärcher-Profiabteilung, das für den normalen Hausgebrauch einfach drei bis fünf Nummern zu groß sein dürfte,** aber dafür ein reinrassiges Kerle-Ding ist. Wer sich so was tatsächlich anschafft, um neben der eigenen Garageneinfahrt auch den ganzen Straßenzug zu reinigen, hat zwar einen freien Garagenplatz weniger, aber beim Kärchern rund um Haus und Hof auch keine Konkurrenten mehr in der Nachbarschaft – vermutlich nicht mal im ganzen Ort. Endspiel gewonnen, bevor es begann. Und das für den Preis eines Mittelklasse-Neuwagens mit gehobener Ausstattung. Läuft!

Das Wasserwerfer-Erlebnis-Ergebnis von Kärcher findet sich in der HDS-Serie mit insgesamt vier Trailer-gestützten Modellen, die jeweils über einen 19-kW-Motor verfügen. Diese Modelle haben Abmessungen

haltsübliches, leitungsgebundenes Spitzenmodell wie der aktuelle K7 Premium Smart Control Home 20 bis maximal 180 Bar Arbeitsdruck. Den Unterschied macht also etwas anderes aus. Die Geräte sind dank 500-Liter-Wassertank und Benzinmotor völlig autark. Mit einer vollen Tankfüllung ist ein bis zu halbstündiger Reinigungseinsatz möglich. Auch stark: Dank der genialen Frostschutz-Vorrichtung kann das Gerät selbst bei eiskalten Temperaturen eingesetzt werden. Mit ein paar Handgriffen wird die Maschine nach Gebrauch

**LEISTUNGSSTARKE, AUTARKE UND FROST-RESISTENTE REINIGUNG DURCH 500-LITER-TANK UND BIS ZU 500 BAR DRUCK.**

winterfest gemacht, indem ein Frostschutzmittel durch die Leitungen und Schläuche gespült wird. Ist eben Profi-Reinigungswerkzeug in der Endstufe. Und steht damit auf den Must-have-Listen der Einkäufer von Bauunternehmen und Kommunalbetrieben. Für uns Heimwerker-Zivilisten und Hobbyisten bleibt diese Hochdruckreiniger-Klasse etwas zum Staunen und Bewundern. Dafür ist das Buch schließlich auch da.

von 2,13 × 1,73 × 1,77 Metern, einen Wassertank mit einem Volumen von 500 Litern und eine Wasserfördermenge bis zu 1700 Litern pro Stunde. Abhängig vom Modell bieten sie ein Arbeitsdruck zwischen 50 und 500 Bar an der Austrittdüse. Nur mal so: Im Vergleich dazu liefert ein haus-

Damit trotzdem ein echtes Must-have zum Thema Druckreiniger nicht fehlt, habe ich auf meinen eigenen Bestand zurückgegriffen. **Der kleine, aber enorm nützliche Akku-Druckreiniger Outdoor Cleaner OC 3 von Kärcher, der schon 2018 ein Must-have für mich war, ist es auch heute noch!**

Das ist zwar kein Hochdruckreiniger, aber dafür ist das Gerät ein hilfreiches mobiles Reinigungswerkzeug für den Kofferraum. Dank des fest verbauten Akkus und des 4-Liter-Tanks eignet er sich ideal für viele kleinere Reinigungseinsätze im Gelände. Vom Schlamm-Abspritzen des MTB über die Gummistiefeldusche bis hin zum jagdlichen Einsatz bei der hygienisch einwandfreien Frischwasserversorgung von aufzubrechender Wildbeute direkt im Revier. Der Einsatznutzen ist noch viel höher, aber dafür fehlt mir hier im Buch schlicht der Textplatz. Es muss jedenfalls selbst bei einem Innovationstreiber wie Kärcher nicht immer das neueste Modell als Must-have sein, oft ist es auch ein bewährtes Gerät noch auf der Höhe der Zeit.

Andere Hersteller wie **Kränzle**, **Güde**, **Stihl**, **Bosch**, **Nilfisk**, **Einhell** & Co. haben auch spannende Hochdruckreiniger verschiedener Leistungsklassen in ihren Sortimenten. Ihr findet schon den für euch richtigen, falls ihr danach sucht.

Jetzt geht es zu einem Helfer aus dem Profisortiment, der trotz seines Preises immer eine Beschaffungsüberlegung wert ist …

# 45 EXOSKELETT EXOACTIVE EXO 18 VON FESTOOL

Wir alle kennen beim Heimwerken, besonders bei den eher ungeliebten Aspekten der **NOTWENDIGEN RENOVIERUNGSARBEITEN IM UND AM HAUS**, die Momente – und manchmal ganze Phasen – bei der Arbeit, in denen wir uns Hilfe wünschen, weil die eigenen Kräfte nachlassen.

Oder wir wissen genau, dass alles, was auf unserem Arbeitsplan steht, unweigerlich mindestens mit einem fetten Muskelkater oder – noch ätzender – nach Erledigung der Arbeit mit ein paar Nachsorge-Terminen beim Physiotherapeuten verbunden sein wird. Schön ist anders, aber es nützt ja nichts. Die Arbeit macht sich weder von alleine, noch gibt es Ersatzspieler, die wir auf den Platz schicken

**VERWANDELT ERMÜDENDE TÄTIGKEITEN IN LEICHT LÖSBARE AUFGABEN DURCH ZUSÄTZLICHE KRAFT UND UNTERSTÜTZUNG.**

können. Besonders biestig ist so was vor allem bei ermüdenden Arbeiten, die die Rücken-, Schulter- und Armmuskulatur belasten. Warum verdammt, greift uns dabei keiner unter die Arme? Warum gibt es dazu keine Lösungen? Gibt es doch – man muss nur etwas intensiver danach suchen oder sich ansehen, wie Handwerksprofis sich die Arbeit leichter machen, besonders wenn die Fachkräfte nicht jünger werden und trotzdem weiter alles geben wollen und auch können. Kluge Handwerkschefs, die ihr erfahrenes, loyales Fachpersonal halten und nicht permanent neue, unerfahrene Nachwuchskräfte langwierig suchen und dann einarbeiten wollen, kennen diese Lösungen bereits und setzen sie auch ein. Das Zauberwort heißt Exoskelett. Da ist ein mechanisches Hilfsmittel, das dem Körper bei anspruchsvollen Tätigkeiten an den richtigen und wichtigen Körperstellen unterstützt und uns damit im besten Wortsinn »unter die Arme greift« sowie zusätzliche Kräfte verleiht. Durch die Unterstützung von Muskeln und Gelenken verringern Exoskelette die körperliche Belastung und beugen Ermüdung vor. Sie entlasten besonders geforderte Körperbereiche und können zudem die Präzision bei feinmotorischen Aufgaben deutlich verbessern. All dies hilft, das Risiko von Überlastungsschäden und chronischen Beschwerden zu verhindern. So einen Profihelfer im besten Innovations- und Qualitätsstand eines der bekanntesten deutschen Elektrowerkzeughersteller, Festool, stelle ich euch jetzt vor.

Es ist das Exoskelett EXO 18 HPC 4,0 I-Plus, das schon bei vielen Handwerksprofis im Einsatz ist und auch für ambitionierte Heimwerker und Selbermacher eine ziemlich spannende Option für den eigenen Ausrüstungsbestand sein kann. **Das ExoActive mit seinen gerade mal 13 Kilo Eigengewicht inklusive aller Zubehörteile für das Gesamtsystem ist so benutzerfreundlich wie ein Rucksack:** Leicht anzulegen, individuell einstellbar und ergonomisch angepasst. Es bietet maximale Bewegungsfreiheit und bleibt dabei eng am Körper anliegend. Mit bis zu 5 kg Unterstützungskraft pro Arm erleichtert es nicht nur das Arbeiten vor der Brust und über Kopf, sondern sorgt auch dafür, dass die Kräfte des Nutzers geschont werden. Es greift einem buchstäblich unter die Arme und macht aus ermüdenden Tätigkeiten leichter lösbare Aufgaben. Das System bietet nicht nur zusätzliche Kraft, sondern auch gezielte Unterstützung an genau den Stellen, wo sie benötigt wird. Durch die einfache und schnelle Anpassung und intuitive Bedienung kann es jederzeit optimal auf individuelle Bedürfnisse eingestellt werden. Ganz egal, ob bei Werkzeuganwendungen oder Handmontagen: Dieser Hightech-Powerspender von einem der besten Hersteller für Profiwerkzeuge bietet eine Top-Kombination aus Unterstützung und Effizienz. Dank des Wechselsystems sind die Textil- und Gurtteile schnell ausgetauscht und waschbar, was gerade bei intensiven Malerarbeiten über Kopf ein weiteres Plus ist. Und die lange Akkulaufzeit von anwendungsabhängig bis zu 5 Stunden sowie die Kompatibilität mit dem 18-Volt-System von Festool sind für alle, die schon andere Werkzeug aus gleicher Qualitätsquelle am Start haben, ein echter Zusatznutzen.

Also Daumen hoch für diesen Produkthelden! Der deutlich mehr Must-have als Traumprodukt für

richtig aktive Heimwerker aller Alters- und Leistungsklassen ist. Profigeräte in Topform kosten immer eine ordentliche Stange Geld. Normal. Da dieses Exoskelett so gut ist, ein Tipp von mir: Teilt euch den Nutzen und vorher die Anschaffungs-

kosten doch mit zwei oder drei fairen und vertrauenswürdigen Best-Buddys. Es lohnt sich.

Wie immer der Hinweis, dass es auch Produktalternativen von anderen Herstellern gibt. Mein Recherchetool hat dazu folgende Herstellernamen gefunden: **Ottobock**, **Ekso Bionics**, **Levitate Technologies**, **Laevo**. Seht sie euch an.

Zeit für den nächsten Produkthelden. Ein Kraftpaket der ganz anderen Art, dessen unverzichtbarer Nutzen uns immer öfter vor Augen geführt wird …

# 46 TISCHBOHRMASCHINE DP18VARIO VON SCHEPPACH

**MANN KANN IMMER** eine richtig gute neue Bohrmaschine brauchen! Die meisten Neuzugänge in unseren Beständen sind vor allem mittel- oder großkalibrige mobile Mitnahmewerkzeuge mit Stecker oder Akku.

Für das DIY-Tagesgeschäft oder für die Projektarbeit an Haus, Hof und Garten. Handbohrmaschinen sind für die meisten von uns die Generalisten mit deutlichem Mehrheitsanspruch unter der bohrmaschinenartigen Bestandswaren. Sie haben aber nahe Verwandte, die den Powervergleich nicht scheuen müssen, jedoch ihren Anwendungsnutzen in anderen Leistungsbereichen und vor allem stationär ausspielen. In klassischen Hobbydisziplinen, der Domäne von Tüftlern und Materialspezialisten, bei denen die Action im Langlauf statt im Power-Sprint zu finden ist. Bohrmaschinen, die sich für präzises Bohren in Metall, Holz und Kunststoff besonders gut eignen und häufig in der Metallbearbeitung eingesetzt werden, um Löcher in Werkstücke zu bohren oder Gewinde zu schneiden. Oder in der Holzbearbeitung zum Erstellen gleichmäßiger Bohrungen für Dübel oder Möbelverbindungen genutzt werden sowie in der Kunststoffbearbeitung bei der Herstellung von präzisen Teilen und Prototypen zum Einsatz kommen. Und zudem starke Einsatzqualitäten in der Feinmechanik, dem Modellbau, der Schmuckherstellung und häufig der Elektronikfertigung liefern, wo Wiederholgenauigkeit gefragt ist. Es sind Säulen- und Tischbohrmaschinen, deren robuste Konstruktion für höchste Präzision und Stabilität

**DANK ROBUSTER KONSTRUKTION UND VIELSEITIGEN FUNKTIONEN PERFEKT FÜR ANSPRUCHSVOLLE BOHRARBEITEN.**

sorgen. Im Unterschied zu Handbohrmaschinen verrutscht bei ihnen nichts, und im Vergleich zu Tischbohrmaschinen ohne Säule bieten sie deutlich höhere Flexibilität durch neigbare Tische und variable Drehzahlen. Mit leistungsstarken Motoren, praktischen Zusatzfunktionen wie Laser und LED-Licht sowie einfacher Bedienung

machen Tisch- und Säulenbohrmaschinen jede Hobbywerkstatt zum Profi-Refugium. Ein solcher Generalist aus erstklassigem Hause ist mein Produktheld hier.

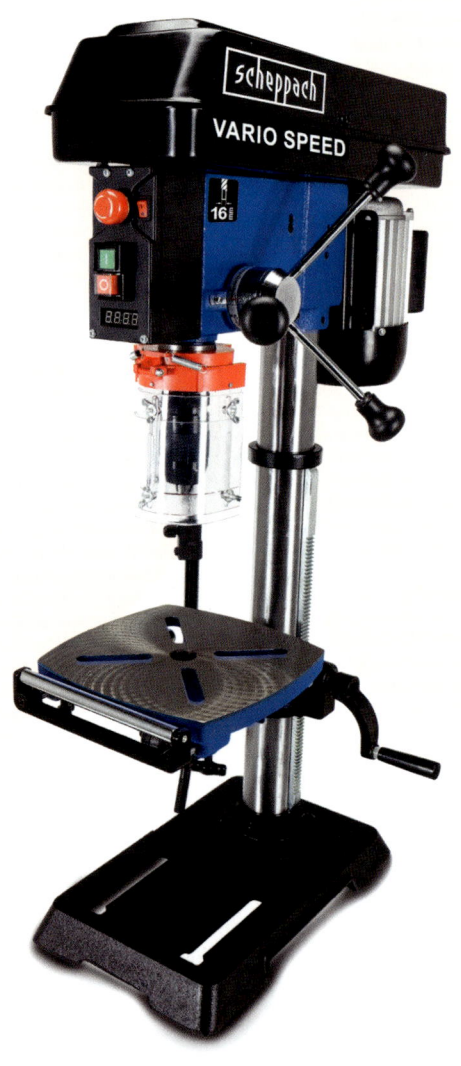

Es ist die Scheppach DP18Vario Tischbohrmaschine. Sie ist nicht nur ein weiterer Bohrer, sondern das unverzichtbare Herzstück jeder Hobbywerkstatt, die etwas auf sich hält. Mit ihrem leistungsstarken 550-Watt-Motor und einer stufenlosen Drehzahlregulierung von 440 bis 2580 Umdrehungen pro Minute ist sie ein ordentliches Kraftpaket, das so gut wie jede Aufgabe meistert: Holz, Metall und Kunststoff. Die DP18Vario punktet mit einem vollen Leistungspaket an Features. Ein Schnellspann-Bohrfutter ermöglicht beispielsweise blitzschnellen Werkzeugwechsel ohne lästigen Futterschlüssel. Der Bohrfutterspannbereich von 1 bis 16 mm und die robuste Gusseisen-Konstruktion garantieren Stabilität und Präzision bei jeder Bohrung. Der serienmäßige Positionslaser und das LED-Arbeitslicht sorgen dafür, dass jedes Loch punktgenau gesetzt wird. Besonders praktisch: die Tischverbreiterung mit ausziehbarer Auflage für größere Werkstücke und die neigbare Bohrtischplatte, die sich um 45° zu beiden Seiten kippen lässt. **Diese Maschine ist nicht nur funktional, sondern auch ein echtes Statement für jeden Heimwerker,** der sich mit weniger als Perfektion nicht zufriedengibt. Mit 152 mm Abstand von Bohrsäule zu Bohrfuttermitte und einem 24 × 24 cm großen, stufenlos verstellbaren Bohrtisch bietet dieses Powertool reichlich Platz für jedes anstehende Projekt. Ihr digitaler Drehzahlmesser (!) ermöglicht eine exakte Anpassung der Bohrgeschwindigkeit, sodass jedes Material optimal bearbeitet werden kann. Dafür sorgen auch der kraftvolle Motor und die beeindruckende Langlebigkeit aufgrund der robusten Gusseisen-Konstruktion. Mit 38,5 kg Eigengewicht steht sie bei jedem Projekt fest wie ein Fels in der Brandung an ihrem Platz und liefert ihre Einsatzqualitäten bedienerfreundlich und wiederholungssicher.

Eine leistungsstarke Tischbohrmaschine mit richtig gutem Preis-Leistungs-Verhältnis. Deshalb ein Must-have für jeden Heimwerker oder Hobbyisten, für den Präzisionsbohrungen wichtig sind.

Ähnlich leistungsfähige und bereite Tischbohrer gibt es auch von Herstellern wie **Güde**, **Einhell**, **Holzmann**, **Bosch** und weiteren Anbietern. Entscheidet bitte selbst.

Unser nächster Produktheld kennt auch etliche Marktbegleiter. In seiner Kompetenzklasse besteht nun mal reichlich Nachfrage …

# 47 INVERTER-GENERATOR EF3000ISE VON YAMAHA

Sichere transportable und damit mobile Stromquellen als Back-up für unsere wichtigsten Stromverbraucher im Haus sowie als leistungsfähige Energiequelle für unterwegs werden immer mehr zu einem THEMA FÜR DIE BESTANDSLISTEN.

Eine jederzeit verfügbare und flexibel einsetzbare Stromquelle in Form eines mit Benzin betriebenen Generators plus ein paar gut gefüllte Reservekanister zum möglichst langen Betrieb ist daher auf den meisten Must-have-Listen der Männerwelt zu finden. Und auch die Investitionsbereitschaft für richtig gute, robuste und gesichert langlebige Geräte steigt. Wo früher ein klobiger Standardgenerator im Rohrrahmen aus der Billigecke der Baumärkte, der sich nach längerer Standzeit nur schwer anwerfen ließ und dann laut knatternd und stinkend Partylämpchen und Kühlschränken im Außeneinsatz auf Familienfesten Saft spendete, als Eingreifreserve diente, muss heute ganz andere Technik in den häuslichen Bestand. Kompakte, gehäusegekapselte Hochleistungsgeräte mit Inverter-Technik zur Stromerzeugung, die eine spezielle Elektronik ver-

## EIN UNVERZICHTBARER INVERTER-GENERATOR, DER SAUBERE ENERGIE MIT OPTIMIERTEM KRAFTSTOFF-VERBRAUCH VERBINDET.

wenden, um eine saubere, stabile und gleichmäßige Stromversorgung zu gewährleisten. Diese Art von Generatoren konvertiert den erzeugten Wechselstrom (AC) in Gleichstrom (DC) und wandelt ihn anschließend wieder in hochwertigen Wechselstrom um. Das liefert eine sehr stabile Spannung und Frequenz, was besonders für empfindliche moderne Elektronikgeräte extrem wichtig ist.

In dieser Liga sind Herstellerspezialisten mit entsprechendem Produktfokus zu Hause. Aber als Produzenten besonders kompakter und leistungsfähiger robuster Motoren auch die großen traditionsreichen japanischen Motorradhersteller wie Yamaha und Honda. Sie gehören deshalb zum Kreis der Technologie- und Marktführer von kompakten Inverter-Hochleistungsgeneratoren. Solch ein Gerät mit Spitzenleistungen zur mobilen Stromversorgung stelle ich euch jetzt als Produkthelden vor.

Es ist der EF3000iSE Inverter-Generator, mit einem leistungsstarken 171-ccm-Viertaktmotor und einem Benzintank von 13 Litern, der beeindruckende Leistungen mit flüsterleisem Betrieb verbindet. Er liefert saubere und stabile Energie, ist ideal für empfindliche Elektronik und anspruchsvolle Werkzeuge. Dank der Inverter-Technologie garantiert der EF3000iSE eine konstante Stromversorgung ohne Schwankungen, was ihn zu einem unverzichtbaren Stromversorger macht. Mit einem maximalen Ausgang von 3 kVA und einer Laufzeit von bis zu 20,5 Stunden bei einem Viertellastbetrieb ist dieser Generator sowohl für längere Ein-

sätze als auch für den mobilen Gebrauch optimal geeignet. **Ein Highlight ist die automatische Lastregelung, die den Kraftstoffverbrauch optimiert und die Betriebskosten senkt.** Der Generator ist zudem mit einem praktischen Elektrostart ausgestattet, der das Anwerfen auf Knopfdruck ermöglicht. Ob auf der Baustelle, im Garten oder beim Camping, der Generator sorgt stets für die nötige Power. Mit seiner robusten Bauweise und den durchdachten Features ist er wie geschaffen für den anspruchsvollen Einsatz oder als sichere Energie-Reserve.

Ein Top-Beispiel für hochmoderne Inverter-Generatoren, die bereits häufig Must-haves für uns sind. Am Ende ist es aber auch eine Preisfrage. Ich habe hier ganz oben ins Regal gegriffen, als reines Back-up für mögliche Stromausfälle und ohne

ständigen flexiblen Energiebedarf tut es meist auch das Fach darunter.

Wenn ihr nach Spitzengeräten sucht, gibt es dazu neben Yamaha noch weitere spannende Hersteller. Lasst euch am besten im Fachhandel beraten.

Mein nächster Produktheld kennt nur sehr wenige geeignete Fachhandelsberater. Er ist sehr besonders und weiß um seine Bedeutung als Traumprodukt ...

# 48 WERKZEUGKOMPLETTSCHRANK 297-TEILIG VON SNAP-ON TOOLS

Wolltet ihr – insbesondere aus der Schrauber-Fraktion, die beim Werkzeug ungern etwas doppelt, es aber stattdessen am liebsten komplett und griffbereit logisch geordnet hat – mal **EINEN RICHTIG PERFEKT GEFÜLLTEN »BESTECKKASTEN«** haben?

Mit dem vollständigen Ausrüstungs-Tafelsilber drin? Lückenlos und zudem nicht in »versilbert«, sondern aus dem vollen Material? Von einem Hersteller, der nicht mit seinen Sortimenten in fünf verschiedenen Qualitätsstufen und Preislagen überall im Handel vertreten ist, sondern als Expertentipp gehandelt wird, den man nur mit richtig guten Freunden teilt? Genau danach habe ich für euch gesucht. **Und bin in der etwas größeren Werkstatt und Garage eines Freundes hier in der Eifel fündig geworden.** Da hegt und pflegt er seinen GT-3 Porsche für die Rennserien auf dem Nürburgring. Und ertüchtigt ihn für die harten Einsätze auf der Nordschleife. Ein guter und bei der Werkzeugauswahl sehr kompromissloser, wählerischer Mann. Der auch berufsbedingt als aktiver Chef eines Handwerksbetriebs viel vom Wert erstklassigen Werkzeugs versteht, was die Arbeit dann besonders erleichtert, wenn man es nur einmal kauft – in Endstufenqualität. Er hat für diese Ansprüche gefunden, was er braucht, und bleibt dabei. Wie so was aussehen kann, zeige ich euch jetzt.

Der Hersteller dieses Werkzeug-Tafelsilbers, der komplette »Besteckkästen« in einer Besser-geht's-nicht-Qualität bietet, heißt Snap-on Tools und ist bei uns in Deutschland mit seinem Hightech-Werkzeug seit 1977 präsent. Das Unternehmen bietet ein Sortiment von Handwerkzeugen, Power Tools sowie Diagnosegeräten bis hin zu Werkstattzubehör und Diagnosesoftware. Alles begann in den USA mit Joseph Johnson, der im Jahr 1919 mit der Erfindung austauschbarer Stecknüsse berühmt wurde. Im Folgejahr gründete er zusammen mit William Seidemann die Snap-on Wrench Company, heute bekannt als Snap-on Incorporated. Was damals mit einer revolutionären Handwerkzeugerfindung begann, hat sich über mehr als ein Jahrhundert zu einem Synonym für Qualität und Innovation in der Handwerkzeugindustrie entwickelt. Snap-on-Werkzeuge werden sogar im Space Shuttle und in der

Formel 1 verwendet und stehen auch damit für Spitzenleistung und hundertprozentige Zuverlässigkeit. Nun zu meinem Produkthelden des Unternehmens, dem Werkzeugkomplettschrank metrisch und 297-teilig. Er ist nicht nur eine Aufbewahrungslösung, sondern auch ein echter Eyecatcher in jeder Werkstatt. Mit einer Ladekapazität von beeindruckenden 598 kg und einem Lagervolumen von einem Viertel-Kubikmeter bietet er Platz für wirklich alle Werkzeuge, die Mann will und braucht. Die »Ladefläche« mit allen voll bestückten Schubladen beträgt 2,38 Quadratmeter! Mit Maßen von großzügig abgerundet 1 Meter Breite, 50 Zentimeter Tiefe und 96 Zentimeter Höhe passt dieser Schrank in jede Ecke einer Werkstatt, ohne viel Platz zu beanspruchen. Wobei er Eckenplätze natürlich nicht verdient hat – er gehört in die vorderste Reihe! Jedes Detail von Schrank und Inhalt ist auf Langlebigkeit und Benutzerfreundlichkeit ausgelegt. Mit seiner robusten, verwindungssteifen Konstruktion und pulverbeschichteter Oberfläche liefert er höchste Stabilität und verfügt zudem über zehn rollengelagerte Schubladen, die durch sein patentiertes Lock'n Roll-Schubladenverriegelungssystem gesichert sind, das ein ungewolltes Öffnen verhindert. Außerdem sorgt das hochwertige Sicherheitszylinderschloss für eine zentrale Verriegelung,

## PERFEKTER UND KOMPLETT MIT BESTEM SCHRAUBER-TAFELSILBER BEFÜLLTER WERKZEUGSCHRANK.

sodass alle Werkzeuge vor unerwünschtem rückgabefreiem »Ausleihen« sicher geschützt sind. Die Schwerlastrollen mit Feststellbremse garantieren Mobilität und Stabilität, selbst bei voller Beladung. Apropos Beladung und Inhalt: Ich klemme mir jetzt hier natürlich die Aufzählung und Beschreibung **der perfekten 297 Hochleistungswerkzeuge** mit ihrem Anwendungsnutzen und den Werkstoffspezifikationen in den anwendungspraktisch optimiert angeordneten Schubladen. Dafür ist das Foto hier größer geworden. Seht es euch bitte ganz in Ruhe im Herstellerkatalog oder im Netz auf der Seite von Snap-on Tools an und nehmt euch Zeit dafür, es lohnt sich. Der Katalog ist eine echte »Sterneküchen-Speisekarte« für Handwerkszeug-Genießer, egal ob ambitionierter Hobbyist oder Profi. Wer den geblättert hat, der weiß sehr schnell, was er bestellen will!

Selbst wenn diese lückenlose Vollausstattungslösung für Handwerkzeuge für die meisten ein Traum bleiben wird – jedes einzelne Teil darin hat in seinem Anwendungsbereich absoluten Must-have-Anspruch als Spitzenprodukt seiner Art.

Auf die Aufzählung anderer richtig guter Werkzeugmarken verzichte ich hier. Ihr kennt sie ohnehin, und dieser Produktheld hat einfach eine Alleinstellung.

Das gilt auch für den nächsten Produkthelden. Ebenfalls ein Traumprodukt mit unvergleichlichen Leistungsmerkmalen ...

# 49 AUSRÜSTUNGS- UND TRANSPORTTRÄGER IRON HORSE VON LENNARTSFORS AB

Wir sind ja inzwischen bei der Werkzeugelite mit ganz besonderem Storytelling angekommen, wie ihr sicher bemerkt habt. Da sattle ich jetzt noch eins drauf, was **VÖLLIG OHNE KONKURRENZ** ist.

Ein Traumprodukt der Sonderklasse für Kerle, die in ihrer Freizeit Projekte vom Anfang bis zum fertigen erfolgreichen Ende durchziehen. Und für die Berufsprofis rund um den mittelgroßen Schwerlastentransport in schwierigem, natürlich gewachsenem Gelände, die als Helden des Alltags ihren harten Job machen. Der folgende Produktheld spielt seinen einzigartigen Leistungsnutzen beim Schwerlasttransport und bei Bergeeinsätze in ländlichen Regionen in unwegsamem

Terrain aus. Und ist dort als technischer Helfer ungeschlagen. Eine Maschine, die ein Ausnahmetalent in ihrer Disziplin ist und vom schwedischen Hersteller Lennartsfors konzipiert wurde und produziert wird. Die Idee dahinter stammt aus den frühen 1980er-Jahren, als der Maschinenbauingenieur Arne Bergkvist eine kleinere, universelle und besonders leistungsfähige Forstmaschine mit Gummiraupen entwickeln wollte, um schwere Lasten in unwegsamem Gelände transportieren zu können. Die Geburtsstunde des »eisernen Pferds«, meinem Produkthelden:

Das Iron Horse, in Schweden »Järnhästen« genannt, ist die effiziente Version der traditionellen Forstarbeit mit Arbeitspferden. Die Maschine besteht aus einem Fahrgestell mit Motor und Getriebe, das zwei Gummiraupen antreibt. Gesteuert wird sie entweder mit einem Steuerhebel, wobei man sie wie ein Arbeitspferd führt, oder stehend auf einer Plattform. Die neueste Version, das Modell Essence, verfügt über eine Funksteuerung und hydraulischen Antrieb, was die Handhabung weiter vereinfacht und die Einsatzmöglichkeiten erweitert. Ein herausragender Vorteil des Iron Horse ist der geringe Bodendruck seiner Gummiketten, die den empfindlichen Waldboden schonen. Das hier vorgestellte Modell Flex 2 hat bei einer Ladung von 500 kg einen Bodendruck von

nur 0,15 kg pro cm², was dem Druck unseres menschlichen Fußes entspricht. **Durch seine kompakte Größe und Wendigkeit braucht das Iron Horse keine breiten Schneisen als Transportwege** bei der Arbeit und kann auch bei schwierigen Wetter- oder Bodenverhältnissen sowie in sturmgeschädigten oder von Insekten befallenen Wäldern schonend eingesetzt werden. Dank seiner konstruktionsbedingten Geländetauglichkeit kann es problemlos sogar Baumstämme und größere Steine überwinden. Das Iron Horse ist aber nicht nur Transporthelfer bei der harten Forstarbeit, sondern liefert auch höchste Einsatzqualitäten im Garten- und Landschaftsbau, eignet sich perfekt für schwierige jagdliche Revierarbeiten sowie für

**EIN LASTENTRÄGER DER SONDERKLASSE, KETTENANTRIEB INKLUSIVE!**

die Bergung von schwerer Wildbeute. Es ist zudem ideal als Geräte- und Ausrüstungsträger für alle sperrigen und besonders schweren Lasten. Selbst bei Waldbränden und im Hilfseinsatz bei Naturkatastrophen hat sich das Iron Horse schon als unschätzbar wertvoll erwiesen, indem sich darauf schwere Ausrüstungen in unwegsames

Gelände transportieren ließen. Umgekehrt geht es natürlich auch: Wenn ihr nicht nur Brennholz in den häuslichen Kamin schiebt, sondern euch den ganzen Weg vom Transport des liegenden Großgehölzes aus dem Wald über den heimischen Zuschnitt sowie die Trocknung bis hin zum wärmenden Endergebnis zutraut, erleichtert euch das Iron Horse den wichtigen ersten Schritt dabei. Optionales Zubehör wie ein hydraulischer Teleskopkran für Erdarbeiten und Beladung, eine Lademulde sowie ein Anhänger für größere Lastentransporte erhöhen den Einsatznutzen

zusätzlich. Männerfantasien sind ja bekanntlich so gut wie keine Grenzen gesetzt, wenn es um hilfreiche und besonders gute Gründe für Neuanschaffungen geht …

Trotzdem bleibt es dabei: Das Iron Horse ist für die meisten von uns einfach nur ein großartiges Traumprodukt. Jetzt kennt ihr es!

So leicht macht es euch der nächste Produktheld nicht. Das ist ein Must-have, das sich seinen Bestandsplatz ganz flott erobert …

# 50 KETTENSÄGE 562 XP MARK II VON HUSQVARNA

**KEIN WERKZEUGKAPITEL OHNE SÄGEN.** So will es der Autor seit der ersten Ausgabe der »99 Dinge« vor neun Jahren.

Damals hat es die Motorsäge MS 261 von Stihl sogar als Icon auf das Cover geschafft. Das hat mit dem folgenden Produkthelden nicht ganz geklappt, aber die Produktwelt dieser Arbeitswerkzeuge ist so spannend und wichtig für uns Männer, dass ihr es mir wohl noch viel weniger verziehen hättet als ich selbst, wenn dazu nichts im Buch wäre. Also »Tschüss Hochleistungswasserpumpe mit Goldrausch-in-Alaska-Leistungsdaten«, dein Interessenkonkurrent mit dem höheren Nutzen für die holzverarbeitende Männerwelt hat dich gerade aus dem Buch gekickt. Mit einem Hochleistungssägen-Brummer, der sich in den Händen von Forst-Profis genauso wohlfühlt wie im Werkzeugbestand besonders erfahrener Freizeit-Holz-Enthusiasten mit entsprechender Schulung. Um das, was gleich als Produktheld auf euch zukommt, sinnvoll wie

**EINE KAUM SCHLAGBARE KOMBINATION AUS LEICHTIGKEIT UND KRAFT. WERKZEUGBESTAND FÜR ERFAHRENE HOLZ-ENTHUSIASTEN MIT ENTSPRECHENDER SCHULUNG.**

sicher nutzen zu können, sollte man nämlich am besten mindestens den Kettensägen-Schein mit den Modulen A und B besitzen und damit praxistauglich fürs Profi-Gerät sein. Diese Kettensäge ist nicht zur Vorgarten-Kleinflächenbereinigung gemacht, sondern dafür, bis zu mittelstarkes, stehendes Baumwerk in liegendes Kleinholz in transportfähigem Längenmaß zu transformieren. Egal, ob mit oder ohne Iron Horse als Transportgerät. Waldarbeiters Liebling und ein echtes Highlight in jedem privaten Holzwerker-Bestand. Diesmal kommt die Referenzsäge von Husqvarna, einem der großen Drei in der weltweiten Spitzengruppe der Motorsägen-Hersteller. Mein Produktheld ist die Husqvarna 562 XP Mark II.

Ein junges Modell, das vom Start weg neue Maßstäbe in Sachen Manövrierbarkeit, also dem Handling auf kleiner Fläche, und Arbeitsproduktivität setzt. Diese Kettensäge wurde speziell für Forstprofis und DIY-Holzarbeiter entwickelt, die ein leistungsstarkes und zuverlässiges Werkzeug benötigen. Wer sich mit Baumarbeiten auskennt und gerade über einen Modellwechsel nachdenkt, der sollte die Husqvarna 562 XP Mark II unbedingt auf sein Interessenradar nehmen, weil sie in Sachen Leistung und Handhabung absolut top ist! Sie bietet eine kaum schlagbare Kombination

aus Leichtigkeit und Kraft. Mit einem Gewicht von nur 5,9 kg und einer beeindruckenden Leistung von 3,5 kW (= 4,7 PS) ermöglicht sie auch bei längeren Einsätzen und in dichtem Baumbestand ermüdungsarmes Arbeiten, vor allem beim Entasten. Dazu leistet das innovative Design mit dem schlanken Kettensägenkörper und dem ergonomisch platzierten vorderen Griff, der deutlich näher am Schwerpunkt der Säge liegt, als dies bei anderen Modellen der Fall ist, einen entscheidenden Beitrag zur außergewöhnlichen Führigkeit. Dank der AutoTune 3.0-Technologie und der Simple Start-Technologie ist die 562 XP nicht nur einfach zu bedienen, sondern passt sich auch automatisch den Betriebsbedingungen an. Dies minimiert die Wartungsaufwände und maximiert die Zuverlässigkeit. Die verbesserte Kühlung und Filterung sorgen dafür, dass die Säge selbst unter härtesten Bedingungen nicht überhitzt, sodass

man sich voll und ganz auf die Arbeit konzentrieren kann. Darüber hinaus liefert der leistungsstarke Motor mit einem Hubraum von 59,8 cm³ ein hervorragendes Leistungsgewicht und ein hohes Drehmoment schon bei niedrigeren Drehzahlen. Dies spart Kraftstoff und verlängert die Betriebsdauer. Die vielseitigen Kettenführungen, die in Längen von 18 bis 28" erhältlich sind, machen die 562 XP Mark II zu **einem wahren Generalisten – ideal zum Fällen, Entasten und Schneiden.** Mit ihrer robusten Konstruktion und der optimierten Kühlung und Langlebigkeit ist sie ein Top-Werkzeug für jeden, der Wert auf Zuverlässigkeit, Effizienz und Leistung legt.

Eine professionelle Top-Kettensäge wie die 562 XP Mark II von Husqvarna ist für Kerle auf dem Land mit eigenem Garten und großem Baumbestand genauso ein Must-have wie für richtig aktive Brennholz-Selbermacher. Für Einsteiger in die Holzbearbeitung und -verarbeitung geht es sicher auch eine Nummer kleiner. Sie haben hier gerade ein Traumprodukt zum Thema Kettensägen kennengelernt.

Richtig gute Motorsägen, Profi-Kettensägen inklusive, haben eine ganze Reihe bekannter Hersteller und Anbieter im Programm. In der Champions-League sind die bekanntesten Hersteller neben **Husqvarna** und der Markenschwester **McCulloch** natürlich **Stihl** sowie **Makita** und **Dolmar**. Wichtig: Motorsägenkauf ist ein Thema für qualifizierte Beratung!

Jetzt zum nächsten und letzten Produkthelden des Kapitels. Das ist ausnahmeweise ein Verbrauchsprodukt mit absolut herausragenden Leistungen ...

# 51 SUPER PLUS PREMIUM MULTI-ÖL VON CARAMBA

Volle Aufmerksamkeit für den letzten Produkthelden im Werk-Zeug-Kapitel. Wir hatten bis hierhin ja eine ziemlich bunte Mischung aus Must-haves und Traumprodukten. Alles Produkthelden, die zum Erhalt ihrer Langlebigkeit und ihres permanenten Funktionsnutzens immer eine Belohnung für ihre treuen Dienste als Arbeitserleichterer bekommen sollten: **REICHLICH GUTE PFLEGE!**

Das verdienen sie, und es erhält sie lange am Leben, sowas ist Nachhaltigkeit pur! Also Zeit für den Produkthelden, einen von mehreren möglichen »Mr.-Right-Generalisten« zur Pflegeunterstützung. Ein Werkzeug fürs Werkzeug! Es stammt von der Jahrhundertmarke Caramba und ist aktuell deren Multi-Öl-Spitzenprodukt, das Super Plus Premium Multi-Öl.

Es ist ein Multitool und ein Allroundtalent für Pflege und Instandsetzung. Dieses Multi-Öl kombiniert die Funktionen eines Rostlösers, Schmiermittels, Kontaktsprays sowie Korrosionsschutzmittels in einem Produkt. Ein Nutz-Generalist mit umfassender Einsatzreichweite in Werkstatt, Haus und Garten. Dank seiner Kriechfähigkeit löst es auch verrostete Schrauben und Muttern, schmiert bewegliche Teile, beseitigt lästige Geräusche und schützt elektrische Bauteile vor Fehlfunktionen. Zudem wirkt es reinigend und bildet einen wasser-

abweisenden Schutzfilm gegen Rost. Es lässt sich dazu superleicht einsetzen: Einfach gut dosiert und nicht gleich »volles Pfund« aus der Dose auf die zu behandelnden Stellen aufsprühen, und schon nach kurzer Einwirkzeit lassen sich Rost

**OPTIMAL FÜR VIEL PFLEGE- UND SCHUTZ- BEDÜRFTIGES IN DER WERKSTATT UND DEM HAUSHALT.**

und Schmutz gut entfernen. Es verharzt nicht, ist silikonfrei und verträgt sich mit den meisten Kunststoffen und Gummis. Und es müffelt nicht nach Chemie! Was beim Einsatz in geschlossenen Räumen, zum Beispiel um Türscharnieren das Quietschen abzugewöhnen oder Fenstergriffe leichtgängig zu machen, ein echter Pluspunkt ist. Ob für die Pflege oder den Schutz von rost- und verschmutzungsanfälligen Teilen aller Art – das Caramba Super Plus Premium Multi-Öl ist dafür bestens geeignet. In der aktuellen Version mit weiter verbesserten Eigenschaften wie noch stärkerer Schmierwirkung, optimiertem Verschleißschutz und gutem Korrosionsschutz wird es selbst mit Problemfällen in euren Haus-, Hof- und Garagen-Werkstätten und im Wohnraum fertig und garantiert eine lang anhaltende Funktionalität und Pflege der Ausrüstung.

Multi-Öle, der Produktheld dieser Buchausgabe von Caramba sowie seine ebenfalls hochwirksamen und beliebten Marktbegleiter mit sehr bekannten Namen und richtig starken Leistungen wie beispielsweise **Ballistol Universalöl**, **WD-40**, **Liqui Moly Multi Spray Plus 7** und ein paar weitere sind absolute Must-haves für jeden Haushalt!

Ich hoffe, die Kapitelauswahl hat euch gefallen. Jetzt blättern wir gemeinsam ein neues und ganz anderes Kapitel auf. Bewunderungsware und manch Edel-Nützliche für den Gentleman in uns. Let's see …

# GENTLEMEN'S CHOICE: STIL IST MEHR ALS NUR EIN WORT

Das Kapitel mit den sehr besonderen Überraschungsgästen, sowohl bei den »Must-haves« als auch unbestreitbaren Traumprodukten. Bei denen ich meinen nachhaltigkeitsgeprägten und qualitätsfokussierten Kerlen und lebensklug-erlebnisbereiten Männern und Machern in der Leserschaft ein paar recherchetrechtige Produktheldenangebote für verschiedenste Bestandsklassen mache. Der eigene Stil, ein ganz eigenes Qualitätsbewusstsein und die selbstbewusste Sicherheit, nicht jedem kurzlebigen Trend hinterherlaufen zu müssen, sondern den eigenen Kompass für die Auswahl von Produktentscheidungen zu benutzen, macht hier den Unterschied und liefert die Stil-Storys dieser Produktauswahl.

Die Gentlemen der Männerwelt nutzen und benötigen meist weniger Dinge als andere, aber die dafür eben in Top-Qualität und mit besonderem Anspruch. Und sie denken etwas länger über das »Was« und »Warum« nach, wenn sie Geld für ihre persönlichen Anschaffungen in die Hand nehmen. Bei ihnen beginnt der eigentliche Spaß nicht erst beim Kauf, sondern schon bei der gezielten Suche und Auswahl des Produkts. Es muss ja zu ihnen passen und sich somit meist für eine sehr lange Nutzungsdauer bewähren und eignen. Dabei sind sie häufig Schatzsucher mit viel Geduld und ausgeprägten Rechercheinstinkten, bevor sie zuschlagen und ihre neue persönliche Stil-Ware in Besitz nehmen. Wenn die Entscheidung dann getroffen wurde, finden die erworbenen Selbstbelohnungen ihren festen sicheren Bestandsplatz im Einrichtungs- und Ausrüstungsbestand.

Gentlemen kaufen selten bei bekannten Edelmarken, um damit sichtbaren Luxus zu signalisieren, sondern weil die Neuanschaffungen Qualitätssicherheit in Verbindung mit weiteren Mehrwerten wie beispielsweise einem funktionsgeprägten Design garantieren. Und nicht irgendwelche kurzlebigen Trends bedienen. So halten sie es auch mit technischen Innovationen. Moderne Technik ist in ihrem Wertekanon nur dann gut und das Besitzen wert, wenn sie neben dem Innovationsfaktor für mindestens ein Jahrzehnt »state of the art« bleiben und sich viel besser amortisieren als besonders angesagte Produkte ohne Langzeitnutzen.

Seht euch die zu diesen Ansprüchen passende Erlebnisware dieses Kapitels einfach ganz in Ruhe an. Prüft und recherchiert sie, das macht hier richtig viel Spaß, finde ich. Ich habe bei der Auswahl dieser Produkthelden jedenfalls mehrere Dinge gefunden, die neu auf meine eigene Wunschliste gekommen sind. Ob der Wunsch dazu leider das unerreichbare Ziel bleibt, muss sich zeigen. Manchmal hilft ja reichlich Geduld plus Sparbuchfütterung!

# KAPITEL 6

Start und Auftakt ins **BESTE-LAUNE-KAPITEL DER SCHATZSUCHE** nach dem ganz Besonderen, den Ausnahmetalenten der Must-haves und Traumprodukte, den Geschichtenerzählern der Männer-Produktwelten.

Da muss natürlich ein Chronograph dabei sein und keine Smartwatch. Aber welcher sollte es denn werden? Ein Losentscheid unter den Klassikern und neuesten Modellen der Schweizer Edel-Uhrenmarken? Das erschien mir zu simpel. Ich habe mich deshalb nicht bei Luxus-Chronographen umgesehen, sondern nach etwas wirklich Besonderem gesucht, einer ganz besonderen Visitenkarte für das Handgelenk, die auch noch erschwinglich ist. Ich wollte einen Chronographen im Buch haben, der neben seinen Präzisionsleistungen als Zeitmesser auch eine ganz eigene Geschichte erzählt. Und seinen Besitzer so sehr begeistert, wie er andere neugierig macht. Genau den habe ich gefunden und lasse ihn und seine Geschichte jetzt auf euch wirken.

Die Entstehung der Zeppelin-Uhrenmarke ist eine Hommage an Ferdinand Graf von Zeppelin, den deutschen Luftfahrtpionier, der mit der Entwicklung, dem Bau und dem ersten Start seines Starrluftschiffs »LZ1« am 2. Juli 1900 in der Bucht von Friedrichshafen-Manzell auf dem Bodensee die Welt der Luftfahrt revolutionierte. Die luxuriösen Luftschiffe, die nahezu geräuschlos über den Himmel glitten und ihren Passagieren atemberaubende Ausblicke boten, sind Vorbilder für die Eleganz und den Stil der Zeppelin-Uhren. Zum 100-jährigen Jubiläum der Zeppelin GmbH entstand eine Serie, die den Pioniergeist der damaligen Zeit widerspiegelt. Der Chronograph »100 Jahre Zeppelin« Chronometer Ref. 8620 ist ein Meisterwerk der Uhrmacherkunst, das neben der Präzision dieser Uhr auch den Zeitgeist des frühen letzten Jahrhunderts verkörpert. Die Geschichte dieser außergewöhnlichen Uhren beginnt in der Sternwarte Glashütte,

**EIN ZEITMESSER ALS PRÄZISES UND KULTIGES STÜCK LUFTFAHRTGESCHICHTE FÜR DAS HANDGELENK.**

wo jede einzelne Uhr einer strengen, mehrtägigen Prüfung unterzogen wird. Anders als bei anderen Prüfverfahren wird hier nicht nur das Uhrwerk, sondern das gesamte montierte Ensemble getestet. Diese umfassende Prüfung stellt sicher, dass Faktoren wie Gehäuse, Zifferblatt und Zeiger berücksichtigt werden, um absolute Ganggenauigkeit zu garantieren. **Das Herzstück des Zeppelin-Chronographen ist das Kaliber Sellita SW510,** das in der höchsten Qualitätsstufe gefertigt und in fünf Lagen feinreguliert wird. Dieses präzise Uhrwerk, kombiniert mit einem kratzfesten Saphirglas und einem Glasboden, der den

Blick auf die feine Mechanik freigibt, macht die Uhr zu einem technischen und ästhetischen Highlight. Mit einem Durchmesser von 42 mm, einer Höhe von 16 mm und einer Wasserdichtigkeit bis 5 ATM ist das satinierte Edelstahlgehäuse robust und stilvoll zugleich. Die typischen Zeppelin-Ringe am Gehäuserand und das elegante Zifferblatt in versilbertem oder klassisch schwarzem Design unterstreichen die zeitlose Schönheit dieser Uhr. Das qualitativ hochwertige Cordovan-Lederarmband mit heller Kontrastnaht verleiht der Uhr eine zusätzliche exklusive Note.

Der Zeppelin-Chronograph »100 Jahre Zeppelin« ist ein ebenso präziser wie kultiger Zeitmesser, der Historie und Moderne verbindet. Diese Uhr ist ein Stück Luftfahrtgeschichte am Handgelenk, ein Geschichtenerzähler über die Innovationskraft und den Mut eines der größten Pioniere der Aeronautik. Meine erste Wahl für dieses Kapitel, ein Gentleman-Must-have, was sich einen festen, regelmäßigen Platz am Handgelenk ebenso verdienen kann wie seine Interessen-Wettbewerber der Endstufen-Uhrenhersteller mit den ganz großen Namen.

Hier wie auch bei den folgenden Produkthelden dieses Kapitels verzichte ich auf Produkt- und Herstellernennungen möglicher Alternativen. Ihr habt schließlich immer die ganz eigene Wahl. Meine Produkthelden liefern nur Ideen dazu und sind keine Kaufaufforderungen.

# 53 FÜLLHALTER KAWECO SPORT AUS STERLINGSILBER

Schreibgeräte gehören zur **GRUNDAUSSTATTUNG JEDES MANNES**, daran hat sich auch in der Digitalzeit 4.0 oder 4.1 nichts geändert. Und schon ihre Auswahl sagt eine ganze Menge über uns und unseren Umgang mit dem handgeschriebenen Wort aus.

Gebrauchspragmatikern reicht da völlig ein halbes Dutzend Kugelschreiber mit belanglosem Werbeaufdruck. Hauptsache, das Teil schreibt. Wenn die Mine leer ist, landet es im Müll und ein neues folgt. Andere bevorzugen Qualitätsschreibwerkzeuge mit ergonomischem Nutzen. Und dann gibt es auch noch Schreibgerätenutzer wie mich, die einfach mindestens einen perfekten Kugelschreiber mit einer M-Minenstärke für ihre täglichen handschriftlichen Aufzeichnungen im Dauereinsatz benutzen und den oder die beim Marktführer für hochwertigstes Schreibgerät gefunden haben. Ich schreibe seit Jahrzehnten mit drei verschiedenen Ausführungen des Klassikermodells Meisterstück von Montblanc: zwei Kugelschreibern und einem Patronen-Füllhalter. Die beiden Kugelschreiber sind meine täglichen Schreibwerkzeuge, die mich immer begleiten. Der Füller ist für gelegentliche persönliche handschriftliche Briefe reserviert, deren Empfänger eine besondere Wertschätzung erfahren sollen. Handgeschriebene Briefe sind einfach dafür gemacht, mit Tinte verfasst zu werden. Ein perfekter Füllhalter ist das dazu passende Schreibgerätestatement. Er verleiht unserer Handschrift Persönlichkeit und dem Empfänger der mit Tinte verfassten Zeilen die Gewissheit, dass der Inhalt ihn ganz persönlich betrifft. Ich habe deshalb außerhalb meiner eigenen Montblanc-Schreibwelt nach einem passenden Schreibgerät der Extraklasse gesucht. Und bin bei einer anderen Traditionsmarke fündig geworden ...

**EIN FÜLLHALTER DER EXTRA-KLASSE AUS 56 GRAMM REINEM STERLINGSILBER.**

Bei Kaweco, einer Marke, die ebenfalls mit einer sehr langen Schreibgerätehistorie aufwarten kann. Seit 1883 versorgt der deutsche Hersteller, der ursprünglich aus Heidelberg stammt, seine Schreibkundschaft mit herausragenden Erzeugnissen, die in handwerklicher Tradition hergestellt werden. **Schon 1911 entstand in der Firma deren erster Taschenfüllhalter, der Kaweco Sport.** Dieses Modell, damals speziell für Offiziere und Sportler entwickelt, bot den Vorteil, überall und jederzeit stilvoll schreiben zu können und ist bis heute im Programm. Ab den 1920er-Jahren etablierte sich Kaweco als einer der führenden Hersteller von Füllfederhaltern, die nicht nur durch technische Innovationen, sondern auch durch ihr unverwechselbares Design überzeugen. Der Kaweco Sterling Sport Füllhalter ist ein großartiges Beispiel dafür. Massiv aus 56 Gramm reinem 925 Sterling Silber gefertigt und ausgestattet mit einer rhodinierten 14-Karat-Goldfeder, ist er das perfekte Endstufen-Schreibgerät für jeden handgeschriebenen

Brief und jede Unterschrift unter Dokumente von besonderer Bedeutung. Jedes seiner Details dokumentiert die höchste Präzision und Verarbeitungsqualität bei seiner Herstellung. Die CNC-gefrästen Komponenten des Füllhalters werden aus einem massiven Silberblock herausgearbeitet. Das überschüssige Silber wird danach recycelt und für neue Schreibgeräte verwendet. Er wird als Full-Set in einer eleganten Geschenkbox mit Echtheitszertifikat, Silberputztuch, Konverter und Tintenpatronen geliefert und ist in den Federstärken F und M erhältlich.

Ein Mittel der Wahl für jeden Schreibindividualisten, für den Stil nicht nur ein Wort ist und der deswegen am liebsten stilvoll seine handgeschriebenen Briefe verfasst.

# 54 HERRENSCHIRM OERTEL HANDMADE KIRSCHE NATUR

Für die meisten von uns sind Regenschirme **GRIFFBEREITE GEBRAUCHS- UND VERBRAUCHSWARE** in Garderoben und Autos.

Passt doch, Hauptsache, einer ist da, wenn dunkle Wolken aufziehen und die ersten Tropfen fallen. Da sind uns Form und Farbe egal und selbst die Größe des Schirms spielt nur dann eine Rolle, wenn längere Strecken im Regen überwunden werden sollen. Hauptsache, man bleibt halbwegs trocken und ist einigermaßen geschützt. Sollte dann ein böiger Wind die Streben der Null-Acht-fünfzehn-Ware verbiegen, landet das Ding in der Tonne, und ein neuer Schirm geht an den Start.

Schön ist anders, meist schon beim Design der gering Schutz bietenden Stoffbespannung und nachhaltig ist so ein Schirmverbrauch auch nicht. Ein Gentleman, also ein Mann mit Stil und Wertekompass, hat zu seinem Regenschirm ein anderes Verhältnis. Und ein ganz anderes Verständnis für den geeigneten Qualitätskauf mit möglichst langer Haltbarkeit des Schirms hat er auch. Für ihn ist ein Regenschirm ein Ausrüstungsgegenstand von hohem Gebrauchsnutzen bereits vor sowie bei schlechtem Wetter, der zudem kleidsam sein sollte. Er hat hohe Anforderungen an die Leistungen eines Schirms, der nicht nur Regen abhalten, sondern auch bei starkem Schlechtwetter mit starkem Wind Schutz bieten soll und zudem bei stundenlanger Benutzung zum Beispiel als Regenschutz bei einem Outdoorevent kein Tropfen Wasser durchlassen soll. In so etwas investieren kluge Männer deshalb aus genau diesen guten Gründen gerne Geld und wählen ihren Regenschirm für alle Anlässe dabei sehr sorgfältig aus. Sie suchen dazu den Schirmfachhandel auf und lassen sich beraten. Genau dies habe ich für die Produktrecherche auch getan, und zwar bei einem der ältesten noch aktiven Fachhändler in Deutschland, dessen Ursprünge seit der Gründung im Jahr 1890 und den darauffolgenden Jahrzehnten zunächst eine Griffdrechselei für Stöcke und Schirme und dann eine Schirmfabrik in Bremen waren. Es ist Schirm Oertel, ein Fachgeschäft mit bestem hanseatischem Charme und einer Themenexpertise des Eigentümers Rainer Gramke, die

Familie Gramke in herausragender Qualität von Hand fertigen lässt. Eine Trutzburg gegen jedes richtig nasse Ereignis, einfach ein Wetterschutz der Extraklasse. Gefertigt aus einem durchgehenden Stück Kirschholz, bleibt die natürliche Rinde des Holzes vollständig erhalten und verleiht dem Schirm eine einzigartige Optik und Haptik. Diese Kombination aus Design und Natur ist weltweit nahezu einmalig. Die Handwerkskunst hinter

**STILVOLLER WETTERSCHUTZ IN EINZIGARTIGER QUALITÄT.**

diesem Schirm beeindruckt durch den Einsatz von Wasserdampf, um den Griff zu biegen, ohne die Rinde zu beschädigen. Neben seinen visuellen Werten überzeugt der Schirm durch technische Raffinesse. Zehn schwarze Stahlstangen garantieren Stabilität, selbst bei starkem Wind, und sein dichtes Polyester-Schirmdach bietet optimalen Schutz vor Regen. **Zusätzlich sorgt das leicht glockenförmige Design dafür, dass Kopf und Schultern (!) trocken bleiben.** Die praktische Schutztasche bewahrt den Schirm vor Verschmutzung, wenn er als Spazierstock genutzt wird. Neben der Haptik des Griffes, der sich einfach großartig anfühlt, verströmt das verwendete Kirschholz bei der Reibung durch die Griffbenutzung sogar noch einen leichten aromatischen Kirschduft. Sehr, sehr besonders und ebenso nachhaltig, weil bei guter Pflege extrem lange haltbar, ist dieser Schirm.

Da das Unternehmen ebenso fein wie klein ist und der Weg nach Bremen für manchen Interessenten an einem Schirm in dieser Ewigkeitsklasse sehr weit sein kann, gönne ich mir hier die Autorenfreiheit, auf den eigenen Webshop von Oertel hinzuweisen, der sich über die Firmenbezeichnung leicht googeln lässt und sich zudem in den Bezugsquellen am Buchende zu finden ist. Denn dort gibt es neben den eigenen Modellen auch eine Auswahl von gleichermaßen hochwertigen Schirmen der britischen Marke Brigg, die seit 1836 den Titel des »Royal Umbrella Makers« trägt.

ihresgleichen sucht. Der Mann ist ein Schirmlexikon und ein qualifizierter Berater erster Güte. Er verkauft nicht, er gibt Empfehlungen zum idealen Schirm. Der ließ sich dann auch finden. Hier zeige ich ihn euch.

Es ist der Herrenschirm Oertel Handmade Kirsche Natur, den das Unternehmen gemeinsam mit anderen herausragenden Schirmmodellen bei der renommierten Manufaktur Francesco Maglia in Mailand nach eigenen Vorgaben von

# 55 GRILLSET MARTELÉ FROZEN BLACK VON ROBBE & BERKING

Lasst es uns mal etwas auf die Spitze treiben, die Suche nach dem »BESTEN DES BESTEN« und dessen ganz besonderen Ausprägungen.

Dem Lebensluxus, sich einen individuellen Stil zu leisten und keine halben Sachen bei Lieblingsprodukten zu machen. Zum Beispiel beim Genuss von bestem Grillfleisch. Wenn da alles zu einhundert Prozent passen soll, muss dies auch für das Grillbesteck gelten. Wer dort mit stumpfen Messern und kurzzinkigen Gabeln herumhantiert und sein perfekt auf den Punkt gegrilltes Wagyu-Rumpsteak oder Filet vom selbst gestreckten Hirsch malträtiert, der tötet den Tellergenuss direkt noch mal. Falscher Gargrad beim Fleisch oder schlechtes Besteck auf dem Tisch sind echte Stimmungskiller bei jedem Barbecue. Deshalb haben Männer mit ausgeprägten kulinarischen Ansprüchen gerne eigenes Tafelwerkzeug als Back-up dabei. Und dies häufig in der Best-Buddys-Sortierung für vier Personen. Es ist zudem ein Top-Reisebegleiter in südliche Gefilde, wo das Genusserlebnis in urigen Strandlokalen oder Bergbeizen zwar grandios sein kann, auf Teller und gutes Besteck aber häufig weniger Wert gelegt wird. Für solche Anlässe ist ein Grillbesteck direkt am genussbereiten Mann, idealerweise als Grillset inklusiv Servietten, eine perfekte Lösung. Dazu habe ich eine ultimative Edelvariante entdeckt. Bei einem Unternehmen, dessen Eigentümer selbst das Paradebeispiel eines modernen Gentlemans ist: der Flensburger Silberwaren-

**GRILLSET IN PERFEKTER SILBERWAREN-MANUFAKTUR-QUALITÄT, LEINENSERVIETTEN INKLUSIVE.**

manufaktur Robbe & Berking und ihrem Eigentümer Oliver Berking. Von ihnen stammt das achtteilige Grillset Martelé Frozen Black. Mehr sollte in dem Bereich kaum gehen – ich habe jedenfalls nichts Vergleichbares gefunden.

Robbe & Berking, Markenikone der Silberschmiedekunst mit dem Gründungsjahr 1874, hat sich im Laufe der letzten Jahrzehnte zum größten Hersteller silberner Bestecke weltweit entwickelt. Oliver Berking führt das Flensburger Unternehmen in fünfter Familiengeneration und sorgt persönlich dafür, dass weiterhin die handwerklichen Fertigkeiten und die berufliche Leidenschaft seiner Silberschmiedemeister für perfekte, handgefertigte Silberwaren-Qualität, zeitlose Schönheit und Wertbeständigkeit jedes Produktes garantieren.

**Seit 2018 fertigt man in Flensburg auch extrascharfe Steakbestecke, wie den Produkthelden,** dessen Besonderheit der Spezialklingenstahl ist. Die Klinge der Messer besitzt einen speziellen Hohlschliff, der maximale Schärfe garantiert. Dank der leicht nach oben gewölbten, glatten Schneide kann selbst halbgegartes Fleisch sauber geschnitten werden, ohne es zu zerreißen. Die Diamond-Like-Carbon-Beschichtung, die aus der Materialklasse der diamantähnlichen Kohlenstoffe stammt, liefert den Messern zusätzlich herausragende mechanische Eigenschaften und eine edle »Frozen Black«-Optik. Das Bestecksett besteht aus vier Steakmessern in Frozen Black,

vier Menügabeln, vier Leinenservietten und wird durch das elegante Lederetui zudem zum perfekten Reisebegleiter.

Ein Traumprodukt zum Besitzen und Benutzen, das dem, der es hat, neben den eigenen Mehrwerten beim perfekten Fleischgenuss auch ein Höchstmaß an Anerkennung bei seinen dazu eingeladenen »Mit-Genießern« beschert. Das zum Rücktransport mitgeführte Lederetui sorgt bei solchen Tafelrunden dafür, dass es hinterher keine wertmindernden Abschriften durch ungeplante Verluste gibt. Kluge und tiefenentspannte Besitzstandssicherung moderner Gentlemen ...

# 56 AKKU-SPINDELMÄHER ALLETT STIRLING 51

Auch in der **GENTLEMAN-ANSPRUCHSLIGA** spielt Haus- und Gartenwerk eine zentrale Rolle. Nur noch mal etwas feiner.

In einer ganzheitlichen Mehrwertbetrachtung des jeweiligen Produktes, die auch Details mit einbezieht und besonders Bewährtes berücksichtigt. Effizienz, Hochleistung, Innovation sind für Gentleman-Produktentscheidungen unverzichtbar, da sind sie genau wie alle anderen Männer auch sehr gerne dabei. Am liebsten aber, wenn zusätzlich eine Geschichte hinter der Geschichte steckt und der Spaßfaktor hoch ist. Ein perfektes Beispiel für so etwas ist die Rasenpflege. Wo jeder Mann, der es sich leisten kann, Bock auf das volle Programm hat, entweder in riesengroß als Aufsitzrasenmäher oder in der superbequemen »Mach-du-mal«-Variante als Mähroboter der neuesten Generation, nickt ein Gentleman freundlich, spricht ein paar anerkennende Worte über das Produkt und hat dann seinen ganz eigenen Plan. Er sucht etwas anderes: ein Schneidwerkzeug, das auch dem Rasen richtig guttut, mit mehr Charakter und tiefgründigerem Spaßfaktor. Ich habe mitgesucht, mich dazu beraten lassen und bin beim Thema Spindelmäher gelandet. Da gibt es im Mutterland der Gentlemen etwas sehr Feines,

für reichlich Spaß bei der Arbeit und noch mehr Nutzen. Look at this:

Der König des Rasenmähens ist in Großbritannien der Spindelmäher. Ursprünglich von Gartenenthusiasten erfunden, um die Perfektion des Rasens zu erreichen, haben sich diese eleganten Maschinen zu einem Symbol für Präzision und Stil entwickelt. Ein Spindelmäher ist wie ein feiner Pinsel für einen Maler. Er schneidet den Rasen präzise und gleichmäßig, als würde er jedes Grashalmhaar mit chirurgischer Präzision trimmen. Das Ergebnis? Ein Rasen, der so perfekt ist, dass er wie ein Teppich

**SPINDELRASENMÄHER SIND DIE KÖNIGSKLASSE DER RASENPFLEGE.**

aussieht und sich auch so anfühlt. Diese präzise Technik schont den Rasen, fördert gesünderes Wachstum und reduziert Unkraut. Ein Spindelmäher vereint Tradition und technologischen Fortschritt. Was früher ganzer Manneskraft bedurfte, erledigen heute akkubetriebene Elektromotoren. Ein Wechselkassettensystem sorgt dafür, dass mit einer Arbeitsmaschine sämtliche Rasenarbeiten erledigt werden können: schneiden, lüften, aerifizieren, vertikutieren und bürsten. Der passende Hersteller zum Gerät ist die englische Firma Allett. Seit den 1960er-Jahren stellt das Unternehmen Rasenmäher her, die sich durch

entwickelt und bieten dort ein präzises und stabiles Mähverhalten. Das Allett-Kassettensystem ermöglicht dazu eine professionelle Bodenbearbeitung und einen effektiven Rasenschnitt bis hin zur schonenden Unkrautbekämpfung. Aufgrund des Kassettensystems kann der Stirling 51 den Rasen tiefer, schneller und präziser bearbeiten als konventionelle Rasenmäher. **Er ist für Rasenflächen bis zu 450 m² optimiert** und bietet dazu eine Schnittbreite von 51 Zentimetern. Die Schnitthöhe kann stufenlos zwischen 5 und 50 mm eingestellt werden. Die 6-Messer-Spindel sorgt in Kombination mit einem festen Untermesser für einen gleichmäßigen, zuverlässigen Schnitt. Der ergonomisch geformte Lenker hat drei Höhenpositionen und mehrere Griffpositionen, was eine komfortable Handhabung und einfache Aufbewahrung ermöglicht. Für die einfache Handhabung beim Mähen und seine erstklassige Manövrierfähigkeit sorgt der Schnellverschluss-Teleskopgriff mit integrierter Geschwindigkeitsregelung. Der leistungsstarke 56-V-/5.0-Ah-Akku mit sichtbarer Akkustandanzeige bietet eine Laufzeit von etwa 40 Minuten beim Einsatz der 6-Messer-Kassette, was ausreichend ist, um bis zu 850 m² Rasenfläche zu bearbeiten. Insgesamt wiegt der Stirling 43 kg, einschließlich der 6-Messer-Spindel und des Akkus.

ihre Langlebigkeit und Präzision auszeichnen. Die Marke hat sich stetig weiterentwickelt und blieb dabei ihren Grundprinzipien treu: Perfektion und Qualität. Deshalb ist das Unternehmen heute ein führender Anbieter von Spindelmähern, die in Gärten, Parks und auf Sportplätzen weltweit zum Einsatz kommen. Rasenmäher wie mein Produktheld hier, der Akku-Spindelmäher Stirling 51, wurden für Gartenbesitzer mit mittleren und großen Rasenflächen

That's it. Und das vergleicht jetzt gerne mal mit den üblichen Highend-Geräten zum konventionellen Rasenschnitt größerer Grundstücke. Am besten das Ergebnis direkt auf der Rasenfläche. Der Unterschied wird euch erst verblüffen und dann überzeugen. Dafür sattelt mancher bei vergleichbaren Preisen gerne von einem kleineren Aufsitzrasenmäher ab.

# 57 BETT GRAND CRU NUVOLA VON SCHRAMM

Schon interessant: Mit fast 25 Jahren Gesamtzeit verbringen wir knapp ein Drittel unserer Lebenszeit schlafend im Bett. Guter, ruhiger Schlaf ist zudem ein bewiesener, unverzichtbarer Faktor **FÜR EIN LANGES, SCHÖNES LEBEN.**

Und jede schlaflose oder schlafarme Nacht reduziert am Folgetag unsere Leistungsfähigkeit enorm, vom Schlechte-Laune-Faktor mal ganz abgesehen. Trotzdem spielt die Qualität dieses »Lebens-Akkus« irgendwie eine untergeordnete Rolle im Vergleich zu allen möglichen, von ihrer Bedeutung her nachrangigen Interessenkonkurrenten. Dazu eine Beispielrechnung mit gerundetem Zahlenwerk. Wenn es stimmt, dass wir in Deutschland im Bevölkerungsschnitt nur alle 10 Jahre eine neue Matratze kaufen, dann käme dafür selbst beim Einsatz von Highend-Spitzenmatratzen zu Preisen von 5000 Euro das Stück ein lebenslanger Betrag von 50.000 Euro raus.

Also pro Schlafjahr 2000 Euro. Wenn es stattdessen nur die üblichen Billigmatratzen zu Preisen von 500 Euro oder noch weniger sind, könnt ihr noch eine Null streichen. Bei beiden Rechnungen im Grunde kostenseitig wenig bis nichts im Vergleich zu den üblichen Ausgaben für Klamotten, Urlaubsreisen und unseren Autos. Männer, die etwas von ihrer kompletten Lebenszeit haben wollen, über dreißig Prozent davon als entspannte Nachtruhe inklusive langer Tiefschlafphasen, fahren dafür lebenslang gerade mal einen gut ausgestatteten Mittelklasse-Neuwagen weniger und gönnen sich und ihrer besseren Hälfte zum ähnlichen Preis stattdessen das perfekte Bett mit allem Drum und Dran. Hier mein Produktheld für so was. Von der Bettenmanufaktur Schramm aus dem rheinland-pfälzischen Winnweiler, gegründet im Jahr 1923 als kleine Polsterei und Sattlerei, die später das Zwei-Matratzen-System erfand und bis heute Patente für ihre Matratzenkonstruktionen hält.

Immer noch fertigt man bei Schramm fast alles selbst und unterhält dazu verschiedene Werkstätten. Darunter eine Polsterei, eine Schreinerei und ein Nähatelier. Jährlich werden über 10.000 Matratzen hergestellt, die durch ihre handgefertigte Präzision und die Verwendung natürlicher Materialien herausragen. Schramm verbindet handwerkliches Können mit einer besonders nachhaltigen Produktion.

**DAS HANDGEFERTIGTE BETT, DAS DURCH EXZELLENTE QUALITÄT UND KOMFORT ÜBERZEUGT.**

Dieses handwerkliche Können wird hier bis ins kleinste Detail geboten, von der sorgfältigen Auswahl der Materialien bis zur akribisch genauen Herstellung jedes Bettsystems. Mein Produktheld, das Bett Grand Cru Nuvola, gehört dazu und ist eines der absoluten Topmodelle. Ein Paradebeispiel für Schramms seit über hundert Jahren unverändertes Streben nach Perfektion im Schlafkomfort. Dessen dreischichtiges Matratzensystem setzt echte Maßstäbe in Sachen Funktionalität und Luxus. In genau dieser Reihenfolge: Erst 100 % Funktionalität und dann gerne auch noch Luxus. Der Aufbau beginnt mit dem Diwan, einem handgefertigten Unterbau aus massivem Kiefernholz, der mit sorgfältig ein-gearbeiteten, ofenthermisch vergüteten Taillenfedern ausgestattet ist. Diese Grundstruktur gewährleistet eine optimale Federung und stützt die darauffolgende Zwischenmatratze-Silhouette, die sich durch differenzierte Federkraft auszeichnet. **Hier sorgen einzeln von Hand (!) eingenähte Zylinderfedern für eine maßgeschneiderte Anpassung an jede Körperform.** Die Krönung des Systems bildet die Obermatratze Grand Cru N°1, die mit ihren ofenthermisch vergüteten Zwölfgangfedern und einer einzigartigen Polsterung aus Kaschmir, Seide und Naturlatex ausgestattet ist. Diese Spitzenmaterialien schaffen eine Matratze, die nicht nur sensationell bequem ist, sondern auch eine perfekte Klimaregulierung bietet. Das Zusammenwirken all dieser Komponenten liefert ein tiefenentspanntes Schlaferlebnis.

Wollt ihr das? Dann gönnt euch zum Start mal eine Matratze in der »Fünf-Sterne-perfekten-Nachtruhe«-Klasse. Das optimale individuelle Modell findet sich im Fachhandel und kann dort durch Probeliegen ausgiebig unverbindlich ausprobiert werden. Es lohnt sich definitiv, solch eine Erlebnis-Ergebnis-Liegestätte von Schramm oder einer der anderen Topmarken auszutesten, die Lebensqualität für die ganze Nacht bieten!

# 58 TASCHENTUCH NO. 1 VON PELLENS & LOICK

Viele meiner Produkthelden sind »besonders kerlig«, weil ich ihren Anwendungsnutzen für Männer in den Fokus rücke und beschreibe. Aber sie sind natürlich **FÜR FRAUEN GLEICHERMASSEN WICHTIG** und nützlich.

Es gibt kaum reine Männerprodukte, die Frauen nichts nützen. Gut so! Manchmal macht aber den Unterschied, wie Produkte eingesetzt werden. Ob sich zum Einsatznutzen mehr männertypische Ideen ergeben, die ich aus ihnen 'rausfiltere. Dieser Produktheld hier ist dafür ein prima Beispiel. Ein Stofftaschentuch. Ein absolutes Alltagsprodukt, das uns in Hosen- und Jackentaschen oder im Handgepäck permanent begleitet. Damit putzt sich Frau wie Mann die Nase und trocknet dann und wann anlassbezogen eigene oder fremde Tränen. Fertig, Story auserzählt. Oder nicht? Klares Nein. Für Männer sind Stofftaschentücher Universalhelfer. Damit machen sie viel mehr. Sicher nicht ohne Not mit unserem Produkthelden, aber dafür mit seinen nahen preisgünstigen Verwandten wie beispielsweise BW-Taschentüchern und einfachen Stofftaschentüchern. Ein oder zwei davon übereinandergelegt und an den Rändern verknotet sind Behelfskopfbedeckungen gegen Sonnenbrand. Nass kühlen sie dann zusätzlich. Sie eignen sich außerdem für Druckverbände bei Verletzungen oder im Gelände als Kaffeefilter-Ersatz sowie grober Partikel-Vorfilter bei der Trinkwassergewinnung aus trübem Wasser. In Streifen geschnitten und mit Baumharz getränkt sind sie perfekte Anzündhilfen für ein Lagerfeuer. Oder lassen sich zu Behelfsschnüren umwidmen. Und so weiter. All das bleibt unserem Produkthelden natürlich erspart. Es zählt schließlich zu den besten Stofftaschentüchern der Welt, das Taschentuch No. 1 von Pellens & Loick.

Die Geschichte seines Herstellers Pellens & Loick beginnt vor über einem Jahrhundert, als das Unternehmen mit dem Ziel gegründet wurde, hochwertige Textilien herzustellen. Mit diesen Traditionswurzeln und handwerklicher Präzision hat sich Pellens & Loick einen weltweiten Namen gemacht. Die Firma steht

Herrenausstattung gemacht. Jedes Taschentuch ist das Ergebnis sorgfältiger Handarbeit, die in Ungarn ausgeführt wird. Diese Hingabe zur Qualität zeigt sich in jedem Detail und macht die Produkte zu einem unverzichtbaren Begleiter für stilbewusste Männer, die auch bei Stofftaschentüchern Wert auf die allerbeste Qualität und Verarbeitung legen. Das Taschentuch No. 1 liefert genau das Passende dazu. Es ist ein Paradebeispiel für die hohe Kunst des Textilhandwerks. Gefertigt aus 100 % feinster Baumwolle und in Handarbeit rolliert, bietet es eine unvergleichliche Haptik und Strapazierfähigkeit. **Mit seiner Größe von 48 × 48 cm ist es nicht nur praktisch, sondern auch ein stilvolles Accessoire.** Die zeitlose und schlichte Eleganz des weißen Stoffes passt perfekt zu jedem Outfit, ob im Geschäftsalltag oder bei besonderen Anlässen. Durch die Möglichkeit der Maschinenwäsche bei 60 Grad bleibt es immer hygienisch und formbeständig. Dieses Taschentuch ist mehr als nur ein Gebrauchsgegenstand – es ist ein benutzbares Statement für Qualität und Stilbewusstsein. Verpackt in einer edlen Geschenkbox, eignet es sich auch hervorragend zum Verschenken an gleichgesinnte Männer, die besondere Langlebigkeit und Exklusivität auch bei so kleinen Alltagsnützlingen wertschätzen und sich an deren besonderen Herstellungsgeschichten erfreuen. Ewigkeitsware in Form eines Taschentuches. So was besitzen sehr wenige, es dürfen gerne mehr werden. Pellens & Loick bietet übrigens auch **weitere hochwertige Stofftaschentücher-Modelle in verschiedenen Preislagen** für den alltäglichen Gebrauch an.

### DAS ULTIMATIVE, HANDGEFERTIGTE BAUMWOLL-TASCHENTUCH.

für erstklassige Stofftaschentücher, die nicht nur funktional, sondern dank ihrer Haltbarkeit auch extrem nachhaltig sind. Die Verbindung von klassischem Design und moderner Handwerkskunst hat das Unternehmen zum Synonym für hochwertigste kleinformatige

EIN TASCHENTUCH / from / No.1 / reine Baumwolle, handrolliert

# 59 LOUNGE CHAIR CHARLES & RAY EAMES VON VITRA

Hochwertige Möbel, **EINRICHTUNGSGEGENSTÄNDE VON BESONDEREM WERT** und Nutzen, sind außer in Single-Haushalten mit Männerbesatz, so gut wie immer ein Thema der gemeinsamen Auswahl und Entscheidung mit der Partnerin oder auch der ganzen Familie.

Da darf dann jeder mitentscheiden und geschickt versuchen, seine eigenen Interessen einfließen zu lassen. So was kann mit entsprechender Übung sehr schnell gehen oder sich zum nervenaufreibenden Hin und Her hochschaukeln, bei dem die letzte Entscheidung über die neue Küche, die schicke neue Esstisch-Bestuhlung oder die Badezimmermöbel dann über einen Mediator gesucht und gefunden werden muss. Es gibt aber ein paar Ausnahmen, bei denen sich Männer selten bei der Entscheidung reinreden lassen. Das sind ihre persönlichen Rückzugsräume und nur für sie reservierte Ruhezonen: Hobbyräume als Ganzes und Einzelmöbel wie der persönliche Entspannungssessel zum Lesen und Fernsehen. Da redet keiner rein und mit, das wird von uns höchstselbst entschieden. Das Thema »Hobbyraum« heißt bei Gentlemen »Man Caves« und hat im Anschluss an dieses Kapitel seine ganz eigenen Produkthelden für Kerle und Männer jedweder Couleur, das bedarf keines zusätzlichen Produkthelden hier. Aber zum Entspannungssessel für Lebensgenießer mit Stil und ultimativen Qualitätsansprüchen habe ich was im Themenangebot. Einen Sessel mit zusätzlicher Fußauflage in Form eines beistellbaren Hockers, der in entsprechend geneigten und tauglich informierten Kreisen als Sesselverlängerung »Ottoman« bezeichnet wird. Es ist der Lounge Chair Charles & Ray Eames von Vitra, **ein Traum für jeden Wohnraum von Männern, die Lounge Chairs nicht mit Clubsesseln verwechseln** und sich für so ein Einzelmöbel der Extraklasse acht bis zehn Quadratmeter Freifläche reservieren. So kommt der Lounge Chair erst richtig zur Geltung und vermittelt seine ganze Ausstrah-

lung. Seine Entstehungsgeschichte, die eng mit der des Herstellers Vitra verbunden ist, verdient es, kurz zusammengefasst zu werden.

Sie beginnt in den 1950er-Jahren, als Willi Fehlbaum, der Gründer von Vitra, auf einer Reise in die USA die revolutionären Entwürfe von Charles und Ray Eames entdeckte. Diese Begegnung inspirierte ihn so sehr, dass er beschloss, selbst Möbelhersteller zu werden. Die Bekanntschaft mit dem Designerpaar Eames begründete eine dauerhafte Freundschaft, die Vitra und die Eames bis heute verbindet. Diese Zusammenarbeit legte

den Grundstein für viele Klassiker, die bis heute ihre Aktualität und Vitalität bewahrt haben. 1956 brachten Charles und Ray Eames ihren Lounge Chair auf den Markt. Der Sessel, der aus einem langen und komplexen Entwicklungsprozess hervorging, setzte neue Maßstäbe in Sachen Komfort, Eleganz und Materialqualität. Mit seiner leichten und dennoch robusten Konstruktion bietet der Lounge Chair ein unvergleichliches Sitzerlebnis. Die sorgfältige Auswahl der Materialien und die präzise Verarbeitung machen ihn zu einem äußerst funktionalen Designklassiker. Die Schalen des Sessels sind aus formverleimtem Holz gefertigt, das in edlen Hölzern wie amerikanischem Kirschbaum, Santos-Palisander oder schwarz-pigmentiertem Nussbaum erhältlich ist. Die abnehmbaren Polster können aus Leder oder Stoff gewählt werden, und die Armlehnen bieten zusätzlichen Komfort. Den Lounge Chair kann man wie sein Lieblingsauto konfigurieren; dazu stehen zig Variationsmöglichkeiten zur Auswahl.

Gentlemen wissen, dass einige Einrichtungsklassiker nie aus der Mode kommen. Das macht auch diesen Lounge Chair trotz seines Preises in ihren

## EIN DESIGNKLASSIKER, DER NIE AUS DER MODE KOMMT. ENTSPANNUNGSSESSEL FÜR LEBENSGENIESSER MIT STIL UND ULTIMATIVEN QUALITÄTSANSPRÜCHEN.

Augen sehr attraktiv, denn er ist bei guter Pflege eine Anschaffung fürs Leben und selbst für nachfolgende Generationen ein zeitloses, begehrtes Einrichtungsexponat mit einzigartiger Ausstrahlung und erstklassigem Funktionsnutzen. Cheers!

# 60 GRILLGERÄT BBQ-HYDRA 900 VON BASILE

Gärten sind die Freizeitoasen hinter dem eigenen Haus. **ERHOLUNGSFLÄCHEN MIT PRIVATSPHÄRE-ANSPRUCH**, die meist gut eingehegt hinter Hecken, Zäunen oder Mauern Gelegenheit zum Ausspannen und zur Freizeitgestaltung ohne lange Wege bieten.

Und außerdem die Möglichkeit schaffen, Gäste aus der Familie oder dem Freundeskreis einzuladen und sich mit ihnen ungestört auszutauschen sowie gepflegt zu feiern. Zum Kapitelende zeige ich euch jetzt noch zwei »Gentleman Tools« für das eine wie für das andere. Beide mit sehr hohem Freizeitwert, bestem Nutzen und reichlich

**ALL-IN-ONE-HOLZKOHLEGRILLSKULPTUR MIT MULTIFUNKTIONALEM NUTZEN. JEDES BAUTEIL WURDE SORGFÄLTIGST AUSGEWÄHLT UND PERFEKT VERARBEITET.**

Spaßfaktor. Wir fangen mit einer Edelstahlskulptur an, denn genau das ist unser Produktheld auf den ersten Blick. Ein Kunstwerk für die richtig große Terrasse oder den weitläufigen Garten. Eine moderne Skulptur, ein mystisch anmutendes Stahlgebilde mit einem hoch erhobenen, schlangenartigen Kopf, der sich über eine Kuppelschale beugt. Was will uns der Künstler damit sagen? Was soll dieses zweieinhalb Meter hohe Gebilde symbolisieren? Die Auflösung ist ebenso einfach wie genial: Der »Künstler« Antonio Basile hat, weil er sich hauptberuflich mit Metallverarbeitung extrem gut auskennt, **gemeinsam mit seinem Freund Ralf Jakumeit, einem der Top-Köche und Grillmeister im Land,** einen ultimativen Außengrill entworfen und hergestellt – die BBQ-Hydra 900. That's it, Gents! Sie ist der Produktheld hier.

Die BBQ-Hydra 900 ist nicht nur der ultimative Hingucker und sorgt allein schon dadurch für

reichlich staunenden Gesprächsstoff, sie ist auch ein geniales Genussgerät fürs heimische Außengelände. Eine All-in-One-Holzkohlegrillskulptur mit multifunktionalem Nutzen zum Grillen, Backen, Räuchern oder als Feuerstelle. Sie ist zur Gänze »Made in Germany«, ebenfalls zu 100 % aus Edelstahl und bietet Leistungen und Möglichkeiten, die Männer glücklich machen. **Das beginnt schon mit der riesigen Grillfläche von 90 Zentimetern Durchmesser.** Und schreibt sich mit so grandiosen Perfektionsversessenheiten wie einer superkomfortabel zu bedienenden massiven Edelstahl-Grillhaube mit Gasfedern und Öldruckdämpfern fort. Ein schwenk- und höhenverstellbarer Grillrost aus 8-mm-Edelstahlstäben gehört bei ihr auch an Bord, genau wie ein Bullauge und Thermometer im Deckel, ein 3-fach-Lüftungssystem, ein 360° drehbarer Schwenkarm für den Grillrost und die an ihm verbaute Kurbel zur Rosthöheneinstellung. Da sind der leicht abnehmbare

Aschekasten und die ebenfalls optimal verbauten, höhenverstellbaren Füße ja schon fast »der Gruß aus der Küche« an dem 250 Kilo schweren Edelstahl-Trumm für Grillenthusiasten. Jede Schraube, jedes Scharnier und jedes Bauteil an der Hydra wurde sorgfältigst ausgewählt und perfekt verarbeitet, um ihre Langlebigkeit zu gewährleisten. Neben Ralf Jakumeit, der natürlich Produktbotschafter »seiner Hydra« ist, haben auch weitere deutsche und internationale Spitzenköche schon an und mit der Hydra gearbeitet, und alle waren begeistert. Fragt mal Stefan Marquardt oder auch Tim Mälzer.

Wenn das Gesamtpaket so erstklassig stimmt wie hier, dann lächelt jeder Gentleman verschmitzt, wenn er seinen besten Freunden handgeschriebene Einladungen zum Einweihungs-Barbecue seines neuen Grills mit dem Hinweis schickt, dass eine »Hydra« der Ehrengast sei.

#  61 STRANDKORB SYLT XL VON DER STRANDKORBFABRIK HERINGSDORF

Wie beim letzten Produkthelden angekündigt, bleiben wir **IM GARTEN DER GENTLEMEN** und sehen uns diesen nun als Erholungsfläche mit Privatsphäre-Anspruch an.

Urbritische Verwandte deutscher Männer mit reichlich Stil, Herz und Verstand kennen so etwas auf dem Land in der etwas üppigeren Version mit einem weitläufigen Park rund ums Castle oder zumindest Manor. Wer hat, der kann – ihm wurde es ja gegeben. Aber keine Sorge, nicht die Größe des Refugiums und des Umlands machen den Gentleman aus, sondern das, was er aus seinen eigenen Möglichkeiten macht. Daher hat ein kleiner, feiner, mit einigen besonderen Akzenten veredelter Garten einfach Charakter und sein ganz eigenes Format. Ruhezone zum Entspannen und Wegträumen inklusive. Wie so etwas aussieht und dabei auch zum kuscheligen Partnerprojekt mit Urlaubsgefühlen auf der eigenen Terrasse oder dem gepflegten Rasen drumherum liefert,

zeige ich euch mit dem folgenden »Küstenbewohner«, der mit etwas eigener Fantasie ein entspanntes Strandfeeling und eine sanfte Meeresbrise in seiner Vollausstattung mitliefert. Als Zubehör empfehle ich sonniges Sommerwetter,

**PREMIUM-STRANDKORB AUS NACHHALTIGEM TEAKHOLZ. PERFEKTE MISCHUNG AUS FUNKTION UND ÄSTHETIK.**

einen spannenden Roman und eine gute, gekühlte Flasche Weißwein. Am besten mit zwei Gläsern! Dann kann der Gartenurlaub losgehen, mein Produktheld wartet ja schon auf seinen Einsatz und Besuch. Es ist der Strandkorb Sylt XL von der Strandkorbfabrik Heringsdorf, einem Handwerksbetrieb mit einer langen Geschichte, der sich bis heute mit großer Leidenschaft und seinem weiterentwickelten Generationenwissen dem Bau der besten Strandkörbe aus verschiedensten Geflechten, Hölzern und Stoffen in unterschiedlichen Formaten verschrieben hat. Und deshalb mit seiner Strandkorbfertigung im Ostseebad Heringsdorf als die erste Herstelleradresse qualitativ und funktionell ultimativer Strandkörbe gilt. Aus guten Gründen zählen neben privaten Kunden auch einige der besten Hotels und Urlaubsressorts der Welt zur zufriedenen Kundschaft der Strandkorbfabrik.

Deren Strandkorb Sylt XL ist ein beeindruckendes Beispiel dieser norddeutschen Handwerkskunst. Ein absolutes Spitzenmodell aus der Auswahl

### PREMIUM-STRANDKORB AUS NACHHALTIGEM TEAKHOLZ. PERFEKTE MISCHUNG AUS FUNKTION UND ÄSTHETIK.

zahlreicher unterschiedlicher Angebote und Ausstattungsvarianten in verschiedenen Holzarten und Optiken. Die hier abgebildete Modellvariante des Strandkorbs Sylt ist aus hochwertigem, mit Teaköl behandeltem Teakholz und PE-Rundgeflecht in Schiefer gefertigt und kombiniert als einer der Ganzlieger-Strandkörbe des Unternehmens höchste Funktionalität und

Ästhetik. **Das Teakholz stammt selbstverständlich aus nachhaltig bewirtschafteten Plantagen.** Teakholz ist bekannt für seine Langlebigkeit und Witterungsbeständigkeit, was es zur bevorzugten Wahl für den handwerklichen Bootsbau und auch für hochwertigste Outdoor-Möbel macht. Neben der perfekten Verarbeitung ist dieser natürliche Holzwerkstoff einer der wesentlichen Gründe dafür, dass der Hersteller Modellen wie diesem bei vernünftiger Pflege und gelegentlichen Updates bei den Stoffbezügen sowie der Polsterung eine Haltbarkeit von bis zu 40 Jahren zutraut. Der Strandkorb verfügt in Vollausstattung über stufenlos verstellbare Liegefunktionen, kultige Bullaugen und dicke Fußpolster. Seine technischen Bedienelemente sind aus besonders robusten Edelstahl-Komponenten gefertigt. Die herausnehmbaren Polster und die Nackenkissen aus hochwertigen Outdoor-Stoffen sorgen für höchsten Komfort. Mit seinen geraden Seitenteilen, der kantigen Haubenform und Maßen von 145 × 155 × 89 cm wirkt der Sylt XL Strandkorb in passender Umgebung selbst auf kleinen Standflä-

chen weder protzig noch überladen, sondern sehr souverän. Die beiden integrierten Bistrotische, seine ausgeflochtenen Fußstützenvorderfronten, die Höhenverstellung und die Fahrrollen runden das funktionale Design ab und machen ihn zu einem echten Eyecatcher. Den es außer in der hier gezeigten Variante auch in weiteren frei wählbaren Holzfarben, Geflechten sowie Bespannungs- und Bezugsstoffen gibt. Eine Einladung und ein Angebot zum Relaxen und Wegträumen, die solch ein Strandkorb der Extraklasse jedem seiner Benutzer macht, egal ob an Urlaubsstränden oder im heimischen Wohn- und Lebensrefugium.

Das war es in diesem Kapitel. Das euch einige Best-Case-Beispiele für Bestandsprodukte und Liebhaberstücke für gut gelaunte Männer mit Stil, Sinn für funktionale Ästhetik sowie höchsten Ansprüchen an Qualität, Lebensdauer und Leistungsfähigkeit gezeigt hat.

Also auf zum nächsten Kapitel mit seinen Produkt- und Themenhelden.

# MENS CAVES: VON DER BAR BIS ZUR KERLE-KÜCHE

**E**ine Männerhöhle. Bitte! Einen ganz eigenen Lebensraum, ein Spiel- und Erlebniszimmer für Kerle, die im Herzen große Kinder geblieben sind. Kinder mit sehr ausgeprägten »Ich-wünsch-mir-einfach-was«-Träumen. Im Grunde ist ja das ganze Buch nichts anderes als ein riesiger Wunschzettel. Den ich als neue Vorschlags- und Ideenliste wieder für euch Leser zusammengetragen und geschrieben habe. Na klar: Ein – überschaubarer – Teil davon spiegelt auch Wunsch- und Traumprodukte für meinen eigenen Bestand wider. Aber das meiste in den Kapiteln kommt aus Empfehlungswelten von echten Produktprofis und Experten, die mit mir zusammen auf die Suche gegangen sind.

In diesem Kapitel ist die Auswahl jedoch sehr ausgewogen, da habe ich fröhlich mitgeträumt. Und mich von zwei Experten inspirieren lassen, die es als Möglichmacher von Mens Caves in Form von Männer(t)räumen sogar schon zu einer eigenen, sehr erfolgreichen TV-Serie gebracht haben. Ich habe dieses Format bei DMAX geliebt und habe keine Folge dieser erstklassigen Unterhaltung verpasst. Wenn es nach mir und sicher auch vielen von euch gegangen wäre, die da ebenfalls zugeschaut und so für satte Quoten gesorgt haben, wäre das Format bis heute noch im Programm. Ist es aber nicht. Mehr als schade. Dann muss ich halt für eine bebilderte Fortsetzung hier im Buch sorgen. Ich habe dafür auch Max und Hasso als Ideengeber mit eingespannt. Und sie natürlich gleichzeitig auch zu mehr als nur verdienten Kapitelhelden gemacht. Ihre Kreativleistungen sowie handwerklichen Fähigkeiten sind schließlich in ihren eigenen Unternehmen in Münster erhältlich, sofern man etwas Geduld und das passende Budget mitbringt.

Wer ein schnelleres Ergebnis sucht und vielleicht auch keine ganzen Räume für die Männerträume XXL verfügbar hat, für den sind natürlich auch ein paar inspirierende Ideen auf den folgenden Seiten zu finden. Über den Wolken ist die Produkthelden-Freiheit bei mir so grenzenlos, dass ich dazu sogar eine Bar mit passender Fliegereinrichtung »gegroundet« bekommen habe. Und Küchen als Freiluftvariante, um ganze Terrassen damit äußerst sinnvoll und genussreich zu befüllen, sind nach der Lektüre des Kapitels ebenfalls kein Problem mehr.

Augen zu, entspannt durchatmen und dann neugierig wieder auf. Es geht los …

# KAPITEL 7

# 62. FLOSS HOLZBAU, SCHÖNECKEN IN DER EIFEL

Fremder, wenn du nach Schönecken reitest, suche nicht den Saloon, pflocke dein Pferd am Ortseingang bei Floss Holzbau an, geh rein und **SPRICH MIT DEN CHEFS.** Die bauen dir dann einen eigenen Saloon. Oder eine komplette Ranch!

Klingt zu schön, um wahr zu sein? Ist es aber. Ich war – ohne Pferd – da und habe mich vor Ort ausführlich informiert und mir von Martin Floss zeigen und erzählen lassen, was sein Unterneh-

### DIE BEWOHNBARE SHILOH-RANCH IM MASSSTAB 1:1 KOMMT AUS SCHÖNECKEN. PERFEKTE URIGE JAGD- ODER ANGELHÜTTEN ALS MÄNNERRAUM-UNIKATE SIND AUCH MACHBAR.

men kann. Das ist sehr, sehr viel und hat alles mit modernem Holzbau zur Erfüllung so gut wie jeden Wohn- und Lebenstraums zu tun. Das zwölfköpfige Team der Holztraum Möglichmacher im äußersten Westen von Rheinland-Pfalz im belgischen Grenzgebiet baut Wunsch- und Traumobjekte aller Art. Beim Blockhausbau, zudem ausschließlich aus Douglasien, die aus heimischen Eifel-Wäldern und von FSC-geprüften Forstbetrieben stammen. Dafür ist Floss Holzbau sogar von der Regionalmarke Eifel herstellerzertifiziert. So viel zum nachhaltigen Werkstoff. Mindestens genauso interessant ist aber, was daraus gemacht wird. Und das ist schon mal Endstufe XXXL. Deswegen sind wir ja hier. Auf Kundenwunsch baut dieser traditionsreiche Handwerksfamilienbetrieb nämlich nicht nur Blockhäuser in allen Formen und Größen bis hin zu Rundstamm-Klassikern in Kanada-Wildlife-Gestaltung, sondern, wenn es kundenseitig gewünscht wird, gerne auch eine komplette und erstklassig bewohnbare Ranch in originalgetreuer Optik wie aus Westernfilmen oder Kult-Serien.

Das Referenzobjekt, die Shiloh-Ranch aus der Western-TV-Serie der 1960er-Jahre, wurde vom Team Floss im gleichen Style für einen erfolgreichen Mediziner mit dem schönen Hobby des Westernreitens inklusive eigener Pferde und Zucht von originalen Longhornrindern maßstabsgerecht und weitgehend originalgetreu an seinem Eifeler Zweitwohnsitz nachgebaut. Aber nicht mit Filmkulissen-Verbretterung und wenig dahinter, sondern

komplett massiv und aus dem vollen Holz. Wie vom Kunden gewünscht, zudem mit weitgehend unsichtbarer, modernster Haus- und Hoftechnik. Geht doch! Wer so was kann, baut euch, mit entsprechend großzügig bemessenem zeitlichen Vorlauf jedes Männerrefugium. **Egal, ob es in klein bis mittelgroß das private Saunahütten-Unikat sein soll,** eine zweigeschossige Baumhaus-Privatbibliothek mit Südstaaten-Flair oder auch zur Aufbewahrung der deutlich ausgeuferten Bourbon-Sammlung die Hausbar im authentischen Westernsaloon-Style im etwas größeren Garten. Wer sich seine Abenteurer-Träume als ganz persönliche Holzräume verwirklichen will, der ist bei Floss in Schönecken genauso richtig wie jeder, der nach der perfekten Jagd- oder Angelhütte als Männerraum-Unikat sucht. Traumhaft schöne Blockhäuser auf Maß, nach individuellen Wohnvorstellungen gebaut und für eine halbe Ewigkeit haltbar, gibt es da natürlich ebenfalls. Da liegt die Kernkompetenz des Unternehmens! Also sattelt die Pferde, schwingt euch aufs Motorrad oder ins Auto und fahrt einfach mal hin. Ruft aber sicherheitshalber vorher in Schönecken an und macht einen festen Termin. Es kann ja sein, dass die Familie Floss und ihr Holzbau-Team gerade für einen mutigen Individualisten mit besonderem Traum eine Southfork-Ranch-Doublette als Freizeitrefugium planen und deshalb ziemlich beschäftigt sind.

# 63 VANDEBORD HAUSBAR

Tasty sei er, der Whisky, Rum und ebenfalls so mancher perfekte Gin, mit oder ohne Bitter-Beiwerk. Und gerne als Fass gereifter Whisky oder Rum, zudem **RICHTIG ALT UND SEHR WERTVOLL.**

Wer so etwas wertschätzend sammelt, trinkt nach aller Erfahrung relativ wenig; er genießt ja schließlich seine Schätze und Eroberungen. Und dies am liebsten mit Gleichgesinnten, sehr, sehr guten Freunden. Das werden dann lange Abende mit großartigen Genüssen im Glas und spannen-

den Geschichten aus der Runde. Nur, wie sieht der passende Raum für solche Genüsse aus? Als echte Männerhöhle wird es eine Pub-Einrichtung. Dafür reist man zum Antiquitätenhändler seines Vertrauens nach England oder Schottland und trifft seine Auswahl. In der Gentlemen-Variante wird es ein ebenfalls britischer Club-Room. Das muss man wollen und auch finanziell stemmen; die Einrichtung schlägt vor allem wegen der unverzichtbaren, wandfüllenden Büchersammlung mit originalen Erstausgaben der Weltliteratur übel aufs Budget. Aber ein Club-Room ohne sie ist einfach nur ein schönes Zimmer mit bequemen Sesseln und ein oder zwei Barschränken. Die alternative Möglichkeit einer perfekten »Hausbar« mit großartigem Flair stammt von einem weitgereisten Piloten namens Tobias Nottebohm. Ich finde, er hat echte Wohlfühloasen für Männer und ihre Spirituosenschätze geschaffen. Je nach vorhandener Raumgröße modular bestückbare und ausbaubare Genussrefugien, in denen die Einrichtung selbst spannende Geschichten erzählt,

die sich perfekt mit den wertvollen aromatischen Flascheninhalten verbinden lassen und dazu anregen, sich mit beidem intensiv zu befassen.

Die von ihm 2009 gegründete und in Kennerkreisen bestens etablierte Firma VanDeBord liefert selbst eine erzählenswerte Story, die mit der Idee beginnt, ausgediente Flugzeugteile zu restaurieren und in exklusive Möbelstücke zu verwandeln. Mit seinem beruflichen Hintergrund und den daraus resultierenden Beschaffungsquellen in der Luftfahrtbranche schuf Tobias Nottebohm eine Marke, die für innovatives Upcycling steht. Heute ist das kleine, feine Unternehmen die einzige Manufaktur, die aus gebrauchten Flugzeugtrolleys in bester Handwerksarbeit High-end-Bartrolleys sowie Wandbars aus Flugzeugfenstern fertigt.

## VON FLUGZEUGTEILEN ZU HIGH-END-BARZIMMERN. VON DER LUFTFAHRT ZUR BAR: VANDEBORDS MÖBEL ERZÄHLEN GESCHICHTEN.

Zusätzlich zu diesen beiden Kernelementen für ein First-Class-Barzimmer, das Luftfahrtgeschichte verströmt und dazu inspiriert, über die Entstehungswege und die Aromenvielfalt im Glas zu philosophieren, **gibt es noch Couchtische und Beistelltische aus originalen Flugzeugteilen**, die die Bar-Einrichtung komplettieren. Jedes dieser Unikate wird in Handarbeit aus Flugzeugrumpfsegmenten gefertigt und vereint industriellen Charme mit hochwertiger Verarbeitung. Mit Oberflächen aus gebürstetem Aluminium, Hochglanzpolitur oder dem Originallack liefern sie eine

inspirierende Bar-Atmosphäre. Die beleuchtete, großflächige 4er-Flugzeugfenster-Wandbar, die aus originalen Flugzeugfenstern der MD-80 gefertigt wurde, was durch Typenschild und Zertifikat bestätigt wird, macht gemeinsam mit einem **oder mehreren Bar-Trolleys mit ihren zahlreichen Einsatzmöglichkeiten** – von der Aufbewahrung des Bar-Werkzeugs und der Gläser bis hin zum bestens geschützten Flaschendepot – jede VanDeBord-Bareinrichtung zum Storyteller.

Wer seinen Spirituosenschätzen inspirierenden Raum verschaffen und den eigenen Genusslevel dabei ebenfalls deutlich heben möchte, der hebt kurz ab und sieht sich bei VanDeBord um. Happy landing!

# 64 FAHRENGOLD GLÄSERNE GARAGE

Warum sollten eigentlich **GANZ BESONDERE FAHRZEUGSCHÄTZE**, so wir sie denn besitzen, in gewöhnlichen Garagen verschwinden? Ist das nicht ein übler Umgang mit ihrer Ausstrahlung, Schönheit und Präsenz im eigenen Besitz?

Und wäre es nicht viel besser, sie zu einem stets sichtbaren Exponat mit eigener Bühne zu machen, um sich, wenn man will, rund um die Uhr an ihnen zu erfreuen? Wer sich solche Gedanken machen kann, der hat einiges geschafft und viel erreicht. An dieser Stelle also jedem, den es betrifft, eine neidlose Gratulation zur eigenen Lebensleistung, einer klugen Partnerwahl oder einem sehr ordentlichen Familienerbe. Neidlos auch deshalb, weil die Möglichkeit, ein Lieblingsfahrzeug stets sichtbar zu haben, doch erstklassig ist. Eine super Idee und wohl auch ziemlich »kerlig«. Ich finde das jedenfalls genial und halte solch einen ganz privaten Showroom für fahrba-

res Lieblingsblech fast der Versuchung wert, darin auch anderes wie beispielsweise ein paar richtig gute Motorräder unterzubringen und sich an ihrem Anblick zu erfreuen. Lieblingsstücke im eigenen Besitz. Den passenden Raum mit fast kompletter Rundumsicht kann man inzwischen kaufen. Bei der Firma Fahrengold in Berlin, die solche gläsernen Garagen in erstklassiger Qualität und mit Hightech-Ausstattung herstellt.

**Mit der FG1 Garage bietet Fahrengold eine Lösung, die Automobilenthusiasten weltweit begeistert.** Die Verbindung aus klarem Design, hochwertigen Materialien und innovativer Technik hebt die Fahrzeugunterbringung auf ein neues Niveau. Dabei setzt Fahrengold auf viel Glas, versteckte Verschraubungen und eine vollständige Vernetzung aller technischen Elemente, gesteuert über das Mobiltelefon. Die vorgefertigte Struktur besteht je zur Hälfte aus speziell gestärktem Aluminium und aus UV-undurchlässigem Glas.

## PERFEKTE SYMBIOSE AUS TECHNIK UND ÄSTHETIK. EINE GLÄSERNE SCHATZTRUHE IM XXL-FORMAT.

Neben dimmbaren LED-Leuchtstreifen, Steckdosen und eingebauten Stauflächen kann man auch unterschiedliche Farben für die Wände, Bodenbeleuchtung, ein Smarthome-System und eine elektronisch bedienbare Tür bestellen. Zusätzlich sind Heizung und Klimaanlage sowie Sicherheitsglas und ein umfassendes Security-Paket erhältlich, das Innen- und Außenkameras, Bewegungsmelder und Alarmsysteme umfasst. Die Garage, die der Unternehmensgründer Niki Fahrenholz das kleinste Automobilmuseum der Welt nennt, kann übrigens noch weiter individualisiert und den Kundenwünschen angepasst werden.

Ich finde, das ist eine perfekte gläserne Schatztruhe im XXL-Format. Ein Männer-Traum-Raum!

# 65 BURNOUT OUTDOORKÜCHE

**FREIRÄUME IM FREIEN** auf unseren Grundstücken und da am besten auf den Terrassen lassen sich auch ohne Zäune und Mauern zu Revieren und Claims abstecken.

Wobei es natürlich viel klüger ist, hier den Zugang in aller Entspanntheit für alle Mitbewohner offen zu halten und sich einfach nur feste Zeiten für die Benutzung als Männer-Raum und Freiluft-Refugium zu reservieren. Vorzugsweise an Wochenenden und Feiertagen. Aber das dann auch ganzjährig, sobald das Wetter mitspielt, es also nicht voll suppt. Es sei denn, man hat eine passende Terrassenüberdachung mit am Start, dann ist das Wetter wumpe. Hauptsache raus – zum Grillen, Braten, Brutzeln, Backen in der ganzen Bandbreite. Für so was gibt es Outdoorküchen, die sehr großen Verwandten unserer Außengrills, die fast alles an Bord haben, was unsere Indoor-Küchen ebenfalls bieten. Nur eben mit einem oder zwei eingebauten sehr satten Grillgeräten als Kernelementen. Sowas kann man sich vom Schreiner seines Vertrauens als Maßanfertigung bauen lassen, in die dann die ganze Lieblingstechnik passgenau eingebettet wird. Das ist die komplett individuelle Königsklasse der Außenküchen-Liga und geht schon mal richtig ins Geld. Oder man ist der handwerkliche Profiliga-Kerl, der als kreativer Selbermacher mit viel handwerklichem Geschick in den Pfoten und Know-how im Kopf hat. Dann wird die Outdoorküche deutlich günstiger und ist ein Unikat. Respekt! Wem diese Gabe nicht vergönnt ist und der trotzdem ein Outdoorküchen-Meisterstück zu seinem kulinarischen Revier machen will, der investiert am besten auch ordentlich und sucht sein findbares Glück bei einem richtig guten Outdoorküchen-Hersteller wie **Cubic**, **Modus B**, **Freigeist** oder **Burnout Kitchen**. Dort bekommt er spitzenmäßige allwettertaugliche Außenküchen zum Selbstkonfigurieren. Die auch gleichzeitig mit ihren Küchenblöcken die Träger für die hochwertige Markengrillgerätetechnik sowie Spülen, Küchen und weiteres Küchen-Outdoor-Equipment sind.

Erstklassiges Beispiel für die volle Programmbreite in Top-Qualität sind Outdoorküchen von Burnout aus Bissendorf, die dort handwerklich gefertigt werden und zudem modernste Technik bieten. Eine ideale Kombination aus Manufaktur

## OUTDOORKÜCHEN SIND DIE SEHR GROSSEN VERWANDTEN VON AUSSENGRILLS. WETTERFESTE OUTDOORKÜCHEN MIT UMFANGREICHER AUSSTATTUNG UND EXPERTISE.

und industrieller Produktion. Deren Outdoorküchen vereinen höchste Präzision und handwerkliche Klasse und trotzen aufgrund ihrer Robustheit jedem Wetter. **Jede Outdoor-Küche kann individuell konfiguriert und auf die für sie vorgesehene Stellfläche zugeschnitten werden.** Mit dem Bau exklusiver und extrem robuster Außenküchen, die selbst bei Wind und Wetter keinerlei Abdeckungsschutz brauchen, hat Burnout reichlich Erfahrung gesammelt, sodass auch komplexe Kundenwünsche bis hin zu richtigen »Sonderlocken« locker bewältigt werden. Die Küchen bieten daher nicht nur ein hervorragendes Kocherlebnis, sondern passen sich auch jeder häuslichen Outdoor-Umgebung bestens an.

Burnout bietet auf hochwertigen Arbeitsplatten verbaute moderne Gas- sowie Holzkohle-Keramikgrills, integrierte Kühlschränke, leistungsstarke Herdplatten und funktionale, schick designte Spülen. Plus reichlich flächenoptimiertem Stauraum. Zahlreiche durchdachte Extras wie Haken, Flaschenöffner und vielseitige Stauraummöglichkeiten sorgen dafür, dass alles seinen Platz hat und stets griffbereit ist. Praktische Gasflaschen-Auszüge, integrierte Mülleimer, Spülen und gut durchdachte Schubkastensysteme sind genauso wie integrierte Beleuchtungselemente und Steckdosen an den richtigen Stellen verbaut. Alles auf entsprechenden Kundenwunsch machbar und zu haben.

Da bleiben ziemlich wenige Wünsche für eine perfekte Outdoorküche offen. Bis auf den Schönwetter-Schalter. Den hat der Hersteller nicht im Zubehörprogramm. Ein übler Mangel, so viel steht fest!

# 66 NOHRD WATERROWER | HOME-GYM

Ein eigener Fitnessraum im Haus ist ein Wunsch oder Traum von fast jedem, für den Sport nicht nur Fernsehunterhaltung, sondern **AKTIVE KÖRPERBETÄTIGUNG** ist. Ausdauertraining, Muskelauf- und -ausbau – witterungsunabhängig – unter dem heimischen Dach ist eine ebenso gute wie nützliche Sache, an der fast jeder Spaß hat.

Sportliche Männer wünschen sich so ein Studio als eigenen Kraftraum wahrscheinlich noch öfter als Frauen, die pragmatisch genug sind, sich im externen Fitnessstudio ihre Trainingsprogramme zu buchen und die dann auch konsequent und regelmäßig zu absolvieren. Die richtig harten

### MUSKELAUF- UND -AUSBAU – WITTERUNGS-UNABHÄNGIG – UNTER DEM HEIMISCHEN DACH. REVOLUTIONÄRE FITNESSGERÄTE FÜR DAS PERFEKTE HOME-GYM.

Kerle, austrainierte Eisenfresser, sehen das ähnlich, gehen daher richtig gerne zum sicht- und messbaren Leistungsvergleich in die Muckibude. Für Männer, die sich in Ruhe und ungestört körperlich ertüchtigen und fit halten wollen und die über die nötigen finanziellen Mittel verfügen, aus so etwas ein Erlebnisrefugium für Körper und Geist zu machen, gibt es eine Endstufen-Lösung, die auch das Auge erfreut und nicht nur die Muskelmasse steigert. Ein Home-Gym, das Fitness durch Kraft- und Cardio-Geräte zur Lebensqualität macht und in dessen Zentrum als Klassiker des gleichzeitigen Trainings vieler Muskelpartien ein Rudergerät steht.

Dieses raumfüllende Fitnessstudio ist eine Männerhöhle der Sonderklasse und die Firma Nohrd Waterrower stellt ihn her. Ihre Fitnessgeräte, die in Deutschland und den USA gefertigt werden, bestechen schon auf den ersten Blick durch die Materialien, sie sind nämlich überwiegend aus Holz statt Stahl gefertigt. Das dazu verwendete Holz stammt aus nachhaltig bewirtschafteten Wäldern der amerikanischen Appalachen und Deutschlands. **Eine ganz eigene Story steckt hinter dem zentralen und namensgebenden Trainingsgerät, dem WaterRower.** Sie beginnt 1988 mit John Duke, einem Ingenieur der Yale University und Kandidat für das US-amerikanische

Rudernationalteam. Inspiriert von der schlichten Eleganz der Shaker-Möbel, wollte Duke ein Fitnessgerät schaffen, das das Rudern auf dem Wasser realistisch nachbildet und zugleich als ästhetisches Möbelstück fungiert. Über die letzten

Jahrzehnte hinweg hat Nohrd genau diese Philosophie aufrechterhalten und den WaterRower als realistischsten Simulator für das Rudern etabliert. Übrigens ein Stand-alone-Trainingsgerät, das sich auch als stylisches Wohnzimmermöbel-Klassiker

eignen würde, um dort seine Trainingseinheiten zu absolvieren – das aber nur am Rande. Kommen wir mal zur Geräte-Konfiguration für ein perfektes Edelholz-Home-Gym in echter Leistungsklasse: Der WaterRower simuliert dazu ein sehr intensives Rudererlebnis mit realistischem Wasserwiderstand, das Bike ist ideal für effektive Cardio-Work-outs und beeindruckt durch seine robuste Bauweise. Der Sprintbok, ein mechanisches Laufband, überzeugt mit seinem geschwungenen Design und ermöglicht gelenkschonendes Training. Der SlimBeam-Seilzugturm und die WallBars-Sprossenwand erweitern das Trainingsspektrum um zahlreiche Kraft- und Dehnübungen. Zusätzlich verbessert das Eau-Me-Board Gleichgewicht und Koordination, während der

TriaTrainer als vielseitige Trainingsbank sowohl für Bauch- als auch Rückentraining dient. Gemeinsam schaffen diese Geräte eine professionelle Trainingsumgebung zu Hause, die alle wesentlichen Fitnesseinheiten liefert und dank des edlen Holzdesigns auch noch eine sehr großartige Trainingsatmosphäre mit Wohlfühlfaktor bietet. Männer, die Wert auf stilvolles und effektives Training legen, sind damit perfekt bedient und halten sich und ihre Familien mit einem so bestückten Home-Gym erstklassig fit.

Wer sein Home-Gym doch lieber in der »Stahl, Schweiß und Tränen«-Edelstahl-Hightech-Variante bestückt, der ist zum Beispiel bei **TechnoGym** hervorragend aufgehoben. Aber nicht nur dort …

# 67 PULSAR OBSERVATORIES STERNWARTEN-KUPPEL

Jetzt stelle ich euch eine »Männerhöhle« vor, die bei der Nachbarschaft für Furore sorgt und **EIN MAGNET FÜR KÜNFTIGE NEUE FREUNDE** und Freundinnen ist.

Die Hülle für ein raumgreifendes Lebenshobby, das deutlich mehr ist als ein Freizeitvergnügen, weil dessen naturwissenschaftliche Entdeckerfreuden so spannend sind, dass ihr wahrscheinlich eine lange Warteliste zur Aufnahme neuer Freundschaften anlegen könnt, sobald dieses

**DER RAUM FÜR EIN LEBENSHOBBY MIT NATURWISSENSCHAFTLICHEN ENTDECKERFREUDEN. PERFEKT FÜR DEEP-SKY-BEOBACHTUNGEN GENAU UND MOND- UND PLANETENBEOBACHTUNGEN.**

»Forscherzimmer« plus qualifizierter Inneneinrichtung bei euch einzieht. Ihr gehört mit solch einer Ausrüstung als weit fortgeschrittene Freizeit-Astronomen zu einem kleinen Kreis von Freizeit-Wissenschaftlern, für deren Forscher-

drang und dessen Schutzraum das Beste gerade gut genug ist. Ein High-end-Teleskop in seinem Inneren ermöglicht tiefe Einblicke in die unendlichen Weiten des Universums. Dank einer solchen Teleskopkuppel sind die wertvollen Hightech-Instrumente nicht mehr den Launen der Natur und anderen Störungen ausgesetzt …

Derartige Kuppeln bieten nicht nur Schutz vor Wind und Wetter, sondern sorgen auch für eine stabile und von Außeneinflüssen völlig ungestörte Beobachtungsumgebung. Der Polarstern im Sternbild des Kleinen Bären bleibt somit immer an derselben Position und dient als verlässlicher Orientierungspunkt. Doch die meisten Himmelskörper bewegen sich ständig, und um ihnen zu folgen, nutzen Astronomen moderne äquatoriale Montierungen. Sie ermöglichen es erst, die Bewegung der Sterne präzise nachzuvollziehen, indem dort die Stundenachse von Hand oder elektrisch nachgestellt wird. **Pulsar Observatories baut**

**Sternwarten-Kuppeln wie diese in England.**
Es besteht aus dauerhaft wetterbeständigem
GFK-Material, verfügt über einen stabilen Schließ-
mechanismus, bietet eine hohe Abweisung von
Wärmestrahlung und ist als optionales Zubehör
beispielsweise auch mit einer motorgesteuerten
Rotation, einem ebenfalls motorgesteuerten
Kuppelspalt sowie integrierten Stauräumen erhältlich. Es ist ideal zur Aufnahme von Teleskopen
mit bis zu 16«-(40 cm)-Öffnungsdurchmesser
geeignet, also die richtig dicken Brummer zur
nächtlichen Himmelserkundung. Der deutsche
Anbieter der Pulsar Kuppeln, die Firma Bresser
mit langjähriger Expertise und bestem Know-
how im optischen Bereich, hat natürlich auch zu
deren Befüllung die passenden Teleskopange-
bote im Programm. Sie stammen vor allem vom
bekannten japanischen Hersteller Vixen. Modelle

wie das Vixen-R200SS-Teleskop-Komplettset sind mit einer Montierung ausgestattet, die über den Polsucher PFL-II und die Star-Book-Ten-Steuerung mit über 272.000 Himmelsobjekten verfügt. Es und bietet als Set alles, was sich fortgeschrittene visuelle Beobachter für ihre Himmelserkundungen wünschen. Es eignet sich mit seinem lichtstarken Öffnungsverhältnis von f/4 in professioneller Verbindung mit der Sternwarten-Kuppel ideal für atemberaubende Aufnahmen von Galaxien und Nebeln und liefert dabei scharfe, kontrastreiche Bilder ohne Farbfehler. Dank der Vixen-Aluminium-Vakuum-Bedampfungstechnologie bietet das Teleskop höchste Präzision. Perfekt für Deep-Sky-Beobachtungen und Fotografie, genau wie für Mond- und Planetenbeobachtungen sowie deren fotografische Dokumentation.

Ich hoffe, jeder von euch hatte in seiner Kindheit oder Jugend mal die Gelegenheit, eine Sternwarte zu besuchen und war davon einfach nur fasziniert. Die wenigsten werden daraus dann jedoch viel mehr gemacht haben. Aber wenn man nach den ersten gut gelungenen Schritten über ein hochwertiges Fernglas hin zu einem ordentlichen Klein-Teleskop mit Stativmontage auf Balkon oder Terrasse immer noch dabei ist und sich lernbereit und neugierig für mehr und vertiefende Erkundungen von Positionen, Bewegungen und Eigenschaften der Objekte im Universum, also seiner Himmelskörper begeistert, dann kann man sich eine Sternwarten-Kuppel mit einem modernen Hochleistungsteleskop als Lebenstraum-Raum gönnen. Eine Forscher- und Entdeckerrefugium, in dem man, wenn man es nicht ausdrücklich will, selten allein sein wird.

# 68 MAX & HASSO, WUNSCHRAUM-MÖGLICHMACHER

Wunschraum-Möglichmacher ist ein Berufsbild mit Zukunft! Die **MÄNNLICHE AUSGABE DER »GUTEN FEE«**. Allerdings ohne Flügelchen und putzigen Zauberstab, dafür aber – wenn es dran ist – mit Kreissäge, Schneidbrenner, Flex und einem Zollstock in meist kräftigen und äußerst geschickten Händen.

Wer einen echten Wunschraum-Möglichmacher kennt und bei ihm drei Wünsche frei hat, für den ist deren Reihenfolge glasklar: Wunsch 1: Bau mir

**BEIDE SIND EINEM GROSSEN PUBLIKUM DURCH DIE DMAX-ERFOLGSSERIE »MÄNNER-(T)RÄUME« BESTENS BEKANNT UND IN ÄUSSERST POSITIVER ERINNERUNG.**

meine perfekte Männerhöhle, Wunsch 2: Schaff meine besten Buddys zum Staunen und Feiern ran, Wunsch 3: Ausreichend kaltes Bier für alle!

Fertig. Mehr geht eh nicht. Na ja, vielleicht doch, wenn gleich zwei kreative Handwerker-Profis ohne echtes Limit gemeinsam an den Start gehen und zusätzlich weitere Leistungsreserven in ihrem Team haben. So was ist äußerst selten zu finden, aber das gibt es. Im Münsterland, wo das Handwerksunternehmen Kawentsmann, dessen Eigentümer Max Bayer-Eynck einer der beiden Möglichmacher ist, an zwei Produktionsstandorten plus einer Zentrale mit Ausstellungsflächen, dem Kawentshaus in Münster, ganz besondere Möbel- und Metallbauprojekte für ihre Kunden realisiert. Ganz in der Nähe vom Kawentshaus in Münster hat auch der zweite Möglichmacher, Hasso Maaß, ein enger Freund von Max, seine

riesige Atelier-Werkstatt mit der Metallbautechnik für so ziemlich jede Art der fortgeschrittenen Smart- oder Heavy-Metallbearbeitung – bis auf den Guss von Kanonenrohren.

Beide sind einem großen Publikum durch die DMAX-Erfolgsserie »Männer-(t)räume« bestens bekannt und in äußerst positiver Erinnerung. Dass da nichts geskriptet oder gefakt war, können bis heute all die Kerle bestätigen, deren Wunschhöhlen von den beiden in ihren Häusern oder in der angrenzenden Landschaft realisiert wurden. Und noch viele weitere, für die sie gemeinsam scheinbar Unmögliches möglich gemacht haben und denen dadurch ohne Steinmetz-Eingriffe ein äußerst zufriedenes Dauergrinsen ins Gesicht gemeißelt wurde. Die Rollen dieses Dream-Teams sind aufgrund der beruflichen Backgrounds und den erkennbar unterschiedlichen Temperamenten klar verteilt: Max ist der Holzexperte und Konzeptplaner. Er ist der ruhende Pol der beiden. Mit seiner Liebe zum Detail und seinem unvergleichlichen handwerklichen Talent verwandelt der gelernte Zimmerermeister und studierte Ingenieur selbst massive Holzstücke in handwerklich perfekte und formvollendete

**ZWEI KREATIVE HANDWERK-PROFIS OHNE ECHTES LIMIT. MAX IST DER HOLZEXPERTE UND KONZEPTPLANER; HASSO DER KREATIVE STAHL-FLÜSTERER MIT DER ETWAS LAUTEREN STIMME.**

Möbel-Kunstwerke. Sein Freund Hasso Maaß ist der kreative und künstlerisch geprägte Stahl-Flüsterer mit der etwas lauteren Stimme und den anpackenden Händen. Der die ganze Bandbreite der Metallbearbeitung beherrscht, von passgenauen Hammerschlägen bis zur detailversessenen feinmotorischen Präzisionsarbeit mit Reibahle oder Mikrofräser. Hasso ist bekannt für seine ausgefallenen Ideen und seine Fähigkeit, selbst den wildesten Einfällen eine Form zu geben. **Zusammen sind sie unschlagbar, wenn es darum geht, Raum-Unikate für Männer zu konzipieren und die dann auch so zu bauen, dass daraus Lebensräume für echte Kerle werden.** Dazu verschieben sie ganz gerne die vermeintlichen Grenzen des Möglichen und Machbaren. Weil sie es können.

# 69 GROSSGLOBUS COLUMBUS IMPERIAL VOM COLUMBUS VERLAG

Zum Kapitelende möchte ich euch ein **»RAUM-IM-RAUM«-PROJEKT MIT EINEM KAUM VERGLEICHBAREN GESCHICHTS- UND BILDUNGSERLEBNIS** vorstellen. Egal, was eure eigene »Männerhöhle« schon zu bieten hat oder künftig bieten soll, ohne unseren blauen Planeten würde es sie gar nicht geben.

Wir leben auf einem naturwissenschaftlichen und zeitgeschichtlichen Faszinosum, das im digitalen Zeitalter nach meinem Gefühl immer weiter aus unserem unmittelbaren Interessenhorizont verschwindet. Manchmal habe ich den Eindruck, die Erde wird mehr als Scheibe denn als Kugel wahrgenommen, weil wir unser Wissen über sie nur noch von ultraflachen »Scheiben« wie Smartphones, Tablets und Monitoren abrufen, statt sie neugierig an ihrer Kugelform mit einem ganz realen Finger auf einer maßstabsgerecht zur Erdkugel geformten Karte zu erkunden. Wer bitte,

hat einen Globus zu Hause? Ist unser Erdenrund mit seinen Kontinenten, Ländern, Flüssen, Seen und Weltmeeren inzwischen uninteressant für uns? Lasst mich bitte euer Interesse an einem handwerklich gefertigten perfekten Globus wecken! Wie bei den meisten Produkthelden im Buch geht es auch bei Globen, egal ob Tisch- oder Standglobus, auch ein paar Nummern kleiner. Das sind dann richtige Kauftipps für den Hausgebrauch. Mein Produktheld als »Raum-im-Raum-Lösung« für eine Man Cave ist natürlich ein ganz besonders Exemplar. Von einem der renommiertesten Hersteller, dem Columbus Verlag. Seit über 100 Jahren steht Columbus für meisterhafte Handwerkskunst und exquisite Kartografie. Gegründet im Jahr 1909 von Paul Oestergaard in Berlin, hat sich die Marke zu einem Symbol für Qualität und Innovation entwickelt. Damals wie heute spiegeln die Globen den Wissensstand ihrer Zeit und erzählen gleichzeitig von der Selbstwahrnehmung und dem Repräsentationswillen ihrer Besitzer. Handkaschierte Globen, einst vor allem ein Luxusgut, sind heute begehrte Sammlerstücke und Bildungsmöbel.

Ein absolutes Juwel in der Kollektion von Columbus ist **der Imperial, ein imposanter Globus mit einem Durchmesser von 100 Zentimetern und einer Gesamthöhe von 140 Zentimetern.** Er vereint das traditionelle Handwerk der Kartenherstellung mit modernster Technologie und bietet so eine einzigartige Darstellung unseres Planeten. Die Oberfläche des Globus ist digital bearbeitet, was eine noch detailreichere und präzisere Abbildung der Erde ermöglicht. Der Retro-Stil des Kartenbildes, geschaffen von Kartografie-Künstlern, entführt einen in vergangene Zeiten: Hier begegnen einem faszinierende Fregatten, sagenumwobene Seeungeheuer und richtungsweisende Windrosen, die im Kontrast zum ebenfalls dargestellten aktuellen politischen Weltbild stehen. Mit rund 4000 Eintragungen bietet dieser Globus der absoluten Extraklasse eine beeindruckende Fülle von Informationen. Jedes Exemplar wird in bester Handwerkstradition gefertigt, was ihn zu einem unverwechselbaren Kunstwerk macht. Das Holzgestühl besteht aus hochwertigem amerikanischem Nussbaumholz und ist mit Perlmutt-Einlagen über die Windrichtungen verziert. Der handgravierte Vollmeridian besteht genauso wie die Armaturen aus Edelstahl. **Der beleuchtbare Korpus besteht aus Acrylglas und wird mit den Kartenausschnitten kaschiert.** Bei diesem aufwendigen Herstellungsverfahren kaschierter Columbus-Globen wird das Kartenbild, das in 12 Segmente unterteilt ist, von Hand aufgebracht. Das Kartenbild als solches wird im Offset-Druckverfahren auf speziellem Papier gedruckt, was Farben und höchste Detailgenauigkeit liefert. Dank der hochfeinen Auflösung sind die Rasterpunkte für das menschliche Auge nahezu unsichtbar. Columbus-Globen wie dieser werden dazu

mit einem 105er-Raster gedruckt, was sie in ihrer Qualität noch einmal von den meisten anderen Herstellern abhebt und zum Symbol für traditionelles Handwerk sowie kartografische Exzellenz macht.

**WER BITTE HAT EINEN GLOBUS ZU HAUSE? MIT RUND 4000 EINTRAGUNGEN BIETET DER IMPERIAL EINE BEEINDRUCKENDE FÜLLE VON INFORMATIONEN.**

Wer neugierig auf unsere Erde als begreifbares rundes Wunderwerk von Naturwissenschaft und Zeitgeschichte geworden ist und in einem perfekten Globus ein Fenster in die Vergangenheit und einen Wegweiser in die Zukunft sieht, kann so etwas zu seinem **Man-Cave-Projekt** machen.

Auf zum nächsten Kapitel mit ganz anderen Themen ...

# HAPPY DAY: STAHLWAREN DER EXTRAKLASSE

**W**as in den ersten beiden Ausgaben seinen festen Platz mit spannenden Produkthelden hatte, darf für mich auch in dieser Neuauflage nicht fehlen: Produkthelden als und zum Teil auch aus »Edel-Stahl«. Gestattet mir diese kleine Wortspielerei einfach. Genau wie die nur auf den ersten Blick wilde Mischung der angebotenen Themen dazu. Im Grunde ist die Verbindung der Produkthelden recht simpel: Top Jagdwaffen, besondere Messer plus metallischer Ausrüstungs-Highlights für Spiel und Spaß.

Über die Sinnhaftigkeit von Schusswaffen und Messern hier im Buch braucht bitte keiner mit mir zu diskutieren. Ich habe mich jetzt zum dritten Mal bestens gelaunt dafür entschieden. Weil mich ihre Entstehungsgeschichten, die viel mit technischen Weiterentwicklungen und Innovationen in der Metallverarbeitung zu tun haben, wie auch mit Präzision und Handwerkkunst, einfach faszinieren. Der Umgang mit scharfen Waffen, egal ob Schusswaffen oder Outdoor-Messern, kennt zudem ein ganz klares und unumstößliches Regelwerk, bei dem jede »Spielerei« fehl am Platze ist: Größte Vorsicht und Umsicht, höchste Sicherheit sowie qualifizierte Ausbildung und Training garantieren ihren Nutzen und Mehrwert. Egal ob im dienstlichen Einsatz, bei der Jagd oder dem Leistungssport. Dass Waffen ein »reines Männerding« sind, ist übrigens völliger Blödsinn. Seit Urzeiten greifen Frauen fachlich qualifiziert und umsichtig ebenso in Waffenregale- und schränke wie wir Männer. Im Rahmen ihrer beruflichen Aufgaben als Polizistinnen, Soldatinnen und mit inzwischen jährlich zweistelligen Steigerungsraten auch als Jägerinnen. Ist doch super!

Vor allem, weil wir alle gemeinsam, insbesondere bei der Jagd und anderen Naturerlebnissen, robustes und präzises Arbeitsgerät und Werkzeug sehr zu schätzen wissen. Ich mag daher selbst bei kleineren Wandertouren oder Pirschgängen nur mit dem Fernglas auf ein verlässliches, scharfes Taschenmesser oder Fahrtenmesser als nützliches Back-up nicht verzichten. Außerdem bin ich einer von vielen Männern, die ein Faible für Western und ihre cineastischen Akteure haben und deshalb »Winchester« nicht nur als eine schöne Stadt mit mildem Klima im Süden Englands kennen. Wer dazu alt genug ist, dem sind zudem die Helden von Karl May ebenso vertraut wie deren Ausrüstung. Diesmal hat es, Spoiler erlaubt – die Auflösung folgt ja in ein paar Seiten –, sogar ein Messer mit passender Geschichte hier ins Buch geschafft.

Alles Weitere dazu folgt. Bitte umblättern ...

**DIE LEGENDE LEBT!** In der letzten Buch-Ausgabe war die Bullitt-Sonderedition des Ford Mustang anlässlich des damals 50. Filmjubiläums dieses amerikanischen Kult-Sportwagens einer meiner Fahrzeughelden.

Die grandiose Story dieser Fahrzeuglegende ist noch längst nicht auserzählt. Ich stelle euch deshalb eine äußerst spannende neue Facette dazu vor, die es diesmal auch viel leichter in euren Bestand schaffen kann als einen originalen

### SCHNITTIGE AUTOMOBILGESCHICHTE: DAS BÖKER-TASCHENMESSER MUSTANG. EIN ÄUSSERST PRAKTISCHES HIGH-END-TASCHENMESSER ZUM SAMMELN ODER BENUTZEN.

Mustang aus den 1960er-Jahren. Und trotzdem am Mann das Gefühl von den Weiten amerikanischer Highways und mit etwas Fantasie auch das bullige Brummen eines perfekt gereiften Windsor-V8-Motors jener Tage vermittelt. Dazu ließ die bekannte Solinger Messermanufaktur

Böker kürzlich die Legende in Form eines großartigen Taschenmessers wieder aufleben. Handgefertigt in Solingen bietet es neben einer Gesamtlänge von 19,8 cm und einer Klingenlänge von 8,2 cm sowie einem Gewicht von 116 Gramm ideale Maße für ein führiges Taschenmesser und beeindruckt durch seine Details: Die 84-lagige Damast-Klinge von Chad Nichols mit einer Stärke von 3,60 mm im Wavepool-Muster ist handgeschmiedet, es öffnet sich, wie bei Böker-Manufaktur-Messern üblich, äußerst geschmeidig und schneidet mit beeindruckender Präzision. **Der Liner Lock sorgt dafür, dass die Klinge sicher und fest sitzt und bereit für jede Einsatz-Herausforderung ist.** Der Griff des Messers ist aus leichtem und dennoch robustem Aluminium gefertigt und erinnert mit seinen Fingermulden an die des 1969er-Muscle-Cars.

Eine zusätzliche Mustang-Geschichtsverlängerung liefert die goldgefärbte Einlage, die von der seitlichen Zierleiste des Ford Mustang inspiriert ist. Die Farbgebung der Griffschalen unterstreicht die sportliche Wirkung, und der Griffrücken erinnert zusätzlich an die Fastback-Kontur der Mustang-Karosserie. Das ganze Messer nimmt mit zahlreichen weiteren Designdetails die Fahrzeuggeschichte perfekt auf und übersetzt sie dabei ohne »Spielereien« in den Nutzen. Natürlich mit absolutem Sammleranspruch. Womit wir an der Stelle sind, an der ich mir schon mal schiefen Blicke von Messersammlern mit großen heimischen Vitrinenauslagen einfange, die ich aber ganz gut aushalte. In meiner Hosentasche – und damit immer direkt als nützliches Kleinst-Taschenmesser am Mann – befindet sich nämlich so gut wie immer ein 32 Gramm leichtes Böker Barlow aus Tirpitz-Damast. Für mich ist das so wertvoll und nützlich, dass es mir zu schade für die Vitrine ist! Aber das mag bitte jeder Freund und Förderer von handgefertigten Messern in Manufakturqualität halten, wie er mag und will. Hauptsache, man hat Freude an einem Top-Taschenmesser, das perfekt schneidet und zusätzlich eine ganz eigene Geschichte erzählt.

Diese Empfehlung gilt auch für das zweite sehr besondere Taschenmesser aus Solinger Manufakturfertigung, das ich euch nun als Produkthelden vorstelle.

# 71 MERCATOR TASCHENMESSER MESSING VON OTTER

Jetzt zeige ich euch einen echten Fahrtenmesser-Klassiker! **ELEGANT, EXTREM FUNKTIONELL, TOTAL ROBUST** sowie sehr gut tragbar.

Ein Messer, das seit seiner Entstehung vor über 150 Jahren kein Verbesserungspotenzial bei seiner Formgebung hat und bei dem sich seitdem nur die Ausführungen und der Klingenstahl verändert haben. Es ist das sogenannte Kaiser-Wilhelm-Messer, das offiziell den Namen Mercator-Messer trägt und von der Solinger Manufaktur Otter Messer gefertigt wird. Das Messer ist in den USA fast noch bekannter als bei uns und gilt hier wie dort als Funktionsklassiker. **Ein reguläres Militärmesser war es jedoch nie, sondern immer persönlicher Ausrüstungsgegenstand** von Soldaten im Feld. Die äußerst schlanke Bauform bei trotzdem beachtlicher Klingenlänge macht es bis heute zu einem sehr leichten und trotzdem äußerst robusten Begleiter mit höchster Schnittleistung im täglichen Gebrauch. Das Mercator ist einfach superpraktisch und für diejenigen, die ein Auge für Messerdesign haben, auch einfach schön.

Seine Maße und die hochwertigen Materialien unterstreichen die Alleinstellung dieses Taschenmessers: Bei einem Gewicht von gerade mal 80 Gramm und einer Gesamtlänge von 20 Zentimetern, einer Klingenlänge von 9 Zentimetern und einer Klingenstärke von 3 Millimetern ist es perfekt ausbalanciert und handlich. Der Griff aus mattiertem Messing des hier abgebildeten und beschriebenen Modells

**DAS MESSER IST IN DEN USA NOCH BEKANNTER ALS BEI UNS UND GILT ALS FUNKTIONSKLASSIKER. EIN JAHRHUNDERT-WERKZEUG VON DER OTTER-MESSER-MANUFAKTUR AUS SOLINGEN.**

liegt perfekt in der Hand und misst 11 Zentimeter. Die mittelspitze Klinge aus rostfreiem Stahl 1.4034 ist besonders widerstandsfähig und das Back-lock-Verriegelungssystem sorgt für

zusätzliche Sicherheit. Ein Arbeitsmesser für den täglichen Gebrauch und fast jeden Einsatzzweck, das durch seine Qualität und sein Design Geschichten erzählt und Erinnerungen liefert. Und es ist durch die reiche Auswahl an Varianten bei den Griffschalen auch ein echter Hingucker. Als Edelausgabe für Sammler und andere Genießer von geschmiedeter Handwerkskunst gibt es das Mercator zudem mit einer Klinge aus handgeschmiedetem Kohlenstoff-Damast.

Solinger Messermacherkunst, bei der sich Tradition und Moderne vereinen! Das ist der Stoff, aus dem Produkthelden aus Stahl mit Must-have-Anspruch für echte Kerle gemacht werden. Dazu nun noch ein weiteres Leseangebot für euch. Diesmal als feststehendes Messer einer Solinger Kultmarke mit weltweiter Bekanntheit.

# 72. PUMA AUTOMESSER

Jetzt zeige ich euch einen echten Taschenmesser-Klassiker!
**ELEGANT, EXTREM FUNKTIONELL, TOTAL ROBUST** sowie sehr gut tragbar.

In der ewigen Bestenliste von Messern aus deutscher Fertigung mit höchstem Funktionsnutzen und spitzenmäßigem Storytelling hat dieser Produktheld mit seinen Produktahnen einen sicheren Platz, den ihm keiner nehmen kann. Sein Herkunftsfundament mit der heute in der allgemeinen Sprachwahrnehmung »sperrig« klingenden Bezeichnung White Hunter hat sogar weltweiten Legendenstatus als perfektes Jagdmesser. Und deshalb gehört seine Herkunftsgeschichte hierhin. Sie beginnt mit dem legendären White Hunter, das 1956 nach besonderen Kriterien für den weltweiten Jagdalltag auch unter schwierigsten Bedingungen entwickelt wurde. Sein Design machte es schnell zum Inbegriff eines robusten und vielseitig einsetzbaren Jagd- und Outdoormessers. Dank seiner besonders griffigen Hirschhorn-Griffschalen und der durchdachten Klingenform bewältigte es mühelos jede Heraus-

forderung und wurde zum ultimativen Outdoormesser. **Das White Hunter war außerdem sogar prominenter Nebendarsteller in Karl-May-Verfilmungen** und schaffte es so auf die Kinoleinwände und später ins TV-Programm. In der Hand von Old Shatterhand in »Der Schatz im Silbersee« wurde es in den 1960er- und 1970er-Jahren zum Traum- und Wunschmesser vieler abenteuerbegeisterter Jungen.

Das abgebildete Puma-Automesser als Produktheld ist die aktuelle Ausgabe, die im Unterschied zum White Hunter über Holz- statt Hirschhorn-Griffschalen verfügt. Es wurde ursprünglich als universelles Werkzeug für Autofahrer entworfen und zudem mit einer speziellen Halterung für den Autoinnenraum ausgestattet, die dem Messer seinen heute ungewöhnlichen Namen gab. Wer es will, googelt das mal und sieht sich dazu die

Montageanleitungen aus den 1970er-Jahren an. Wer das Messer heute – in aller Unschuld und rein zugriffsoptimiert für einen Notfall oder schnellen Hilfseinsatz – an gleicher Stelle direkt auf Kniehöhe der Fahrerseite in seinem Fahrzeug-Cockpit

Klingenrückens befindet sich eine eingeschliffene Beilschneide, die sich für grobe Arbeiten wie das Spalten von Feuerholz oder das Zerkleinern von Knochen eignet. Zusätzlich ist im hinteren

verbaut, ist bei jeder Polizeikontrolle im besten Fall der Tagessieger für den schnellsten Boxenstopp auf dem nächstgelegenen Revier oder im schlechterem Fall Angeklagter in einem Strafverfahren. Mit einer Klingenlänge von 15,5 Zentimetern, einer Klingenstärke von 5 Millimetern, einer Gesamtlänge von 27 Zentimetern und einem sehr soliden knapp halben Pfund »Nettogewicht« hat das Automesser für so etwas die waffenrechtlichen Idealmaße. Aber bei sachgemäßer und rechtskonformer »Führung und Unterbringung«

**ES WURDE ALS UNIVERSELLES WERKZEUG FÜR AUTOFAHRER ENTWORFEN. DAS AUTOMESSER WIRD VON CAMPERN UND OUTDOOR-ENTHUSIASTEN EBENSO GESCHÄTZT WIE BEI DER BUNDESWEHR.**

bietet der 1.4116-Klingenstahl mit einer Härte von 55-57 HRC auch einen riesigen Gebrauchsnutzen – heute zumeist außerhalb von Autos. Die Gestaltung der Klinge ist perfekt für vielfältige Anforderungen geeignet: Ihre stabile Spitze ist stark genug, um beispielsweise Dosen zu öffnen oder Kronkorken abzuhebeln. Im mittleren Bereich des

Bereich der Schneide ist eine praktische Sägezahnung integriert, die das Anschneiden von grünen Ästen, Fischhaut oder anderem festem Material ermöglicht. Das Automesser wird von Campern und Outdoor-Enthusiasten deshalb ebenso geschätzt wie von der Bundeswehr, die es früher als Überlebensmesser für Kampfpiloten einsetzte. Die Anwendungsbandbreite und Vielseitigkeit dieses Messer-Generalisten führten über Jahrzehnte zu verschiedenen Varianten, **darunter auch Modelle für Spezialeinheiten wie den GSG 9**, für Fernspäher sowie für Hubschrauberbesatzungen der Bundespolizei. Selbst Rettungseinheiten wie Feuerwehren ließen sich eigens angefertigte Versionen dieses robusten Klassikers herstellen, um ihren speziellen Dienstanforderungen gerecht werden zu können. Zudem gibt es Sammlermodelle, die zentraler Bestandteil von Survival-Sets waren. Und, und, und …

Das Puma-Automesser ist und bleibt somit ein perfekter Begleiter für Outdoor-Abenteuer aller Art bis hin zu richtig robusten Einsätzen, bei denen es seine Qualitäten verlässlich abrufbar liefert. Ein Traumprodukt mit Must-have-Anspruch für Männer, die sich auf ihre Ausrüstung verlassen wollen und keine Enttäuschungen gebrauchen können.

# 73 REPETIERBÜCHSEN SAUER 505 UND MAUSER M 98

Vom Jagd- und Outdoormesser ist es nur ein kurzer Weg zu den deutlich größeren Grundausrüstungen für Jäger, den **JAGDWAFFEN, HAUPTSÄCHLICH REPETIERGEWEHREN, DIE DANK IHRER PRÄZISION UND MODERNEN, INNOVATIVEN TECHNIK** heute mehr denn je die Möglichkeit bieten, waidgerecht jagdliche Beute zu machen.

Und damit schmackhaftes Wildfleisch auf unsere eigenen sowie fremde Teller zu bringen, was – vor allem dank einer umfassenden Ausbildung von Jägerinnen und Jägern und der Präzision ihrer Waffen – zuvor ohne Leiden erlegt wurde. Das ist das Wichtigste für uns Jäger, wenn es um Jagdbeute geht. Die Gelegenheit, zum Schuss zu kommen, ist selten genug. Meist ist es das Fernglas, das zum Beobachtungseinsatz kommt, wenn wir uns in der Natur aufhalten und sie erkunden. »Nicht geschossen ist auch gejagt« ist daher ein zufriedener Ausspruch nach den meisten unserer Naturerlebniszeiten in den Revieren.

Aber wenn sich die Chance bietet, Jagderfolg zu haben, ist neben einer ruhigen Hand und einem guten Auge ein erstklassiges Gewehr mit einem richtig guten Zielfernrohr unser wichtigster Verbündeter zur erfolgreichen Erlegung. Und dazu möchte ich denen, die es interessiert, von zwei der bekanntesten Hersteller hochwertiger Jagdwaffen ein neues Spitzenmodell sowie einen hoch aktuellen Klassiker vorstellen. Es sind die neue Sauer 505 und die legendäre Mauser M 98.

Ich führe jagdlich seit vielen Jahren das »Vor-Vorgängermodell« der neuen Sauer 505, die Sauer 202, die mich fast immer zur Jagd begleitet und dort stets verlässlich zum Beuteerfolg geführt hat. Sie ist als Repetierbüchse mein jagdliches Arbeitsgerät. Die neue Sauer 505 ist dazu noch mal einen deutlich spürbaren technischen Schritt weiter. Sie verfügt über ein komplett neues System, das in einem soliden und robusten Stahlgehäuse untergebracht ist und zuvor aus einem 6,5 kg schweren Rohteil ausgefräst und auf 732 Gramm reduziert wurde. Der seidenweiche, super leise bedienbare Kammergang, für den die Sauer-Repetierer ohnehin schon immer bekannt waren, sorgt auch bei der Neuen für ein erstklassiges Schießerlebnis. Die leichtgängige Handspannung der Waffe macht ein fast geräuschloses Spannen und Entspannen möglich. Die modulare Vielseitigkeit des Gewehrs deckt insgesamt 19 verschiedene Auswahlkaliber ab und macht einen Kaliberwechsel ebenso

**DIE SAUER 505 IST EIN HOCHMODERNES JAGDLICHES ARBEITSGERÄT.**

einfach wie den Austausch von Schaftpaaren. Die legendäre Sauer-Präzision wird beim Modell 505 durch kaltgehämmerte Büchsenläufe und die ausgereifte Abstimmung aller Bauteile garantiert. Und die bewährte, robuste Sattelmontage zur Aufnahme der Zieloptik garantiert absolute Wiederholgenauigkeit. **Das ist Jagdwaffentechnik auf neuestem Stand,** die lange Haltbarkeit und höchste Einsatzbereitschaft in jeder jagdlichen Situation garantiert. Hightech und High-End unter den modernen Repetierbüchsen.

Der zweite Jagdrepetierer ist im besten Wortsinn noch mal ein »anderes Kaliber«, auch wenn sich die Mauser 98 mit der Sauer 505 und weiteren Hochleistungs-Repetierbüchsen anderer namhafter Hersteller einige wählbare Patronenkaliber teilt. Sie ist in den aktuell ver-

**DAS LEGENDÄRE MAUSER-SYSTEM WIRD VON JÄGERN SEIT GENERATIONEN FÜR SEINE VERLÄSSLICHKEIT WELTWEIT GESCHÄTZT.**

fügbaren Modellvarianten unverändert DER Klassiker zum passionierten Waidwerken, der kompromisslose Ansprüche an Präzision, Robustheit und Funktionalität auch zum instinktiven schnellen Schuss ohne Zieloptik erfüllt. Eine Legenden-Waffe, ein Meisterstück des Büchsenmacher-Handwerks. Ursprünglich 1898 von Paul Mauser entwickelt, bietet sie bis heute den unverwechselbaren Zylinderverschluss, die robusten Riegelwarzen und die damals wie heute aktuelle Dreistufen-Flügelsicherung. Das legendäre Mauser-System wird weltweit von Jägern seit Generationen für seine herausragende Verlässlichkeit geschätzt. Diese und weitere technologische Alleinstellungsmerkmale sind bis heute das Fundament, auf dem der Hersteller Mauser seine Gewehre entwickelt und herstellt. Die Mauser 98 erzählt jedem, der sie in den Händen hält, ihre Geschichte und macht sofort spürbar, wie viel Präzisionshandwerk und Büchsenmacher-Know-how in ihr steckt. Die

Waffe strahlt ihre jagdlichen Fähigkeiten und ihre Verlässlichkeit einfach aus. Für die meisten – mich eingeschlossen – ist und bleibt sie das Nonplusultra unter den traditionsreichen Repetierbüchsen. Eine Mauser 98 als Neuwaffe ist ihren Preis absolut wert, sie bleibt aber für die meisten Jäger aus finanziellen Gründen ein großartiger Jagdwaffentraum. Der sich übrigens noch perfekter als ganz persönlicher Jagd-Repetierer in Form eines M-98 Custom-made by Velser träumen lässt. Der passende Traumerfüller **ist der Büchsenmachermeister Michael Velser, der im Eifeldorf Nerdlen bei Daun einzigartige Mauser-98-Unikate schafft,** die weltweit ihre Liebhaber unter passionierten Jägern und Sammlern finden. Das sind Endstufen-Mauser und wahre Referenzen für das traditionsreiche deutsche Büchsenmacher-Handwerk.

Eine moderne, robuste Repetierbüchse ist das unverzichtbare Arbeitswerkzeug für jagdliche Erfolge. Die beiden hier vorgestellten Modelle gehören zum absolut Besten, was der Jagdwaffenmarkt derzeit zu bieten hat. Neben Mauser und Sauer haben aber natürlich noch andere namhafte Hersteller richtig spannende Repetierer-Spitzenmodelle in ihren Jagdwaffensortimenten. Hersteller wie zum Beispiel **Beretta**, **Blaser**, **Haenel**, **Krieghoff**, **Merkel**, **Sako**, **Steyr Mannlicher** und einige weitere.

# 74 UNTERHEBEL REPETIERER WINCHESTER MODELL 94 UND PEDERSOLI 1886 RIFLE

Jetzt stelle ich euch noch zwei **ENDSTUFEN-REPETIERBÜCHSEN** der ganz anderen Art vor.

Sie sind Hochleistungsmodelle für Sportschützen und Jäger gleichermaßen und haben dazu nicht nur extrem hohe Präzision, sondern auch visuell viel zu bieten, weil sie sehr sichtbar ihre geschichtsträchtigen Ursprünge und ihre Herkunft dokumentieren. Zwei Tipps von Expertenfreunden aus dem Westernwaffenbereich, die ihre Waffenschränke erstklassig gefüllt haben. Es sind somit beides Unterhebel-Repetierer von traditionsreichen Marken, von denen ihr in jedem Fall eine kennt, weil sie der Inbegriff für diesen Waffentyp ist und außerdem jedem Fan von Westernfilmen absolut vertraut ist: Winchester! Die Geschichte dieses amerikanischen Herstellers und seiner Waffenmodelle, Revolver wie auch Gewehre, ist legendär und füllt ganze Bücherwände. Diese Historie in ein paar Zeilen zusammenfassen zu wollen, wäre völliger Blödsinn. Stattdessen zeige ich euch hier lieber ein aktuelles

**DIE WINCHESTER MODELL 94 IST DIE BEKANNTESTE UND BELIEBTESTE WESTERNWAFFE DER WELT.**

gung. Dieses Gewehr ist schon optisch ein echter Geschichtenerzähler und weckt Erinnerungen an das Ursprungsmodell aus dem Jahr 1894, **das bis heute mit über 7,5 Millionen produzierten Exemplaren die beliebteste und bekannteste Westernwaffe ist,** die auch von Sammlern sehr geschätzt wird. Die aktuelle hier gezeigte Version im Standardkaliber .30-30 Win. mit ihrer Magazinkapazität von 7 + 1 Schuss, ist mit ihren Abmessungen von 51 Zentimeter Lauflänge und 96 Zentimetern Gesamtlänge sowie einem Gewicht von 3,2 Kilo äußerst kompakt und sehr führig. Sie liegt perfekt in der Hand und bietet Einsatznutzen sowohl für die Jagd wie auch

klassisches Lever-Action-Großkaliber-Schießen auf Schießständen, an denen Westernschützen ihren Freizeitspaß haben. Eine richtig feine Freizeitwaffe mit spannender Geschichte, für die sicher ein Platz im Waffenschrank reservierbar ist, wenn man über die passende Erwerbsberechtigung verfügt.

Spitzenmodell als Referenz für die Tradition, Präzision und den für manchen Legalwaffen-Berechtigten erfüllbaren »Traumwaffen-Status« des Herstellers.

Es ist der Winchester-Unterhebel-Repetierer Model 94 Deluxe Short Rifle aus aktueller Ferti-

Das gilt auch für den zweiten Produkthelden mit erstklassiger Absenderadresse, diesmal aus Italien. Dessen Hersteller, Davide Pedersoli, ist für höchste Qualität und Präzision in der Herstellung historischer und moderner Jagdwaffen bekannt. Der 1957 gegründete Familienbetrieb vereint traditionelle Handwerkskunst mit innovativer Technik und genießt dafür höchste Anerkennung sowohl im Jagdwaffenbereich als auch bei Westernschützen. Für diese hat das Unternehmen ein besonders breit angelegtes Sortiment von hochwertigen Waffen. Und dies vor allem im Bereich hochpräziser Vorderlader, von denen sich viele äußerst detailgetreue Nachbauten historischer Vorbilder auf technisch neuestem Stand der Büchsenmacherkunst im Angebot des Herstellers finden. Echte Meisterwerke, egal ob als Sharps

das fast zu schade für intensive Nutzung als Jagd- und Westernwaffe erscheint, aber genau dazu gemacht ist. John Moses Browning wäre mit Sicherheit stolz auf diese aktuelle Pedersoli-Version der von ihm entwickelten 1886er-Winchester, die bis heute als einer der besten Unterhebel-Repetierer aller Zeiten gilt!

Rifles, Enfield-Modelle oder Pennsylvania-Büchsen. Auch im Lever-Action-Bereich hat Pedersoli erstklassige Angebote. Ein herausragendes Beispiel ist der Pedersoli Unterhebel-Repetierer 1886 Sporting Rifle, den ich euch hier zeige. Die 4,5 Kilo schwere Waffe mit ihrer feinen Schäftung aus amerikanischem Nussbaumholz verfügt über eine Gesamtlänge von 114 Zentimetern und einen 66 cm langen brünierten, 26-Zoll-Acht-Kant-Lauf mit 6 Zügen sowie über ein 8-Schuss-Röhrenmagazin für Patronen im Kaliber von .45-70 Gov. Ein wahres Meisterstück italienischer Waffenbaukunst,

## DAVIDE PEDERSOLI IST FÜR HÖCHSTE QUALITÄT UND PRÄZISION IN DER HERSTELLUNG HISTORISCHER UND MODERNER JAGDWAFFEN BEKANNT.

Wer Freizeitspaß an Westernwaffen hat, aber über keine Erwerbsberechtigung für die erwerbsberechtigungspflichtigen Versionen als Jagd- und Sportwaffen verfügt, für den gibt es spannende freiverkäufliche Luftgewehr-Ausgaben mit sehr authentischer Optik und richtig guten Schussleistungen beim Hersteller **Walther** und dessen Schwesterunternehmen **Umarex**.

# 75 PISTOLEN KLASSIKER COLT M1911 UND BERETTA 92

Den würdigen Abschluss und einen richtigen »Happy Day« in der Riege spannender Waffen hier im Kapitel bilden **ZWEI KURZWAFFEN-KLASSIKER**.

Davon gibt es nicht allzu viele. Mein absoluter Favorit, der inzwischen auch den Weg als neuwertiges Modell aus den 1970er-Jahren in meinen Waffenschrank gefunden hat, ist die Walther PPK. Sie habe ich schon mal als filmische James-Bond-Pistole zusammen mit dem Smith & Wesson-

Revolver »Model 29« als dem »Dirty Harry«-Revolver-Klassiker beschrieben. Es gibt noch drei weitere Revolver und Pistolen, die im richtigen Leben als erlaubnispflichtige Kurzwaffen als auch mit großer Leinwand- sprich Filmgeschichte als ikonische Kult-Klassiker gelten. Das ist zum einen der Colt Python, der als großkalibriger Revolver im Behördeneinsatz beliebt war und heute noch im Bestand bei Jägern sowie Sportschützen zu finden ist und zudem in Filmen und TV-Serien wie »The Walking Dead«, »Starsky & Hutch«, »The X-Files«, »John Wick« und ebenfalls einigen Schlüsselszenen des Films »American Gangster« in der Hand des von Denzel Washington gespielten Charakter Frank Lucas zu sehen war. Und es sind die beiden Selbstlade-Pistolen, die nun folgen: der Colt M1911 Government und die Beretta 92 FS. Über beide gibt es schon reichlich gedruckten Lesestoff. Dazu ein Tipp: Neben richtig guten Büchern gibt es von der Fachzeitschrift Visier noch erhältliche ältere Sonderausgaben, die für alle Männer, die sich für die Waffen ihrer Lieblingsfilme interessieren, spannende Infos liefern. Sonderhefte wie das »Visier-Special 50, Filmwaffen« und zum Colt M1911 das »Visier-Special 55, Colt M1911 Government«. Großartige Lektüre mit vielen Infos und faktenreichen Stories!

## SEINE GRÖSSTEN ERFOLGE FEIERTE ER ALS AMERIKANISCHE ARMEEPISTOLE M1911A1 UND ALS DIENSTWAFFE VON POLIZEIEINHEITEN IN DER GANZEN WELT.

Doch nun konkret zum Colt M1911 Government, **einem weiteren Geniestreich von John Moses Browning, dem Erfinder und Entwickler zahlreicher amerikanischer Waffen,** den seine Mitarbeiter respektvoll »den Meister« nannten. Und jetzt lasst uns über ihn reden: Der Colt M1911 ist nämlich wirklich eine Ikone unter den Handfeuerwaffen und erfreut sich seit über einem Jahrhundert großer Beliebtheit. Seine größten Erfolge feierte er als amerikanische Armeepistole M1911A1 und Dienstwaffe von Polizeieinheiten in der ganzen Welt, was vor allem an seiner robusten Bauweise und seinem großen Standard-Kaliber .45 ACP lag und liegt. Bis heute gehört er in zahlreichen Nachbau- und Tuningvarianten unterschiedlicher Hersteller im Originalkaliber oder im deutlich beliebteren Patronenkaliber 9 × 19 mm zu den wichtigsten Kurzwaffen der

Welt und ist in modernen Tuning-Versionen bei Großkaliber-Sportschützen unverändert stark nachgefragt. Jäger schätzen diese Ganzmetall-Pistole trotz Größe und hohem Gewicht als Fangschusswaffe. Neben seiner realen Nutzung ist der Colt M1911 auch in Hollywood ein Star, der oft in Actionfilmen zu sehen ist. Beispiele dazu: »Der Pate«, »Sieben«, »Zwei glorreiche Halunken« und natürlich »Pulp Fiction«, wo John Travolta und Samuel L. Jackson den M1911 in einigen der berühmtesten Szenen des Films tragen und auch sehr filmisch wirkungsvoll benutzen. Außerdem wird die Waffe bis heute in so gut wie jeder Neuverfilmung von Kriegsdramen und historischen Mafia-Filmen, die in den 1920er- und 1930er-Jahren spielen, eingesetzt. Die Popularität des Colt M1911, der vom Hersteller Colt aktuell als Edelstahlversion mit der Bezeichnung »Government Classic 5« angeboten wird und dort im Kaliber .45 ACP immer noch eine Magazinkapazität von 7 Schuss hat, bleibt ungebrochen!

Was auch für die zweite Pistole, eine Beretta 92, gilt. Sie löste übrigens als Modell M9 in den 1980er-Jahren den Colt als amerikanische Armee- und Polizeipistole ab. Ihr Hersteller ist ein Stück italienischer und wohl auch weltweiter Industriegeschichte. Der Firmenname Beretta wurde im Jahr 1526 erstmalig urkundlich erwähnt. Da bekam der lombardische Büchsenmacher Bartolomeo Beretta einen Auftrag über die Herstellung von Waffenläufen aus Venedig. Beretta ist somit das älteste Rüstungsunternehmen der ganzen Welt und zählt heute mit seiner Markenfamilie als Lieferant von Pistolen, Gewehren und Munition zu den größten Kleinwaffen- und

Munitionsherstellern. **Die Beretta 92 FS wird als halbautomatische Pistole für ihre Präzision, Robustheit und Zuverlässigkeit geschätzt,** sie ist eine der bekanntesten Beretta-Waffen. Ihren Legendenstatus erzielte sie als Dienstpistole M9 bei den US-Streitkräften. Sie ist bis heute dank ihrer leichten, sicheren Bedienbarkeit sowie ihrer Präzision vor allem bei Sportschützen sehr beliebt. Ich konnte diese Pistole mehrfach im Vergleich mit meiner damaligen X-Five von Sig-Sauer auf Pistolen-Ständen schießen und war von ihren Schussleistungen ebenfalls beeindruckt. Trotz ihres Gewichts von rund einem Kilo ließ sie sich aus unterschiedlichen Holstertypen sehr schnell einsetzen und hat dabei starke Schussbilder geliefert. Kein Wunder, dass sie auch in vielen Filmen verwendet wurde und als ein weiterer Pistolenklassiker der Filmgeschichte gilt. Zu den bekanntesten Filmen, in denen die Beretta 92 zum Einsatz kam, gehören Actionfilme wie »Stirb langsam«, »Lethal Weapon«, »The Matrix« und natürlich der Kult-Klassiker »Leon – Der Profi« aus dem Jahr 1994, in dem Jean Reno als Leon die Beretta 92 FS als seine Hauptwaffe nutzt. Bei diesem Kultstatus und dem nach wie vor großen Interesse an dieser Pistole ist es

### BERETTA IST DAS ÄLTESTE RÜSTUNGSUNTERNEHMEN DER WELT.

verständlich, dass Beretta die 92 FS im Kaliber 9 × 19 mm weiterhin im lieferbaren Programm hat. Für zahlreiche Großkaliber-Sportschützen bleibt sie ebenso ein Must-have wie für so manchen Jäger, der sich nicht mit leichteren Pistolen wie den heutigen modernen Modellen mit ihren Polymer-Kunststoff- und Metallkomponenten anfreunden kann.

Sowohl den Colt M1911 Government als auch die Beretta 92 gibt es neben den waffenrechtlich erlaubnispflichtigen Versionen auch als, für Erwachsene, frei verkäufliche Nachbauten zum Übungs- und Freizeitschießen, vor allem in Form von $CO_2$-Luftpistolen vom Hersteller Umarex. Den Colt sogar in zahlreichen verschiedenen Varianten. Als besonders cooler Airsoft-Freizeitspaß mit hoher Präzision von Umarex ist außerdem die »Trust Me«-Sonderausführung des legendären Smith & Wesson 626 Revolvers im Kaliber 6 mm BB mit $CO_2$-Antrieb ein Tipp von mir. Seht ihn euch unbedingt mal an!

Als nächstes lassen wir es mal so richtig donnern! Der Kapitelheld, der nun folgt, steht für den großen robusten Auftritt ...

# 76 ZERLEGBARE BÖLLERKANONE IM KALIBER 70 MM, HERMANN SALUTKANONEN

Die Recherche und Entdeckung des nächsten Produkthelden hat **RICHTIG SPASS** gemacht!

Während ich den Text für euch schreibe, habe ich immer noch ein sattes Grinsen im Gesicht. Das wird ein Kerle-Ding, das ordentlich Feuer in seiner Story hat. Schon die Leistungsbeschreibung auf der Herstellerseite der Firma Hermann aus Rheinbrohl ist eine Offenbarung. Ich zitiere zusammenfassend Wesentliches daraus: »Wir bieten umfassende Dienstleistungen in der Entwicklung, Planung und Fertigung von Hinterladerkanonen und Lafetten. Ebenso sind wir auf die Entwicklung, Planung und Fertigung von Vorderladerkanonen und Lafetten spezialisiert, inklusive der Reparatur und Restaurierung historischer Modelle und der Erstellung aller erforderlichen Dokumentationsunterlagen und Wartungspläne. Zusätzlich führen wir Restaurationen, Instandsetzungen und Modernisierungen von Vorder- und Hinterladersalutgeschützen durch. Unser Serviceangebot umfasst auch die Restaurierung, Instandsetzung und Modernisierung von Zubehörteilen, um sicherzustellen, dass Ihre Ausrüstung stets in einwandfreiem Zustand ist.« Sonnenklar, dass ich dort nach was Passendem fürs Buch gefragt habe und von Herrn und Frau Hermann mit einem Produkthelden beschenkt wurde, der ein absolutes Highlight ist.

Deren zerlegbare Böllerkanone im Kaliber 70 mm, hier im Bild. Schon der Anblick einer solchen Böllerkanone mit ihrer faszinierenden Technik lässt Kerle-Herzen in freudiger Erwartung höherschlagen und ist absolut beeindruckend. Lange vor dem unvergleichlichen Spaß, wenn solch ein mächtiger Trumm »anfängt zu sprechen«. Denn das kann er dann sehr laut und deutlich. Der gewaltige Knall und die beeindruckende Stoßwelle eines solchen Geschützes sind unvergesslich. Sich so etwas auf den eigenen Hof oder den Garten zu stellen, ist es noch viel mehr. Und völlig legal, schließlich werden Salutschüsse seit Jahrhunderten als Zeichen des Willkommens und der Ehrdarbietung abgefeuert. Zu Land oder zu Wasser, bei militärischen, religiösen oder zivilen Anlässen. Also macht das zu eurem persönlichen

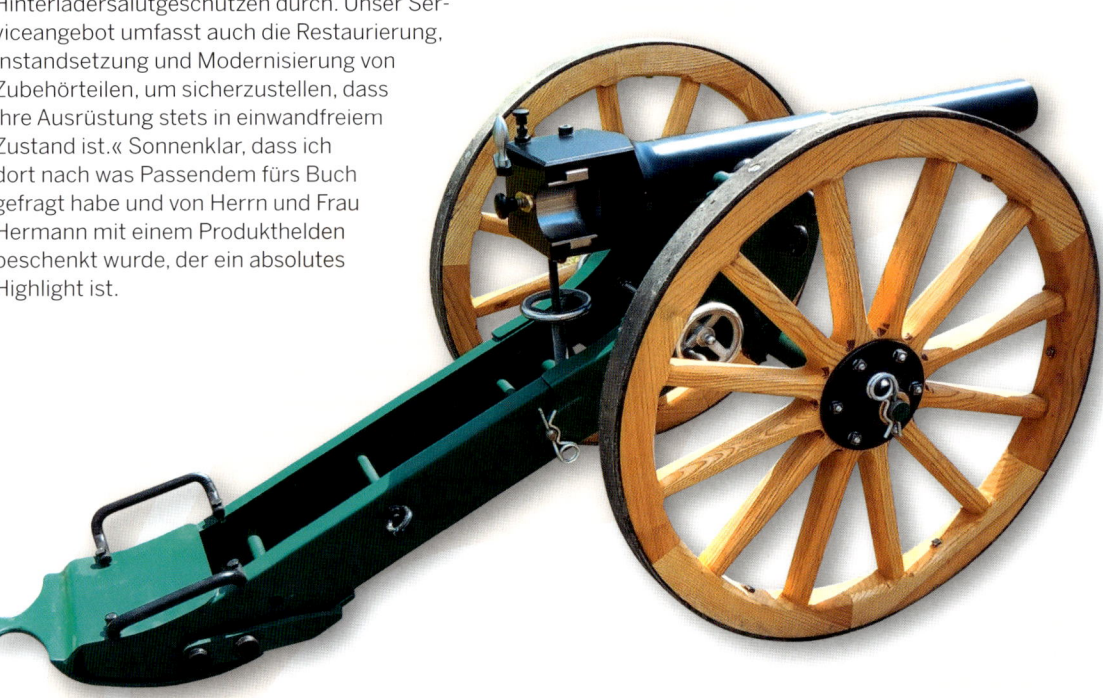

zivilen Anlass! Muss ja nicht täglich morgens um sieben als Weck-Gruß für die Nachbarschaft sein. Etwas dosierter ist einfach besser. Hauptsache, das passende Gerät ist erstmal da. Ganz wenige

Hersteller wie Hermann Salutkanonen produzieren solche Böllerkanonen-Prachtexemplare als Einzelanfertigungen, die sich an historischen Vorbildern orientieren und zugleich modernste Fertigungstechniken nutzen. Deren besonderes Highlight für Technik- und Geschichtsfans ist diese zerlegbare Böllerkanone im Kaliber 70 mm. Sie basiert auf der 7-cm-Schnellfeuer-Gebirgskanone L22 C/95 aus dem späten 19. Jahrhundert, ist als Hinterlader konstruiert und wird mit vorgefüllten 240-Gramm-Schwarzpulverkartuschen geladen, was eine schnellere und sicherere Handhabung bei einer Schussfolge von 21 Schüssen ermöglicht – natürlich ohne Projektil. Besser ist das!

Kommen wir mal zu den beeindruckenden technischen Daten der Böllerkanone: Sie verfügt über eine Gesamtlänge von 2 Metern, eine Lauflänge von 1 Meter, Räder mit einem Durchmesser von 83 Zentimetern und eine Breite von 92 Zentimetern. **Das Gesamtgewicht beträgt 182 Kilo, inklusive des 85 Kilo schweren Rohrs mit Verschluss.** Das ist also definitiv keine »Filmkulissen-Ware«, sondern ein handgefertigtes technisches Meisterstück. Inklusive einer Funktions- und Haltbarkeitsüberprüfung alle fünf Jahre durch das deutsche Beschussamt. Der Clou dieses Modells: Dank des durchdachten Systems der Firma Hermann kann das schwere Geschütz in fünf handliche Teile zerlegt werden. Das erleichtert sowohl den Transport als auch die Aufbewahrung erheblich, sei es im Kofferraum oder platzsparend in der Garage. Wobei für mich der besondere Reiz in der Sichtbarkeit besteht, neben dem mächtigen Böllerspaß. Denn die Kanone ist ein Blickfang-Schaustück! Ein technisches Meisterwerk und ein Geschichtenerzähler in bester Handwerkstradition. Insbesondere für geschichtlich interessierte Technikfans.

Zum Schluss noch eine gute und eine schlechte Nachricht. Die gute zuerst: Für den Erwerb der

Böllerkanone reicht in Deutschland die Volljährigkeit aus, denn rechtlich handelt es sich bei ihr nämlich nicht um eine Waffe, sondern ein Gerät, womit sie nicht unter das Waffengesetz fällt, sondern der Geräteverordnung unterliegt. **Für den Erwerb des benötigten Schwarzpulvers und die Nutzung bedarf es natürlich zusätzlich des sogenannten Böllerscheins,** also einer Erlaubnis nach §27 SprengG. Hierfür muss ein Lehrgang absolviert und ein polizeiliches Führungszeugnis vorgelegt werden. Normal und leistbar. Die schlechte Nachricht: Qualität und Originalität kosten nun mal leider richtig Geld! Also wird diese Böllerkanone für die meisten Leser ein Traumprodukt bleiben. Wer aber eine kaufen will, ist bei Hermann in Rheinbrohl in den allerbesten Händen. Weist beim Kauf bitte darauf hin, dass ihr sie in meinem Buch gefunden habt. Dann bekommt ihr vielleicht ein erstes halbes Pfund Schwarzpulver zum Böllern gratis dazu. Vielleicht …

## 77 WURFBEIL VON BISON 1879

Zum Kapitelende gibt es jetzt noch mal deutlich leichtere Kost in der finanziell bestens leistbaren Version – bei trotzdem **MAXIMALEM SPASSFAKTOR.**

Zudem ein prima Übergang zum nächsten Themenblock. Wir ihr wisst und vielleicht sogar mittendrin seid, ist Darten der neue Breitensport für zu Hause. Eine super Sache und gar nicht so einfach, wie es im ersten Moment aussieht. Wurfsportarten sind eine Frage der Technik und der mentalen Stärke. Es braucht richtig viel Übung, bis das Wurfgerät möglichst genau da landet, wo es hingehört und wettkampftaugliche Ergebnisse liefert. Das ist nicht nur beim Dart so, sondern auch bei einer deutlich archaischeren Wurfsportdisziplin mit größerem Gerät: Beil- und Axtwurf. Das kennen wir ursprünglich aus Western- und Wikinger-Filmen. Wer mal im wilden Teil des amerikanischen Nordens war, hat dort vielleicht sogar bei Holzfällern das Axtwerfen erlebt, was in den Wäldern Kanadas seinen Ursprung hat und sich inzwischen als Trendsport etabliert

Außerdem wird ein speziell geformter Stiel aus Hickory-Holz verwendet, der ohne Knauf am Ende gestaltet ist. Diese Formgebung ermöglicht ein kontrolliertes Loslassen und eine optimale Rotation des Beils. Mit einer Stiellänge von 40 Zentimetern und dem sorgfältig ausbalancierten Design bietet dieses Wurfbeil nicht nur ambitionierten Werfern ein erstklassiges Erlebnis, sondern auch Anfängern die Möglichkeit, sich schnell zu verbessern. Der Spaß und die Faszination, die von

## URBAN AXE THROWING AUS DEN USA IST INZWISCHEN AUCH BEI UNS EIN TRENDSPORT. DAS BISON WURFBEIL IST DAS OPTIMALE SPORTGERÄT DAFÜR.

hat, der in den USA als »Urban Axe Throwing« bekannt ist. Klingt nach einem richtig »netten« Männerthema, oder? Ist es auch! Das dazu erforderliche Wurfbeil, eine kleine, handliche Axt, hat sich zu einem echten Sportgerät gemausert. Mit ihr wird auf Zielscheiben geworfen, die mit Ringen verschiedener Punktzahlen versehen sind und deren Zentrum – wie beim Dart – das sogenannte Bull's Eye ist, was zur Erreichung der Höchstpunktzahl zu treffen ist.

In Deutschland hat sich die Axt- und Beilschmiede Bison 1879 aus Großschönau als Pionier in der Herstellung von Wurfbeilen etabliert. Seit 2019 produziert das Unternehmen spezielle Wurfbeile, die den strengen Vorgaben der World Axe Throwing League (WATL) entsprechen. Jedes dieser Beile wird von erfahrenen Schmieden in bester Handwerkstradition gefertigt. Das Ergebnis: Ein Unikat aus erstklassigem Werkzeugstahl, das durch optimale Härte und Langlebigkeit besticht. Das Bison Wurfbeil zeichnet sich zudem durch einige Besonderheiten aus, die es zum optimalen Sportgerät machen. Der Kopf des Beils, der etwa 700 Gramm wiegt, besitzt eine verlängerte »Zehe«, die für eine bessere Treffsicherheit sorgt, da sie leichter in der Zielscheibe stecken bleibt.

diesem »Kerle-Sport« ausgeht, hat mittlerweile dazu geführt, dass Axtwerfen schon in vielen größeren Städten in Deutschland angeboten wird und es sogar Wettbewerbe wie von der WATL organisierten Turniere gibt. Bevor man zu so was antritt, sollte man sich aber am besten erst seine Wettkampfreife im heimischen Garten und mit guten Freunden erwerben, sprich erwerfen. Wer genug Platz dafür hat, das sollte gerade am Anfang nicht unbedingt ein neues Garagentor als Scheibenhintergrund sein, richtet sich einen sicheren Wurfstand ein. Hintergrundsicherheit, das nehmt bitte sehr ernst, ist das A und O, denn so ein scharfes und schweres Wurfbeil bietet inklusiv seiner Auftreffenergie erhebliches Gefahrenpotenzial. Spaßfaktor hin oder her. Es ist also wirklich nichts für unbeaufsichtigten U-12-Nachwuchs oder eine flotte Männer-Wurfrunde nach dem fünften Pils!

**Wer das auf dem Radar und Bock auf »Wikinger-Dart« hat, dem wurde gerade die passende Ausrüstung vorgestellt.** Für mich ist das ein Must-have-Produkt und -Thema. Natürlich wie immer egal, ob dazu dieser Produktheld das Rennen macht oder ein anderes richtig gutes Wurfbeil.

Kapitel fertig, jetzt gibt es Geschenke. Im nächsten Kapitel und da dann richtig reichlich!

# KERLE-SPIELZEUG: WENN DER WEIHNACHTS-MANN ÖFTER KLINGELT

Echte Kerle sind meist nicht nur in ihren Herzen Kinder geblieben. Geschenke haben daher einen hohen Stellenwert für sie. Ob Selbstbelohnungen oder als freudiger Empfänger von spannenden Päckchen, Paketen oder Palettenkisten mit oder ohne Schleife dran. Außerdem sind sie wahre Meister darin, anderen überraschende Freude mit ganz besonderen Geschenken zu machen. Leuchtende Augen – eigene wie fremde – sind ihre Königsdisziplin! Und dafür gibt es ja nun mal einen Saisonmonat, die Weihnachtszeit.

Eines dazu aber direkt vorweg: Wer glaubt, echte Kerle mit irgendwelchen Null-Acht-Fünfzehn-Outdoorabenteuer- oder Retorten-Erlebnis-Geschenkgutscheinen aus den Event-Gutscheinhandel eine Freude zu machen, der kann meist direkt wieder »einpacken«. Solche Verlegenheitsgeschenke kommen genauso gut an wie ein Socken-Abo oder die Dreiliter-Weinbrandpulle. Klare No-Gos. Einzige Ausnahme: Geschenkgutscheine von den Händlern des Vertrauens der jeweiligen Kerle-Interessenwelt. Die gehen immer! Ein paar passende Adressen dazu finden sich übrigens im Bezugsquellennachweis am Ende des Buches. Diese 99 + 1 Dinge sind schließlich genau dafür gemacht, um eine passende Geschenkeauswahl zu bieten. Den komprimierten Teil liefert zudem diese Kapitelauswahl.

Ich habe es mir auch hier richtig Mühe gegeben, ein paar ganz besondere Ideen – Geschenkklassiker auf neuestem Stand inklusive – zu finden und zu beschreiben. Kerle-»Spielzeug«, also echte »Traum- und Wunschprodukte« at its best. Mit ganz eigenen Geschichten und von bester Herstellerherkunft. Natürlich habe ich dazu wieder viele große Messen inklusiv der Spielwarenmesse in Nürnberg abgepirscht und ein paar Experten für Großspielzeug zurate gezogen. Zusätzlich kam mir noch »Kommissar Zufall« zur Hilfe, als ich mit zunächst rein beruflichem Interesse die Bildungsmesse Didacta in Köln besucht habe. Überraschend habe ich dort, neben den verschiedenen Bildungsangeboten in den Hallengängen für die MINT-Fächer, also die Bildungs-Themenwelt für Mathematik, Informatik, Natur und Technik, einen Stand entdeckt, der mich fast aus den Socken gehauen hat: Technikspielzeug XXXL als Bausatz. Das müsst ihr gesehen haben, am besten live, inklusive anfassen und dann Haben-Wollen! Genau wie die anderen Produkthelden hier. Die unabhängig von ihrer Größe und dem Preis reichlich gute Gründe liefern, eine große Extraklingel für den Weihnachtsmann an der Haustüre zu installieren. Auf die ihr dann zu Selbstbelohnungszwecken auch außerhalb der Weihnachtszeit und ohne roten Kapuzenmantel auch öfter mal selbst drücken könnt, wenn ihr euch Geschenke machen wollt. Hat's geklingelt? Dann Türe auf!

# KAPITEL 9

# 78 CARRERA HYBRID SET

Carrera-Rennbahnen sind Geschenkeklassiker **FÜR KERLE ALLER ALTERSKLASSEN.**

Rennspaß-Erlebnisgeschenke, die sich permanent technisch weiterentwickelt haben und dabei bis heute immer neue und größere Spielfreude liefern. Vor allem, weil man von den Anfängen bis

**CARRERA HYBRID SETS MACHEN RENN-STRECKENKURSE ZUR INTERAKTIVEN GAMING-ARENA. PACKENDER MITMACH-MOTORSPORT AUF KLEINER FLÄCHE.**

heute immer mehr zum geschickten und taktisch agierenden Piloten wird, um vor seinen Freunden auf dem Siegerpodest zu landen. Carrera-Rennbahnen sind also was richtig Feines zum Selbstbelohnen und Beschenktwerden. Dafür schickt der Hersteller Jahr für Jahr jede Menge neue Bahn- und Fahrzeugmodelle

in den Maßstäben 1:43, 1:32 und auch in 1:24 ins Spiel-Wettkampfrennen. In diesem Jahr ist noch ein Sprung in eine ganz neue Dimension dazugekommen, der das packende automobile Erlebnis Motorsport für Hobbyräume und Wohnzimmer auch in die Games-Welt verlängert. Das ist mein Geschenketipp hier: Die neuen Carrera Hybrid Sets. Rennstrecken-Kurse werden da zur interaktiven Gaming-Arena mit einer breiten Fahrbahn, spektakulären Kurven und Highspeed-Geraden. Jeder Spieler steuert sein Fahrzeug dabei über eine Smartphone-App, die eine präzise Kontrolle durch Neigen des Smartphones und virtuelle Tasten für Gas und Bremse ermöglicht. **Zudem ganz ohne große Aufbauaufwände der Strecken,** auf Basis der eigenen Strategie beim virtuellen Tuning der Fahrzeugeigenschaften des eigenen Rennwagens, aber dafür mit noch mehr Spielspaß und Wettkampferlebnissen auf und neben der Strecke.

Natürlich auch hier inklusive der authentischen Motorengeräusche, die diesmal über die App aus dem eigenen Smartphone stammen. Durch Remote Play können außerdem Fahrer weltweit digital gegeneinander antreten und sich mit ihren Fähigkeiten messen. Vor Ort direkt an der einfach zusammensteckbaren Bahn aus flachen Hightech-Platten können bis zu 16 Fahrer gleichzeitig auf der Strecke zeigen, wer der Chef im Ring ist. Die Technologie und Entwicklungsleistung, die dahintersteckt, ist viel zu komplex, um sie hier auf ein paar Sätze sinnvoll zu verdichten. So was kann ich nicht, sorry. Mir reicht deshalb die Beschreibung des Ergebnisses: Packender großer Mitmach-Motorsport auf kleiner Fläche im Maßstab 1:50 für zu Hause, der Rennspaß ohne große Lernaufwände perfekt mit Gaming kombiniert. Und selbst weit entfernte Freunde zu spannenden Battles zu euch an die Rennstrecke holt. Die Carrera Hybrid Sets sind deshalb sowohl für Gamer mit Benzin im Blut und Wettkampf-ambitionen richtig spannend als auch für die vielen Fan-Kerle, die die modernen Klassiker-Rennbahnen des Herstellers nicht missen wollen und trotzdem neugierig auf Innovationen mit ganz neuen Rennspaß-Erlebnissen sind.

# 79 DAMPFLOKOMOTIVE 18 323 VON MÄRKLIN

**DIE »ENTSCHLEUNIGTE VERWANDTSCHAFT« VON RENNBAHNEN** in heimisch nutzbaren Maßstäben liefert den zweiten Produkthelden des Geschenkekapitels für Freunde und diesmal auch Sammler dieser besonderen technischen Männerwelten.

Dazu habe ich mir dieses Frühjahr etwas ganz Besonderes von Märklin zeigen lassen und stelle euch diesen geschichtsträchtigen Klassiker im Spurformat H0 jetzt als Geschenketipp vor. Ein technisches Meisterstück zum Wegträumen und Genießen, das einen herausragenden Platz sowohl auf einer bereits bestehenden Strecken-anlage wie auch in einer Lokomotivensammlung immer sicher haben sollte. Eine Dampfloko-motive, die mit ihrer Ausstattung weit mehr ist als ein »Spielzeug«. Sie ist eine originalgetreue Modelleinbahn-Wiedergeburt im Maßstab 1:87 der mächtigen ikonischen Schnellzugdampf-lok 18 323, die bis Ende der 1960er-Jahre auf den DB-Gleisen im Einsatz war und dort neben ihrem Beförderungsauftrag als dampfgetriebene

Zugmaschine von Personenzügen auch immer neugierige Begeisterung an den Bahnsteigen auslöste. Längst vergangene Zeiten, an die Märklin nun mit diesem Sammlerstück für Modellbahnfans anknüpft und erinnert.

Und das in gewohnter technischer Perfektion und mit Ausstattungsmerkmalen, die diese Lok auf heutigem Stand erstklassiger Modellbahntechnik sehr lebendig und einsatzfähig auf H0-Anlagen machen. Von umfangreichen digitalen Geräuschfunktionen über einen serienmäßigen, geschwindigkeitsabhängigen, dynamischen Raucheinsatz, der digital schaltbar ist sowie zahlreichen Be-

leuchtungsfunktionen, einem geregelten Hochleistungsantrieb der drei Achsen antreibt und über Haftreifen seine kraftvolle Antriebsleistung auf die Schienen bringt bis hin zu einer kinematik-geführten Kurzkupplung am Tender. Und, und, und. An der weitgehend aus Metall gebauten Dampflok mit einer Gesamtlänge von 27,2 Zentimetern ist alles dran, was das Herz von Modelleisenbahn-Hobbyisten höherschlagen lässt und sie zu deren Wunsch- und besonderen Traumprodukt macht, wenn der Weihnachtsmann öfter klingelt. Wobei ich fest davon überzeugt bin, dass diese Dampflokomotive wegen ihrer großartigen Ausführung und der beeindruckenden Detailgenauigkeit auch außerhalb der Welt von Miniatureisenbahnern zahlreiche begeisterte Technikfans findet. Ganz einfach als Vitrinen-Exponat von Männern, die sich für die Ingenieurskunst und das Storytelling von historischen Schienenfahrzeugen begeistern.

Für die Geschenkeliste begeisterungsfähiger Modellgenießer oder Selberbauer habe ich jetzt noch was sehr Exquisites im Themenangebot ...

#  80 AGRAR UNIMOG U427 VON SCALEART

Jetzt mal ganz ehrlich: Kennt ihr jemanden, der nicht liebend gerne **EINEN UNIMOG BESITZEN** oder besser noch, sich schenken lassen würde?

Ich jedenfalls nicht! Das und der, da zitiere ich mich kurz aus der letzten Buchausgabe, in der ich den Unimog als Klassiker mit Ewigkeitswert beschrieben habe, »Kommunale oder forstwirtschaftliche Geräteträger-Multitool oder kleine Lkw-Allradspezialist« ist und bleibt ein Traumfahrzeug für uns Männer. Deshalb gibt es ihn und seine Modellhistorie auch in zig Spielzeug-, Fertigmodell-, Modellbau- und Ready-to-use-Varianten mit funkgesteuerter Antriebstechnik von jeder Menge Anbietern und Herstellern. Da ist für jeden was dabei, egal ob fertiges Mini-Modell im Maßstab 1:87 oder als richtig große Brummer aus Kunststoff oder Metall. Alles da in diversen Preis-

und Leistungsklassen. Ich finde das prima. Aber es gefällt mir noch viel besser, euch hier ein ultimatives Modell des Unimog von der Modellbau-Manufaktur vorstellen zu können, die sogar im Februar 2024 eine eigene Unimog-Sonderausstellung im Unimog-Museum in Gaggenau hatte. **Das ist in der Unimog-Welt so ähnlich, wie wenn man in der Kunstwelt mal die eigenen Exponate im MoMA ausstellen durfte.** Die bei Technikliebhabern und Modellbau-Enthusiasten bekannte Manufaktur ScaleArt aus Waldsee in Rheinland-Pfalz mit ihren Unimog-Modellbau-Unikaten und weiteren spannenden, handgefertigten und voll funktionsfähigen originalgetreuen

Lkw- und Baumaschinenmodellen hat das jedenfalls geschafft. Und deren hier vorgestelltes Modell Agrar Unimog U427 ist mein Geschenke-tipp in der »Traumklasse« für Unimog-Modelle.

### DER AGRAR UNIMOG U427 IST EIN VOLL FUNKTIONSFÄHIGER UND ORIGINALGETREUER NACHBAU DES GROSSEN BRUDERS.

Mit einer Gesamtlänge von 37 Zentimetern, einem Radstand von 19,8 Zentimetern, einer Höhe von 20 Zentimetern, einer Breite von 18 Zentimetern sowie einem Gewicht von rund 5 Kilo beeindruckt das Modell schon durch seine Maße und seine hochwertigen Werkstoffe. Es ist ein voll funktions-fähiger und originalgetreuer Nachbau des großen Unimog-Bruders, ausgestattet mit Portalachsen und Differentialsperren, einem maßstabsge-treuen Rahmenkonzept aus Edelstahl, das dem originalen Leiterrahmen nachempfunden ist, und einer Hydraulikanlage, die beeindruckende

20 bar Arbeitsdruck erzeugt. All das gewährleis-tet, dass alle vier Räder, die übrigens als On- und Offroad-Bereifung wählbar sind, auch in extremen Fahrsituationen im Gelände Funktionseinsatz am Boden bleiben. **Außerdem verfügt er über eine komplett authentische Lichtanlage mit Rund-umleuchten und Arbeitsscheinwerfern plus einem eingebauten Mini-Lautsprecher,** der ori-ginalgetreue Fahrgeräusche wiedergibt – und das nicht mit Rauschen und in schrägen Tönen wie bei anderen Modellen, sondern mit sehr realem Unimog-Sound.

Es gibt ihn bei ScaleArt als Bausatz mit Ausbau-paketen für Antrieb, Licht, Sound und Hydraulik, die für ambitionierte Modellbauer wirklich keine Wünsche offenlassen. Naja, vielleicht bis auf den Wunsch nach einem historischen Originalfahr-zeug zum Selberschrauben. Und für »Ich-will-es-perfekt-sowie-ready-to-use«-Unimog-Fans, die Geduld und eine größere Tüte Geld am Start haben, sind die ScaleArt Modellbau-Spezialisten bereit, jedes Modell auch komplett auf- und aus-zubauen. Das kann man sich dann nach ein paar

Monaten nach der Bestellung »im Werk« abholen. Sowohl voll funktionsfähig mit Antriebstechnik und Mini-Hydraulik oder als detailgetreues, feines Sammlerstück für die Vitrine. Einen entscheidenden Vorteil gegenüber dem großen Unimog-Original haben außerdem alle dessen großartigen ScaleArt-Modellbrüder: Keinerlei Betriebskosten sowie nur äußerst seltene Werkstattaufenthalte im Stammwerk. Aber wenn tatsächlich mal ein

Defekt durch zu harten Geländeeinsatz oder aufgrund eines Fehlers beim Zusammenbau auftreten sollte, hat man auch dafür beim Hersteller in Waldsee ein offenes Ohr und steht den Kunden mit Rat und Tat zur Seite. Wer sich einen Unimog zwar ein paar Nummern kleiner als das Original, aber nicht als »Spielzeug«, sondern als Endstufen-Modell vom Weihnachtsmann wünscht, der ist hier genau richtig.

# 81 VIERTAKTMOTOR TOM'S VERTIKAL VON EWALD BINNEN

Viele Männer sind begeisterte Tüftler, die auch gerne mal **DER TECHNIK AUF DEN GRUND GEHEN**. Vor allem, wenn sie sich für Antriebstechnik, also Motoren, interessieren und beim Motorenbau von den Werkstoffen und der Präzision des Zusammenwirkens aller einzelnen Komponenten fasziniert sind.

Wer so etwas aus Einzelteilen selbst erschaffen will, braucht dafür natürlich besondere Fertigkeiten und Fähigkeiten sowie eine kleine Hobbywerkstatt. Motoren gelten schließlich als eine Königsklasse im technischen Modellbau. In der es nur wenige Hersteller gibt, die Funktionsfähigkeit und Langlebigkeit von Bauteilen »Made in Germany« garantieren. Das sind meist selbst passionierte,

**EIN GESCHENKVORSCHLAG, DER SICH FÜR EIN »ZWEI-GENERATIONEN-PROJEKT« VON MÄNNERN UND IHREM INTERESSIERTEN NACHWUCHS PERFEKT EIGNET.**

leidenschaftliche Tüftler und Entwickler, die sich nicht selten von Kindesbeinen dem Modellbau verschrieben haben und sich über ihre Lebensjahrzehnte im engen Austausch mit Gleichgesinnten zu wahren Experten und Meistern entwickelt haben. Meist mit Berufsbildern wie dem des Feinmechanikers oder Maschinenbauingenieurs. Jemand, der diesen Weg gegangen ist und dabei

sein passioniertes Hobby zum Beruf gemacht hat, ist Ewald Binnen aus Löwenstein, der Stadt in Baden-Württemberg, die bis heute eng mit dem Namen des genialen Konstrukteurs Wilhelm Maybach verbunden ist. Von ihm stammt mein Geschenketipp für Männer mit echtem Tüftlertalent und Freude an Motorentechnik, der sich nach der Fertigstellung als großartiges Schaustück präsentieren lässt, über das man sich mit Freunden austauscht oder einfach nur täglich an seinem Anblick erfreut. Ein kleines, feines Kunstwerk, das fertiggestellt seinen Entwickler ebenso ehrt, wie es seinen Erbauer als handwerklichen Könner auszeichnet. Solch ein Prachtstück – nach Fertigstellung – ist das hier gezeigte Modell, der Viertaktmotor »Tom's vertikal«, Motorenmodell mit stehendem Zylinder, der von Ewald Binnen in Anlehnung an einen Motor von Morse Fairbanks konstruiert wurde und als Modellbausatz erhältlich ist.

Ewald Binnen stellt mit seinem Team diesen und verschiedene weitere hochwertige Motorenmodellbausätze überwiegend nach historischen Modellvorlagen her, aus denen ihr vollfunktions-

fähige Modelle machen könnt. **Dabei achtet er bei der Modellentwicklung auf unkomplizierte Mechanik und leichte Aufbaumöglichkeiten,** die nicht nur fortgeschrittenen Modellbauern Erfolgserlebnisse verschaffen, sondern auch den Fertigkeiten von Einsteigern Rechnung tragen. Dazu helfen die umfangreichen Dokumentationen inklusive Fertigungszeichnungen sowie Bau- und Betriebsanleitungen, die mit jedem Modell geliefert werden, ebenso wie die leicht zu verarbeitenden Teile und Materialien der Bausätze, vor allem Alu-, Messing- und Stahllegierungen, die selbst mit einfachen und leichten Maschinen wie einer Tischdrehmaschine und einer Tischbohrmaschine zu bearbeiten sind. Ich finde, das ist ein Geschenkvorschlag, der sich auch für ein »Zwei-Generationen-Projekt« von Männern und ihrem handwerklich interessierten Nachwuchs perfekt eignet und damit dann doppelte Freude bringt. Was sagt ihr zu diesem Geschenktipp, der eure Fähigkeiten fördert und fordert – und dafür als Frgebnis ein selbstgeschaffenes Motorenmeisterstück als wunderschönes Funktionsmodell liefert?

Nein, dies war noch nicht das »T« aus dem MINT-Projekt, das ich auf der Bildungsmesse Didacta für dieses Kapitel gefunden habe. Aber das folgt als nächstes …

# 82. INFENTO LEGEND KIT FAHRSPASS-BAUKASTEN IN LEBENSGRÖSSE

Jetzt kommt **DAS »BIG-T« FÜR TECHNIK**, das ich auf der Didacta entdeckt und dabei kaum meinen Augen getraut habe.

So neugierig ich in der Recherchephase, egal wo ich gerade bin, nach neuen Produktideen Ausschau halte, mit solch einem Volltreffer hätte ich sicher nicht auf einer Bildungsmesse gerech-

net. Der war aber genau da und hat mir einen Produkthelden für dieses Kapitel beschert, der Männer zu neugierigen großen Kindern macht und Kinderaugen in der Familie strahlen lässt, weil ihr für sie und mit ihnen zu Fahrzeugbauern werdet. Für Familienväter mit Nachwuchs im fröhlichen Wachstumsalter von 3 bis 14 Jahren ist das, was ich euch jetzt hier vorstelle, ein ultimativer Weihnachtsgeschenke-Tipp! Inklusive der Garantie eines generationsübergreifenden Baukastenspiel- und Lernspaßes in XXL. Es ist der Infento Legend Kit Fahrspaß-Baukasten für lebensgroße coole Fahrzeuge mit E-Motor. Der beispielgebend

## BEIM INFENTO LEGEND KIT FAHRSPASS-BAUKASTEN LASSEN DIE »TRANSFORMERS« FREUNDLICH GRÜSSEN. MIT OPTIONALEM KUFEN-ZUBEHÖR LASSEN SICH SOGAR SECHS VERSCHIEDENE SCHLITTEN BAUEN.

für verschiedene modular aufgebaute Fahrzeugbausätze des Herstellers aus den Niederlanden mit oder ohne Motor auf einem der »Fischertechnik«-ähnlichen Großbau-Systemen basiert. Es beinhaltet hochwertige Aluminium-Profilstangen und Rohre unterschiedlicher Längen und Formen sowie Befestigungs- und Verbindungsknoten und weiterer technische Anbauteile inklusive Reifen und Kufen, die sich zu sehr vielen verschiedenen Spiel- und Spaßfahrzeugen konfigurieren lassen. **Die Teile lassen sich zu Skateboards, Gokarts und Fahrrädern ebenso verbinden wie zu beweglichen Fantasiefiguren in menschlicher Größe oder noch mal deutlich größer. Die »Transformers« lassen fröhlich grüßen.** Auf so eine Idee muss man erst mal kommen. Einfach genial! Vor allem, weil sich so technische Lernerlebnisse mit sehr praktischem Spielspaß verbinden - und dies für die ganze Familie zum spannenden Mitbau-Ergebnis wird. Der Fantasie sind nur da Grenzen

gesetzt, wo das ganze Material eines Kits, also des kompletten Baukasteninhalts verbaut ist. Und selbst dann im Grunde nicht, denn es lässt sich ja mit nur einem mitgelieferten Inbusschlüssel, der für alle Verbindungsteile passt, in wenigen Stunden dekonstruieren und danach wieder neu zusammensetzen.

Aus dem Legend Kit mit seinen insgesamt knapp 1000 Teilen inklusive Elektrokomponenten als einem der größten Baukasten des Infento-Systems lassen sich beispielsweise sechs elektrische Fahrzeuge wie ein batteriebetriebenes Quad, ein Minibike, ein Hot Rod oder ein Gokart bauen. Und allein zum Thema Gokarts bietet der sechs verschiedene Modellvarianten. Darüber hinaus sind sieben verschiedene Fahrradmodelle, ebenfalls sieben verschiedene Drifter und Roller sowie fünf unterschiedliche Laufräder enthalten. Und so weiter. Mit optionalem Kufen-Zubehör lassen sich sogar sechs verschiedene Schlitten bauen. Jeder

Umbau erfolgt nach einer genauen Anleitung und dauert nur ein paar Stunden. Das macht besonders viel Spaß, wenn ihr gemeinsam mit den Kids ein »neues Wunschfahrzeug« baut, mit dem sie dann äußerst sicheren, megacoolen Fahrspaß haben. Ich übersetze das mal in die »große Garagenware«: Ihr habt also einen richtig guten Geländewagen als größtes Fahrzeug im Stall. Und könntet daraus, ohne Flex und Schneidbrenner – also zerstörungsfrei und rückbaufähig – in ein oder zwei Tagen Bauzeit einen praktischen, kompakten Cityflitzer und ein Trail-Bike oder auch ein schickes Cabrio bauen. Nur mit einer Umbauanleitung, ein paar handelsüblichen Schraubenschlüsseln und sonst nichts. System verstanden? Genauso das ist das Funktionsprinzip des Infento-Baukastensystems für Kinderfahrzeuge. Was noch einen

Minibike ⚡

Quad ⚡

Hot Rod ⚡

Go-Kart ⚡

Buster ⚡

Cabby

Funboard (2x)

Gecko XL (2x)

Caterpilar XL (2x)

Cruiser (2x)

Flowmotion XL (2x)

Dash (2x)

extrem praktischen und nachhaltigen Zusatznutzen hat: Altersübliche »Fahrzeugmodellwechsel« der Kids finden deutlich seltener in den Showrooms des Spielwaren- und Zweitradhandels statt und werden stattdessen in Form heimischer Umbauten und Neukonstruktionen erledigt. Ihr und eure Kids als Nachwuchsmechaniker macht so was bestens gelaunt gemeinsam, damit die am Folgetag des Boxenstopps mit einem supercoolen »neuen« Flitzer an den Start gehen.

Für Pädagogen in meiner geschätzten Leserschaft sei darauf hingewiesen, dass Infento neben den Bausätzen außerdem spezielle Kits für den Technikunterricht und den Bildungsbereich entwickelt hat. **Das ist der Ausgangspunkt und das Kernthema dieser Fahrmaschinen, die ich ja auf der Didacta entdecken durfte, um hier einen »Dual-Use-Bildungs-und-Freizeitspaß-Auftrag« zu erfüllen.** Gern geschehen, liebes Bildungssystem – es war mir eine Freude!

# 83 OUTDOOR-TISCHKICKER AUS POLYMERBETON VON MAILLITH

Mit so gut wie **EWIGER HALTBARKEIT IM FREIEN** als Leistungsversprechen, dokumentiert durch eine zehnjährige Herstellergarantie, wartet das nächste Weihnachtswunschgeschenk für euch auf, das ganz harmlos, aber dabei auch sportlich spannend zur Gattung der »Tischkicker-Artigen« gehört.

Und dies mit Spielmuldenmaßen von 140 × 80 Zentimetern, die damit noch mal ein ganzes Stück über dem Regelmaß für Tischkicker-Spielfelder von 120 × 68 Zentimetern liegen. Der Outdoor-Tischkicker vom Hersteller Maillith aus dem hessischen Lauterbach kann sich das leisten. Denn wo er seinen Platz findet, zählt am meist reichlich bemessenen Spielfeldrand nicht jeder Zentimeter Bewegungsfläche. Er ist das kleinformatige, zwei- bis vier-Spieler-taugliche »Fußballstadion« für heimische Vorgärten wie auch Schulhöfe und öffentliche Plätze, die sein Haupt-Einsatzgebiet sind. In der Liga der Outdoor-Tischkicker, in der es inzwischen reichlich Auswahl gibt, ist er die Erstliga-Ware »Made in Germany«. Vor allem, weil seine Spielfläche und der Unterbau aus Polymerbeton – auch Mineralguss genannt – bestehen und somit extrem haltbar sowie verschleißarm sind. »Beton« klingt ja von Hause aus schon nach hoher Haltbarkeit, Polymerbeton zeichnet sich aber im Unterschied zu Zementbeton durch die Verwendung von Reaktionsharzen statt Zementleim dadurch aus, dass

wie den Spielstangen auch massivem rostfreiem V2A-Edelstahl plus ihrer Pufferung aus wetterbeständigem Gummi zeigen die Tischkicker von Maillith ihren Sonderstatus. Wer sich solch einen

### OUTDOOR-TISCHKICKER AUS POLYMERBETON SIND VERSCHLEISSFREI UND EXTREM HALTBAR. DAS SPIELGERÄT IST EIN ECHTER KONTAKTMAGNET IN JEDEM VORGARTEN.

Ewigkeits-Trumm mit seinen rund 340 Kilo Gewicht auf befestigtem eigenem Grund und Boden spielbereit verankert, der findet bei fast jedem Wetter interessierte Mitspieler aller Altersklassen nicht nur in der eigenen Familie, sondern auch in der unterhaltssportlich geneigten Nachbarschaft. Dieses Spielgerät ist ein echter Kontaktmagnet in jedem Vorgarten! Bei dem der Weihnachtsmann die Anlieferung lieber einem Transportlogistiker mit Hebebühnen-Lkw und Hubwagen überlässt

er noch fester ist und über eine glatte, porenfreie Oberfläche verfügt. Einfachere Outdoor-Tischkicker, deren Spielflächen aus Kunststoffen oder Multiplexmaterialien bestehen, können da bei der Haltbarkeit und Belastbarkeit über viele Jahre einfach nicht mithalten.

Und auch bei den UV-beständigen Spielfiguren, Spielstandanzeigern und Bällen aus Hart-PVC sound sich dafür zur Einweihungsspielrunde selbst einlädt. Wer schon einen Tischkicker in der Inhouse-Arena hat und deshalb nach einem anderen Outdoor-Spielgerät für sich und die nächste Generation sucht, wird bei diesem Hersteller vielleicht in weiteren Spielgeräte-Disziplinen mit ebenso haltbarer Polymerbeton-Ausstattung fündig. **Tischtennisplatten sowie Tennis- und Kletterwände hat Maillith schließlich ebenfalls im Angebot.**

Zum Gartengerät für sehr fortgeschrittene erwachsene Spielkinder gehört auch der nächste Produktheld im Kapitel. Für den reicht aber nicht das Flächenmaß einer Europalette mit leichtem Überstand an den Rändern.

# 84 DAMPFLOKOMOTIVE FÜR GARTENBAHN, BALSON AG

Für Männer, die über eine reiche Patentante in Amerika oder über einen begüterten Lieblingsonkel in der Schweiz verfügen – andere schenkwillige und solvente Verwandte gehen natürlich auch – habe ich jetzt einen richtig feinen VORSCHLAG FÜR EINEN WUNSCHGESCHENK-GUTSCHEIN.

Schreibt da einfach auf euren Wunschzettel »Gutschein für Modell-Dampflok, Spur 7 ¼ von der Balson AG«. Und freut euch dann auf die wirklich schöne Bescherung, sobald der Gutschein vorliegt und ihr ihn einlösen dürft! Vorher sollte aber der Garten etwas aufgeräumt und dort Platz geschaffen werden, denn so ein »Outdoor-Bähnli« als erstklassige Einzelanfertigung von der Schweizer Balson AG im Verkleinerungsmaßstab 1:2,7 auf das Original braucht schon reichlich freien Raum. Beim hier vorgestellten Beispiel, einem detailgetreuen Nachbau der Schweizer Dampflok SLM Gattung 4/5 aus dem Jahr 1906 als Einzelanfertigung für ein Weingut in Kalifornien, sind dies inklusive Tender ca. 6,70 Meter Länge und 1,05 Meter Breite. Und das ebenso liebevoll wie professionell in bester Handwerkskunst und mit höchster Präzision gefertigte Modell wiegt außerdem circa eine Tonne. Schweizer Wertarbeit at its best!

Seit knapp 50 Jahren stellt die Balson AG Gartenbahnen her, vor allem in Form authentischer, originalgetreuer und voll funktionsfähiger Dampflokomotiven, die weltweit in zahlreichen öffentlichen Anlagen wie beispielsweise Bundesgartenschauen und Eisenbahnparks erfolgreich

EINE DAMPFLOK-EINZELANFERTIGUNG VON BALSON IM VERKLEINERUNGSMASSSTAB 1:2,7 BRAUCHT FREIEN RAUM. ALLE MODELLE ZEICHNEN SICH DURCH HÖCHSTE QUALITÄT, BETRIEBSSICHERHEIT SOWIE ROBUSTHEIT UND FILIGRANE DETAILS AUS.

im Einsatz sind. Alle Modelle zeichnen sich durch höchste Qualität, Betriebssicherheit sowie Robustheit, ihre kompakte Größe und filigrane Details aus. Das Modell hier ist ein maßstabsgetreuer Nachbau der legendären G 4/5-Dampflok der Rhätischen Bahn. Diese 1906 von der Schweizerischen Lokomotiv- und Maschinenfabrik gefertigten Dampfloks mit ihren 800 PS galten zu ihrer Einsatzzeit als äußerst robuste Kraftpakete. Dem steht auch der mit vielen Details ausgestattete Nachbau von Balson nicht nach. **Der leistungsfähige Kessel und das fein abgestimmte Triebwerk ermöglichen es, schwere Züge über lange Distanzen und Steigungen zu ziehen.** Die Lok ist allerdings nicht dampf- sondern gasbetrieben und mit moderner Sicherheitstechnik ausgestattet, wie einer automatischen Überwachung der Gasflamme und einem regulierbaren

Hauptbrenner. Der großzügige Tender bietet Platz für Wassertank, Gasflaschen, Luftkompressor und alle sicherheitsrelevanten Elektroinstallationen. Außerdem finden auf ihm zwei Personen bequem Platz. Ein unverzichtbar wichtiger Punkt ist das Thema Sicherheit, was bei den Balson-Lokbau-Profis allerhöchste Priorität erfährt: Die Anwesenheit des Lokführers, die Höchstgeschwindigkeit und die Türen des Personenzuges sind mit einer »Grünschleife« überwacht, was bedeutet, dass alle kritischen Aspekte des Zugbetriebs durch ein spezielles Überwachungssystem gesichert sind. In Summe also ein Top-Leistungspaket für jede dieser großartigen Endstufen-Gartenbahnen aus Schweizer Fertigung.

Wem der Weihnachtsmann solch ein gartenfüllendes Geschenk als einlösbaren Gutschein auf dem Gabentisch hinterlässt, für den geht es bei den weiteren Wünschen vielleicht eine »Nummer kleiner«, oder? Selbst wenn noch »Porsche« auf dem Wunschzettel vermerkt ist ...

# 85 PORSCHE 911 × 911 COLLECTOR'S EDITION – 2 BÄNDE IM DESIGNSCHUBER

**EIN BUCH HIER ALS PRODUKTHELD** und Geschenktipp, und dann ausgerechnet auch noch eins aus der gleichen Verlagsgruppe? Ist das nicht nur einfallslose Werbung?

Sehr sicher nicht, denn das Buch-Set, das ich euch hier als Weihnachtsgeschenk empfehle, hätte ich, egal von welchem Verlagsabsender, immer als einen perfekten Geschenktipp aufgenommen. Ganz einfach, weil es ein großartiges gedrucktes Dokument einer Fahrzeuglegende ist, das in dieser auf 992 Exemplare limitierten Editionsausgabe der Co-Produktion zwischen Porsche-Museum und Verlag für Porsche-Fans nochmal einen deutlich höheren Reiz und Alleinstellungswert als Literatur-Must-have hat. Ein Exemplar der Neuauflage des Doppelbands »Porsche 911 × 911« schon in der regulären Ausgabe geschenkt zu bekommen, ist einfach ein Erlebnis. Der Inhalt, Texte sowie Bilder, Zeichnungen und Werbeanzeigen aus – teilweise sogar bisher unveröffentlichten! – Beständen der Porsche-Werksarchivs, bietet eine exklusive, reich bebilderte Reise durch die Geschichte des 911ers, als der deutschen Traum- und Sportwagenlegende überhaupt. Der Doppelband mit seinen 1200 Seiten liefert den Stoff, aus dem Porsche-Träume gemacht sind.

präsentieren und fotografieren zu dürfen. Das Ergebnis aus seiner heimischen Garagenwerkstatt vom 911er-GT3 plus Buch-Doppelband ist hier dokumentiert. Passt doch perfekt, oder?!

Und die Collector's Edition setzt diesem »Bildband-Doppelpack« die Krone auf. **Wer sie als Geschenk bekommt, dem gehört ein Bücherschatz, den er sich mit maximal 991 weiteren Menschen weltweit teilt.** Ein Exemplar davon befindet sich in meinem Besitz, und ein weiteres habe ich letztes Jahr kurz nach dem Erscheinungstermin an einen ganz besonders guten Freund verschenkt, der selbst einen 911er-GT3 besitzt und ihn als Fahrer aktiv im Rennsport auf dem Nürburgring einsetzt. Er war ja auch einer der Tippgeber zu meinen Werkzeug-Produkthelden. Ich habe ihn deshalb gebeten, seine Ausgabe der Collector's Edition auf diesem Fahrzeug

Ein Porsche-Weihnachtsgeschenk ist für uns Männer immer eine Diskussion wert. Dazu fallen mir noch ein paar weitere Ideen ein: Vom Fahrgutschein mit einem anmietbaren Originalfahrzeug über hochwertige Modell-Bausätze historischer 911er bis hin zu einem Ausflug in den Porsche Online-Shop. Wo es zum Beispiel mit dem Porsche eBike Cross Performance EXC 2nd Gen. ein Hightech-E-Mountainbike von Porsche mit gewichtsoptimiertem Carbon-Rahmen ebenso gibt wie einen Endstufen-Designer-Bürostuhl mit dem klassischen Pepita-Stoffdesign, der als Limited Edition von Vitra für Porsche gefertigt wird. Extrem cool und ein großartiges Kerle-Weihnachtsgeschenk wäre wohl ebenfalls die »Buch-Unterlage« aus meinem Bildmotiv, die es im Porsche-Shop als 911-Motorsporthaube, also originale Fronthaube des historischen Porsche 911 G-Modells mit Foliendekor und historischem Porsche-Wappen in Anlehnung an die Motorsport-Lackierungen gibt.

# 86 WENCKSTERN HOT ROD PICK UP FULL CUSTOM

Habt ihr mal darüber nachgedacht, den **COOLSTEN STRASSENFLITZER IN EUREM DORF ODER EURER STADT** zu besitzen? Und den idealerweise nicht zu kaufen, sondern als Weihnachtsgeschenk in oder vor die Garage gestellt zu bekommen?

Der Weihnachtsmann macht da sofort mit, er darf ihn dann ja schließlich anliefern. Ferrari wäre eine Option, aber zum gleichen Preis gibt es auch ein schickes Ferienhaus. Alternativ dazu einen mächtigen, auffälligen Geländeschlitten? Geht ebenfalls mächtig ins Geld und wird von noch dickeren Brummern ausgestochen. Wie wäre es stattdessen mit einem ultimativen Custom Hot Rod von Wenckstern? Dem norddeutschen Kleinstserienhersteller solcher straßenzugelassenen Fahrspaß-Minibolliden mit XXL-Aufmerksamkeitswerten. Selten waren bereifte und motori-

sierte 2,5 Quadratmeter solche Spaßmagneten! Dagegen ist jeder Supersportwagen einfach nur ein schnelles, edles Fortbewegungsmittel. Der Hot Rod, den ich aus dem Wenckstern-Angebot ganz gezielt rausgesucht habe, ist eine Klasse für sich. Ein Pick-up mit richtiger kleiner Pritsche hinter dem Fahrersitz, die einen fetten Hingucker-Bonus zur ohnehin schon megaspannenden Miniflitzer-Klasse von straßenzugelassenen Hot Rod liefert. Damit habt ihr Neugier und anerkennend gehobene Daumen eurer Verkehrsnachbarn auf der Straße immer auf eurer Seite.

Vor allem wegen des mit liebevollen Details gestalteten Designs des Modells, das von der TV-Serie »Die Waltons« inspiriert ist und eine effektvolle Retro-Optik bietet, die jeden original gereiften großen Pick-up-Oldtimer toppt, obwohl es eine Neuanfertigung ist. Die auf einem handgefertigten Rohrrahmenchassis aufgesetzte Karosserie besteht übrigens aus hochfestem GFK. Beides zusammen verleiht dem »kleinen Sympathie-Riesen« mit seiner Länge von 2,21 Metern, einer Breite von 1,12 Metern und der Höhe von gerade mal 68 Zentimetern die nötige Stabilität und Sicherheit, um im Straßenverkehr zusammen mit den »Großen« klarzukommen. Zur Fortbewegung ist er mit einem 1-Zylinder-Viertaktmotor ausgestattet, der eine Leistung von 13,6 PS (10 kW)

## DER HOT ROD, DEN ICH BEI WENCKSTERN AUSGESUCHT HABE, IST EINE KLASSE FÜR SICH. DAS IST EIN RICHTIG KOMPLETTES KLEINES FAHRZEUG MIT ECHTEM ZUSATZNUTZEN UND EINEM GANZ BESONDEREN AUFTRITT.

und einen Hubraum von 170 Kubikzentimetern aufweist, was zusammen für eine Höchstgeschwindigkeit von maximal 88 km/h reicht. Der Vollständigkeit halber sei noch erwähnt, dass vorne Räder der Größe 155/70-6 und hinten im Format 165/65-8 verbaut sind, die Achsaufhängung starr ist und dieser Hot Rod vorne wie hinten über Trommelbremsen verfügt. Plus einer mechanischen Handbremse und einer Direktlenkung. Voll-LED-Scheinwerfer sind auch dran. Ganz schön komplett. Interessanter ist aber das, was man sonst noch von ihm sehen kann. Zum Beispiel die speziell angefertigte Auspuffanlage, die Retro-Spiegel und die kernige kleine Ladefläche aus Aluminium, die mit Airbrush-Lackierung in Holzoptik gestaltet ist. **Die Inneneinrichtung des Cockpits wird immer individuell entwickelt** und besteht hier aus einer schwarzen Ledersitzbank plus Lenkrad und Armaturenbrett aus Echtholz. Außerdem sind ein kleiner Tacho mit oldtimer-authentischem Messingrahmen und mehrere Kippschalter für die Bedienelemente ebenfalls aus hochwertigem Messing und Edelstahl gut erreichbar ins Armaturenbrett integriert. Das ist also kein »notmotorisiertes Kulissen-Tretauto«, sondern ein richtig komplettes kleines Fahrzeug mit echtem Zusatznutzen und einem ganz besonderen Auftritt. Was man sich so ganz ähnlich oder völlig anders von Wenckstern bauen lassen kann. Die Grenzen dazu setzt selten die Fantasie, sondern meist das eigene Portemonnaie sowie die Straßenverkehrsordnung und die Zulassungsbehörde. Aber damit kennen sich die Hot-Rod-Spezialisten von Wenckstern bestens aus. Und finden für ihre Kunden eine Lösung, die den Regelwerken entspricht und dabei ein neues Unikat mit maximalem Fahrspaß plus Blickfang-Garantie auf diese Straße bringt.

# 87 GLOCK UHR MODELL GW-27-1-24 LIMITED EDITION

Wir Männer lieben kompakte, geschenkverpackte rechteckige Kartons unter dem Weihnachtsbaum. Solche Formen versprechen meist ETWAS BESONDERES.

Das hebt man sich bis ganz zum Schluss auf oder öffnet es als Erstes. Socken, Krawatten und Oberhemden werden schließlich selten so verpackt. Geschenkbeute in solchen Formatmustern ist meist was Technisches: In der etwas langweiligen Version ein hochwertiger neuer Elektrorasierer. Prima, vielen Dank dafür. Deutlich besser wäre aber eine richtig spannende neue Armbanduhr …

Eine solche perfekt gelungene Überraschung zeige ich euch jetzt als Geschenktipp. Es ist das Modell GW-27-1-24 der Marke Glock, die als Präzisionsgerätehersteller aus einem anderen Bereich bekannt ist und von der es seit letztem Jahr auch eine ebenso kleine wie feine Armbanduhren-Kollektion gibt, die handwerklich perfekt gefertigt von Uhrmacherprofis mit jahrzehntelanger Expertise hergestellt wird. Dieses Modell, von dem es als Limited Edition weltweit nur 7500 Exemplare gibt, ist eines der Flaggschiffe und gleichzeitig ein Markenstatement für Verlässlichkeit, Qualität und Präzision. Ein ebenso robustes, wie mit Glock markentypischen Details veredeltes authentisches Zeitmesswerkzeug für Männerhandgelenke. Mit Leistungsdaten, die nah bei Tactical Watches liegen, hier aber einen elegant markanten und keinen martialischen Auftritt haben.

Die Glock-Uhr GW-27-1-24, das ist ihre Mission, ist als präziser Zeitmesser einfach einsatzbereit – egal wo, egal wann. Dazu einige der wesentlichen Leistungsmerkmale der Uhr: Das Gehäuse ist aus robustem Titan gefertigt und bietet eine beeindruckende Wasserfestigkeit von

**DAS ZIFFERBLATT WIRD DURCH EIN 2 MM DICKES SAPHIRGLAS GESCHÜTZT, DAS EINE BESONDERS HOHE KRATZFESTIGKEIT UND HALTBARKEIT GARANTIERT. ALS DESIGNELEMENT FINDET SICH AUF DEM ZIFFERBLATT UND DER KRONE DER STILISIERTE BODEN EINER 9-MM-PATRONENHÜLSE.**

bis zu 20 ATM, wodurch sie für Tauchgänge mit Tiefen von bis zu 200 Metern geeignet ist. Das Zifferblatt wird durch ein 2 mm dickes Saphirglas

geschützt, das eine besonders hohe Kratzfestigkeit und Haltbarkeit garantiert. Ihr Herzstück bildet ein präzises Schweizer Quarzuhrwerk.

**Jede Uhr ist mit einer individuellen Nummer auf dem Gehäuseboden versehen und verfügt über zwei auswechselbare Armbänder:** ein militärgrünes Silikonband mit Glock-typischer RTF-Struktur sowie ein schwarzes Mesh-Edelstahlband. Für eine optimale Ablesbarkeit bei schlechten Lichtverhältnissen sind die Zeiger und Indizes mit der hochwertigen phosphoreszierenden Substanz »Swiss Super-LumiNova« beschichtet, damit sie bis zu 8 Stunden nachleuchten. Zu den zusätzlichen Funktionen der Uhr gehört ein Chronograph, der als Stoppuhr fungiert und über einen separaten Sekundenzeiger verfügt, der manuell gestartet werden kann. Und dann hat sie noch etliche visuelle »Features«, die ihre spannende Glock-Herkunft sichtbar dokumentieren im Storytelling-Bonusprogramm: In das Gehäusedesign sind sieben Durchladerillen integriert, die an den Laufschlitten der Glock-Pistolen erinnern. Und als weiteres Designelement findet sich auf dem Zifferblatt und der Krone der stilisierte Boden einer 9-mm-Patronenhülse. Zusätzlich ist – wer die Marke kennt, identifiziert das auf den ersten Blick – das Glock-Branding auf Gehäuseboden, Ziffernblatt, Silikonband und Schließe zu finden. Markentypisch ist ebenfalls der Transport- beziehungsweise Geschenkkoffer der Uhr, der dem Transportkoffer der in Behörden- und weiteren erlaubnisberechtigen Anwenderkreisen bewährter Glock-Erzeugnisse sehr ähnlich ist.

Eine richtig spannende neue Uhr. Die, wie auch etliche andere neue Armbanduhren weiterer bekannter Marken, nicht nur als herausragendes Weihnachtsgeschenk ein Must-have für Männerhandgelenke ist, sondern sich auch jederzeit zur anlasslosen, ganzjährigen Selbstbelohnung eignet.

# 88 ARCADE-AUTOMAT LOWBOY VON JONNY FINSTON

Autsch. Und das direkt mehrfach. Das Buchmanuskript ist fertig, der Autor müde, aber glücklich – jetzt kann ja alles zum Verlag. **LAUTER ZUFRIEDENE GESICHTER,** der Lektor bekommt das Material halbwegs in Time und kann loslegen.

Und auf einmal fällt einem noch ein weiterer neuer Produktheld vor die Füße. Sensationelles Thema, top Gerät, perfekt geeignet für das Kerle-Spielzeug-Weihnachtskapitel. Aber da ist ja schon alles drin und nichts dabei, was seinen Platz nicht verdient hätte. Genau wie in den anderen Kapiteln. Nach dem ersten Impuls, es deshalb dabei zu belassen, und einer unruhi-

oder saß man allein oder umringt von Zuschauern, um mit Boxengetöse aus den Kisten den eigenen Adrenalinpegel im Kampf Mann gegen Platinen- und Bildschirmleistung an Joysticks und Knöpfen hochzujazzen.

Diese Unterhaltungswelt in Verbindung mit modernster Technik bringt uns Jonny Finston mit den

**KULTIGES UNTERHALTUNGSMOBILIAR, DAS UNS AUF TECHNISCH NEUEM STAND ZURÜCK IN DIE BLÜTEZEIT DES »OUT-OF-HOME«-VIDEO-GAMINGS MIT DEN ARCADE-AUTOMATEN FÜHRT.**

gen Nacht wegen dieser Entscheidung, habe ich mich entschlossen, für den Produkthelden hier nochmal in die Tasten zu greifen und dafür einen anderen der bereits fertig beschriebenen Produkthelden mit ehrlichem Bedauern aus dem Buch zu verabschieden. Die neuen handwerklich gefertigten Lowboy-Arcade-Automaten mit ihrem modernen Innenleben von Jonny Finston, einem Start-up der Brüder Tim und Lutz Berger, sind zu perfekte Weihnachtsgeschenke, um sie zu ignorieren. Megakultiges Unterhaltungsmobiliar in Reinkultur, das uns auf technisch neuem Stand zurück in die Blütezeit des »Out-of-Home«-Video-Gaming mit den Arcade-Automaten führt. Ab den späten 1970er-Jahren waren die mannshohen Standgehäuse mit Side-Art-Dekoration, in denen umrahmte Monitore und darunter Bedienpulte mit Joysticks oder Lenkrädern gemeinsam mit beleuchteten Funktionstasten und Knöpfen angeordnet waren und in deren Unterbau die Platinen-Elektronik als Antriebstechnik verbaut war, der ganz große Gaming-Spaß in Kneipen, Tankstellen und auf Hotelfluren. Vor denen stand

Lowboy-Arcade-Automaten als Alternativangebot zu Retro-Flippern jetzt in heimische Wohnzimmer oder Hobbyräume. **Von außen gleichen sie den Klassikern von einst, aber ihre Technik ist denen meilenweit überlegen und auf topaktuellem Gaming-Level.** Dafür sorgt die Nintendo Switch als Spieleplattform mit der bekannten riesigen Auswahl an Retro-Games und aktuellen Computerspielen ebenso wie moderne Steuerungselemente mit Joysticks und Buttons von Sanwa aus Japan, die über Encoder angeschlossen jede Eingabe praktisch ohne Zeitverzögerung umsetzen. Komplettiert wird das Ganze durch ein hochauflösendes Gaming-Display und ein aktuelles Hi-Fi-Audio-Setup. Ein Gamechanger im besten Spielsinne, der als Weihnachtsgeschenk zwar richtig ins Geld geht, dafür aber auch ein aufmerksamkeitsstark möbliertes, komplettes Spielecenter in die eigenen vier Wände zaubert. Deshalb lautet mein Tipp: Macht euch den Lowboy-Arcade-Automaten zum weihnachtlichen Familiengeschenk. Nach dessen Einzug und der Inbetriebnahme wird der Weihnachtsmann auch mal zu Ostern mit Präsenten vorbeischauen, um sich bei der Gelegenheit ein paar Highscores zu erspielen …

# 89 BOSCH BAUSTELLENRADIO GPB 18VH-6 SRC PROFESSIONAL

Weihnachten ohne zumindest ein richtig **BÄRENSTARKES WERKZEUGGESCHENK** ist für uns Männer kein Fest. So was müsste man ansonsten absagen, verschlafen oder einfach aus dem Kalender streichen.

Geht also gar nicht! Selbst wenn der Hobbyraum oder die Garagenwerkstatt mit der besten Elektrowerkzeug-Ausstattung perfekt gefüllt ist, irgendwas fehlt immer oder kann zumindest durch eine innovative Weiterentwicklung ersetzt werden. Die Auswahl für den einen Platz eines topaktuellen Werkzeuggeschenks war entspre-

**EIN WERKZEUG UND BESTE-LAUNE-POWER-TOOL FÜR DRINNEN ODER DRAUSSEN AUF NEUESTEM STAND DER TECHNIK. SOGAR EIN FLASCHENÖFFNER IST IM LIEFERUMFANG ENTHALTEN UND KANN AN DER RÜCKSEITE DES RADIOS VERSCHRAUBT WERDEN.**

chend groß, und die Entscheidung ist mir bis kurz vor dem Rechercheende schwergefallen. Dann kam ein Anruf, und schon war die Sache klar: Ich habe mein Werkzeug! Und was für eins.

Ein perfektes Geschenk für Hobbyheimwerker und Handwerkerprofis. Ein Beste-Laune-Power-Tool für drinnen oder draußen. In Gestalt einer komplett neu entwickelten Soundmaschine in glanzvollem Bosch Blau: Das Bosch Baustellenradio GPB 18VH-6 SRC Professional, was ab Herbst im Handel erhältlich ist und damit »weihnachtsgeschenktauglich« wird.

Eine komplette Neukonstruktion, in der Bosch alles verbaut hat, was ein unverwüstliches, innovatives Hochleistungs-Soundwerkzeug mit Einsatzqualitäten praktisch rund um die Uhr braucht. Das geht schon bei der neuen Form des – ohne Akkus – 8,4 Kilo wiegenden Baustellenradios mit seinen Einsatzmaßen von 47,6 Zentimetern Länge, 24,7 Zentimetern Breite und einer Höhe von 33,3 Zentimetern los. Das Gerät ist groß und erkennbar leistungsstark, aber nicht klobig, sondern ideal zu transportieren, selbst wenn der Weg zwischen dem Transportfahrzeug und der Baustelle mal etwas länger ist. Für das volle Pfund »Work-Motivation-Sound« statt »Schubidu und

Oder sogar einen ebenfalls kompatiblen Akku von Marktbegleitern aus der herstellerübergreifenden AmpShare-Allianz. Flexibler und nachhaltiger geht es kaum, denn die Anschaffungskosten der wertstoffhaltigen Akkus bleiben dadurch überschaubar, obwohl praktisch immer für eine Akku-Energieversorgung aller Geräte gesorgt ist. Und nicht nur das: Sobald das neue Bosch Baustellenradio über die mitgelieferte Netzversorgung aus einer Steckdose seine Energiezufuhr bezieht, **kann es gleichzeitig sogar angedockte Akkus aufladen, d. h. es funktioniert dann wie eine Ladestation.** Das Radio besitzt außerdem ein bestens ablesbares und bedienbares TFT-Display und lässt sich mithilfe voreingestellter Modi wie »Indoor«, »Outdoor« und »Voice« – ideal für Podcasts – unkompliziert an den jeweiligen Einsatzort und Zweck anpassen. Sowohl Höhen als auch Tiefen können individuell justiert werden. Was will man mehr? Vielleicht noch ein unverzichtbares Baustellen-Tool als Anbauteil? Kein Problem, ein Flaschenöffner ist im Lieferumfang enthalten und kann an der Rückseite des Radios verschraubt werden. Well done, good job! Wie es sich gehört, hier der Hinweis, dass es selbstverständlich auch von anderen Herstellern richtig gute Baustellenradios gibt. Mir fällt dazu spontan vor allem Makita ein.

Schallalla« sorgen die beiden integrierten Lautsprecher mit einer Ausgangsleistung von 88 Watt und ein 40-Watt-Subwoofer. Zusätzlich liefern hochwertige Komponenten wie Smart-Amp-Verstärker und die präzise aufeinander abgestimmte Hard- und Software beste Klangqualität und satte Bässe. **Alles dank IP54-klassifiziertem Staub- und Spritzwasserschutz im Akkubetrieb mit geschlossenem Akku-Fach witterungsgeschützt und außengeländetauglich.** Wer diese Einsatzqualität noch toppen will und sich für größere Baustellen eine Soundarena-Beschallung wünscht, der kann dank Multi-Speaker-Funktion per Bluetooth mehrere kompatible Geräte über den bestehenden Audio-Stream miteinander verbinden. Wenn also verschiedene Gewerke künftig auf Großbaustellen ihre GPB 18VH-6 SRC Professional Radios verbinden, liefert dies nicht nur beim Arbeitsergebnis, sondern auch für den begleitenden Surround-Sound erstklassige Synergien.

Und sollte nach stundenlangem Dauereinsatz einem Baustellenradio im Akku-Betrieb mal »der Saft ausgehen«, greift man fast beliebig wählbar zur »Nachbefüllung« und klickt dazu einfach einen leistungsbereiten Akku ein, der aus dem Professional 12-V-System oder Professional 18-V-System von Bosch verfügbar ist und vielleicht in einem gerade nicht benötigten Akku-Schrauber, einer Stichsäge oder einem Gartengerät steckt.

Zum Schluss noch eine richtig gute Nachricht für alle Kerle ohne Heimwerker-Gene oder Handwerkerjobs: Es war wohl nie einfacher, sich ein brandneues, robustes und netzstromunabhängiges Highend-Radio mit megacoolem »Craftsman-Design« für den Garten, die Terrasse, den Campingurlaub oder ein Outdoor-Event zu beschaffen.

Kapitelende, vorletzte Runde im Buch. Jetzt zeige ich euch meine Auswahl von Manufakturen, die ihr unbedingt kennen solltet …

# DEUTSCHLANDREISE. MANUFAKTUREN, DIE ECHTE KERLE KENNEN SOLLTEN

**D**as letzte Hauptkapitel des Buches liegt vor euch und mir. Dafür habe ich mir diesmal wieder etwas ganz Besonderes einfallen lassen. Wie auch in den Vorgängerbüchern sind es diesmal keine Produkthelden, sondern Themenwelten. Geschaffen von ganz besonderen Menschen. Zum Teil sogar über Jahrhunderte als Generationenmodelle kreative Macher, Gestalter, Entdecker und Entwickler. Diese Menschen und ihre Ideen und Produkte will ich euch unbedingt zeigen. Ich entschuldige mich dafür, für jeden von ihnen viel zu wenig Zeilen zu haben, um ihnen wirklich gerecht zu werden und ihr großartiges Schaffen ausreichend würdigen zu können. Aber das könnt ihr ja dann übernehmen, wenn das jeweilige Thema euch interessiert und eure Neugier durch die kurze Vorstellung hier geweckt ist. Nicht jedes der Unternehmen im Kapitel ist nach der Duden-Definition und den offiziellen Vorgaben sowie der reinen Lehre tatsächlich eine »Manufaktur«. Ich habe die Manufakturdefinition, die in meiner Wertewahrnehmung vor allem für das Besondere, für Individualität, für Exzellenz und außergewöhnliche Ideen oder auch handwerkliche Leidenschaft steht, bei den Themenhelden hier im Kapitel etwas gedehnt und offen interpretiert. Warum auch nicht? Das ist schließlich meine Autorenfreiheit. Dass sich genau dies gelohnt hat, werdet ihr sicher schnell merken.

Die Erlebnisreise, zu der ich euch hier einlade, geht auf der Landkarte quer durch die Republik und bietet euch dabei Einblicke sowohl in Genuss- und andere Handwerkswarenwelten. Alle ausgewählten Unternehmen gehören zu den besten ihrer jeweiligen »Zunft«. Sie erzeugen und bieten Dinge, die Kerle einfach begeistern. Ich zeige euch ein paar außergewöhnliche Beispiele vom ununterbrochenen Streben nach neuen, noch besseren Dingen und auch davon, wie wertvoll und wichtig die Weitergabe von Generationenwissen sein kann. Hier findet ihr Helden des Handwerks und Kreateure, von denen sich der ein oder andere auch als Künstler verstehen darf.

So gut wie alle Produkte meiner Themenhelden verbindet deshalb deren begrenzte Verfügbarkeit. Es ist eben keine Massenware, es sind Produktstatements, und es ist ein Angebot, die Geschichten hinter den Produkten zu erkunden. Genießt die kleine Reise. Und fügt ihr vielleicht danach sogar eigene Erfahrungen mit den vorgestellten Themenhelden an.

# KAPITEL 10

**WHISKYERLEBNISSE MIT PERFEKTEM EIN- UND AUSBLICK!** Über so einen Kapiteleinstieg kann sich wohl niemand beschweren. Fassgelagerte Spirituosen sind einfach ein Kerle-Ding, deshalb dazu mein erster Tipp für dieses Kapitel.

Die wichtigste Zusatzinfo ebenfalls direkt zum Start: Die Slyrs-Destillerie ist eine von noch deutlich mehr Möglichkeiten im ganzen Land, großartige Spirituosenerzeuger mit erstklassiger, handwerklich geprägter Destillatherstellung zu erleben. In fast jeder Region gibt es richtig spannende Brennereien, die immer öfter als Selbstvermarkter Türen oder Tore zu ihren Betrieben öffnen und dort Führungen sowie gehaltvoll genussreiche Tastings anbieten. Wer mehr darüber erfahren will und spannende Betriebe kennenlernen möchte, der findet

**DIE NAMENSGEBUNG DER BRENNEREI IST SO SPANNEND WIE IHRE ERST KURZE HISTORIE.**

Adressen dazu beispielsweise beim Verband Deutscher Whiskybrenner, dem auch Slyrs angehört, im Netz im »Whiskyguide Deutschland« oder teilweise auch im Buch »111 Whiskys, die man getrunken haben muss« von meinem Autorenkollegen Bernd Imgrund sowie in meinem Titel »Pure Drinks für echte Kerle« aus dem Jahr 2017, in dem ich auf den Seiten 48 bis 73 spannende deutsche Spirituosen und ihre Erzeuger beschrieben habe.

Ein Paradebeispiel dafür, mit reichlich Storytelling, großartigen Destillaten, die trink- und sammelwürdig sind, sowie vielen Möglichkeiten vor Ort an der Erzeugung und dem Genusserlebnis deutscher Whiskyerzeugung aktiv teilzuhaben, ist die Slyrs-Whisky-Destillerie in Schliersee-Neuhaus. Die Namensgebung für die Brennerei, die sich aus der Einwanderungsgeschichte aus Irland und Schottland stammender Mönche im 6. Jahrhundert und deren Klostergründung im bayrischen Schliersee ergab, ist so spannend wie die noch recht junge Historie der Brennerei selbst, die in den 1990er-Jahren begann und in enger familiärer Verbindung zur Lantenhammer-Destillerie steht, wo schon 1999 der erste Slyrs

Whisky gebrannt wurde. Bevor ihr euch auf die Reise begebt, empfehle ich zum Warmwerden – also nicht zum Vorglühen – ein kleines feines heimisches Slyrs-Tasting. **Mein Tipp dazu ist die Slyrs-Tastingbox mit zehn Whiskys plus dem sensationellen Vanilla & Honey-Whiskylikör und zwei Whisky-Gläsern.** Meine beiden ganz persönlichen Slyrs-Whisky-Favoriten, der 2013 destillierte und 2017 abgefüllte Sauternes Finishing Cask Strength Single Cask und die 2016er/2017er-Raritas Diaboli Edition sind da natürlich nicht mehr dabei. Alles Weitere findet bitte selbst heraus. Im Internet unter www.slyrs.com oder am besten live im wunderschönen Schliersee-Neuhaus.

# 91 MÜHLE RASUR MANUFAKTUR, STÜTZENGRÜN

Die korrekte Unternehmensbezeichnung lautet Hans-Jürgen Müller GmbH & Co. KG, aber bekannt wurde und ist das Unternehmen mit dem Markensignet einer stilisierten Windmühle unter dem Namen Mühle, unter dem es **BIS HEUTE IN BESTER HANDWERKSTRADITION** in Verbindung mit moderner Fertigungstechnik erzeugte Nassrasurprodukte in Top-Qualität anbietet.

1945 fertigte Otto Johannes Müller unter dieser Marke per Hand seine ersten Rasierpinsel und Bürsten in einer Waschküche im erzgebirgischen Stützengrün. Und legte damit das Gründerfundament für die nach einer bewegten Geschichte vor allem zu DDR-Zeiten heute von seinen Enkeln, den Brüdern Andreas und Christian Müller, geführte Manufaktur für handgefertigte oder manuell veredelte Spitzenerzeugnisse rund um die Nassrasur. Sie waren es auch, die die Entwicklung vom Hersteller handgefertigter Rasierpinsel durch Erweiterungen des Produktprogramms zum inzwischen hochwertigen Vollsortiment für Nassrasurprodukte vorantrieben. Und dies immer mit der Maßgabe, die handwerklich perfekte Erzeugung des Ursprungsproduktes ihrer Vorfahren, nämlich erstklassige Rasierpinsel von Weltruf, weiterentwickelnd zu erhalten und zusätzlich um diese Produkte herum auf gleichem Höchststandard eine edle Sortimentswelt mit allem zu erschaffen, was sich Männer für ihre achtsame Rasur und

**DIE VIELFÄLTIGE AUSWAHL AN RASIERSETS DER MÜHLE RASIERMANUFAKTUR IST ABSOLUT BEGEISTERUNGS-WÜRDIG.**

Gesichtspflege wünschen. »Rasurkultur« würde man das wohl mit einem zusammenfassenden Wort nennen.

Ich finde es faszinierend, was daraus bis heute geworden ist, und bin deshalb der Meinung, dass diese Manufaktur ein lebendiges Stück Kulturgut ist, das jeder Mann, für den seine morgendliche Rasur nicht nur eine lästige Pflicht, sondern ein positives Einstiegsritual in einen richtig guten Tag ist, einfach kennen muss! Es lohnt sich schon

nachempfunden ist, eingehen. Und dabei die geschichtsträchtige Mühle-Handwerkskunst der Rasierpinselfertigung auf ein neues aktuelles Level heben. **Begeisterungswürdig ist ebenfalls die vielfältige Auswahl an Rasiersets der Mühle Rasiermanufaktur.** Mein persönlicher Mühle-Favorit ist das Reiseset Travel Florenz, dessen Lederetui aus Rindsleder tatsächlich in Florenz handgefertigt wird und das einen Reiserasierpinsel aus verchromtem Metall

beim ersten neugierigen Blick auf das Sortiment. In dem sich eine Vielzahl von großartig gestalteten Rasierern in klassischen oder modernen Gestaltungsformen finden lässt. Genau wie Rasierpinsel mit Griffen aus verschiedensten edlen Materialien, die symbiotische Verbindungen mit Pinselkopfbesätzen aus Dachshaar oder Silvertip Fibre, einem hochwertigen synthetischen Material, das den Eigenschaften von echtem Dachshaar

mit einem Kopfdurchmesser von 21 Millimetern plus dem Mühle-Rasierhobelklassiker, dem R 89, enthält. Ein Stück Rasurkultur, das hier aus Platzgründen nur benannt und nicht näher beschrieben wird, aber auch einen Produkthelden-Platz im Kapitel Gentlemen's Choice sichergehabt hätte. Wer sich für diese Manufaktur und ihr Traditionshandwerk interessiert, findet weitere Informationen dazu unter www.muehle-shaving.com.

# 92. LEDERWARENMANUFAKTUR LUDWIG SCHRÖDER, UETERSEN

Jetzt zeige ich euch, wo es die meiner Meinung nach **BESTEN IN DEUTSCHLAND HANGEFERTIGTEN LEDERGÜRTEL** und weiteren spannenden Kleinlederwaren in absoluter Spitzenqualitat gibt.

Leder ist nicht einfach »ein Material« für Bekleidung, Taschen, Accessoires oder auch Sitzbezüge. Es ist ein herausragender natürlicher Werkstoff, aus dem bei einer sorgfältigen handwerklichen Verarbeitung echte Unikate entstehen. Richtig gutes Leder ist bei regelmäßiger Pflege zudem ein

ebenso robustes wie langlebiges Material. Ein Unternehmen, das genau darin über eine fast zweihundertjährige Erfahrung verfügt und bis heute zu den ersten Adressen handgefertigter Kleinlederwaren zählt, ist die Lederwarenmanufaktur Ludwig Schröder aus dem norddeutschen Uetersen.

Als älteste Gürtelmanufaktur Deutschlands ist ihr Name ein Synonym für kompromisslose Qualität und die Langlebigkeit hochwertigster Gürtel. Seit dem Jahr 1825 werden die Schröder Lederwaren sogar noch am gleichen Standort gefertigt, inzwischen unter der Leitung von Katharina Schröder als Mitglied der siebten Familiengeneration. In den Ursprüngen des Unternehmens wurde der ganze Erzeugungsprozess von der Auswahl der Rohware, der pflanzlichen Gerberei der angelieferten Häute bis zur handwerklichen Lederwarenherstellung von Schröder selbst

**DIE LEDERWARENMANU-FAKTUR LUDWIG SCHRÖDER IST DEUTSCHLANDS ÄLTESTE GÜRTELMANUFAKTUR.**

umgesetzt. Mitte der 1960er-Jahre wurde das Gerberhandwerk allerdings aufgegeben und das Unternehmen konzentriert sich seitdem in den Gebäuden der ehemaligen Gerberei auf die Herstellung von hochwertigen Ledergürteln und ausgewählten Kleinlederwaren. Wobei bis heute der wertvolle Werkstoff, das pflanzlich gegerbte Leder, überwiegend aus der nahe gelegenen und nicht minder traditionsreichen Gerberei Gebrüder Kobel in Kellinghusen und zwei weiteren Handwerksgerbereien aus Süddeutschland stammt. Oder von befreundeten Gerbereien aus Spanien, Frankreich und der Toskana bezogen wird, mit denen das Familienunternehmen in langjährigen Geschäftsbeziehungen steht und deshalb seine kompromisslosen Qualitätsansprüche an die zu weiterverarbeitenden Häute erfüllt bekommt. So stellt die Manufaktur sicher, dass ihre hochwertigen Lederqualitäten auch in den Vorstufen nach höchsten Sozialstandards sowie umwelt- und naturschutzgerecht vorgefertigt werden.

Das, was bei Ludwig Schröder dann daraus handwerklich gefertigt wird, ist exklusive Ewigkeitsware auf allerhöchstem Qualitätsniveau. Jeder Gürtel ist ein Unikat, das seine handwerkliche Qualitätsfertigung ebenso ausstrahlt wie zeitlose Eleganz. **Mein Favorit ist ein Klassiker im Programm, der norddeutsche Rindledergürtel Arthur in der Farbgebung Braun mit einer Schließe aus Bronze.**

Ein echtes Meisterwerk, dessen anilin-gegerbtes Sattelleder von Kobel stammt und der etwa 3,5 Zentimeter breit ist. Dass er am Mann hält, was schon ein Äußeres verspricht, garantiert neben der Lederqualität, die im Laufe der Zeit eine schöne Patina entwickelt, seine massive und trotzdem elegante Bronzeschließe. Das ist kein Stahl-Stanzteil mit dünnem synthetischen Bronzelack-Überzug, die Schließe aus deutscher Produktion wird tatsächlich im Wachsausschmelzverfahren aus gegossener Bronze hergestellt und danach von Hand geschliffen und patiniert. Es sind diese einfachen und doch so aufwendig erzeugten perfekten Werkstoffe, aus denen die Lederwarenmanufaktur Ludwig Schröder danach mit ihrer traditionsreichen Handwerkskunst so einen perfekten Gürtel macht: anilin-gegerbtes Sattelleder und Bronze. Jeder dieser Gürtel erzählt seinem Besitzer damit eine spannende Geschichte vom großen Wert vermeintlich kleiner Dinge. Wobei ein robuster Gürtel noch deutlich mehr kann. Wenn nötig, ist er in herausfordernden Situationen ein Werkzeug mit hohem Einsatznutzen am Mann, weil er ja immer verfügbar ist. Aber das ist eine andere Geschichte ...

Wer mehr über die Lederwarenmanufaktur Ludwig Schröder erfahren will, kann damit gerne hier beginnen: www.ludwigschroeder.de

# 93 HERR LEHMANN ZIGARRENMANUFAKTUR, LAHR

Zigarren sind, Obacht, keine »Rauchwaren«, das weiß nicht nur der Duden. Es sind **GENUSSMITTEL FÜR ENTSPANNTE STUNDEN DER MUSSE** allein oder mit guten Freunden und weitere besondere Selbstbelohnungsmomente, die man mit einer richtig gut gerollten edlen Zigarre perfekt in die Länge ziehen kann.

Vor allem, wenn sie fassgelagerte Genussbegleiter wie einen in Ruhe und mit Bedacht gereiften Wein, Whisky oder Rum an ihrer Seite hat. Weiteres erstklassiges »Zubehör« wären ein Clubsessel und ein sanft knisterndes Kaminfeuer. Wein, Whisky, Rum und Zigarren als Erlebnis-Genussmittel sind Geschichtenerzähler mit mächtigen Historien in ihrem Erzeugergepäck. Jeder kluge Mann weiß dazu, dass »zu regelmäßig und zu viel des Guten« gerade bei Alkohol und Tabakwaren nicht nur deren Genuss und damit ihren Wert erheblich schmälert, sondern auch sehr ernsthafte gesundheitliche Gefahren mit sich bringt. Nach so viel Einleitungsprosa inklusive gut gemeintem Warnhinweis ohne »Ü-18-Zusatzvermerk« möchte ich euch die ebenso kleine wie feine Zigarrenmanufaktur Herr Lehmann aus Lahr im Schwarzwald vorstellen. Dort werden tatsächlich

**BEI DER MANUFAKTUR HERR LEHMANN IN LAHR WERDEN WIE VOR 100 JAHREN ZIGARREN AUS HEIMISCHEM GEUDERTHEIMER TABAK HANDGEFERTIGT.**

noch wie zu Zeiten des namensgebenden Manufakturgründers Friedrich Lehmann Zigarren aus heimischem Geudertheimer Tabak gefertigt, heißt aus sorgfältigst ausgewählten Deckblättern und gezupftem aromatischem Filler-Tabak handgerollt und zugeschnitten. Dazu sollte man wissen, dass die Oberrhein-Region aufgrund ihrer fruchtbaren Böden und des milden, sonnigen Klimas bis heute neben der Pfalz das traditionsreichste deutsche Anbaugebiet für Tabak ist. Wenn auch in viel kleinerem Maßstab als in der Blütezeit der deutschen Zigarrenproduktion vor rund 100 Jahren, als es in Oberbaden um die 300 Zigarrenfabriken gab,

zweihundert davon allein in und rund um Lahr. Tempi passati!

Die mit dem Generationenwissen dieser Manufaktur handgefertigten Zigarren sind daher eine Rarität, die zum wertschätzenden Erlebniskauf wird, wenn man weiß, wie viel geschickte Fingerfertigkeit und Zeitaufwand es braucht, bevor solch eine Herr-Lehmann-Zigarre heutzutage versandfertig ihren Platz in einem ihrer hölzernen Schatzkästchen gefunden hat. Der Rest ergibt sich dann – wie hier eingangs im zweiten Satz beschrieben und empfohlen. **Dazu habe ich mir als Favoriten der Manufaktur-Kollektion die Herr Lehmann No. 5 Schwarzwald-Torpedo ausgewählt,** die zunächst von beiden Seiten angeschnitten werden muss und dann durch die konische Formgebung während ihrer Genuss-

dauer ein immer konstanteres, mild-würziges Raucharoma entfaltet. Wen es interessiert: Diese Zigarre verträgt sich beispielsweise prächtig mit einem Don Papa oder auch Dictador Solera Rum. Wenn ihr mehr über diese Art von Genussware von einer der letzten deutschen Zigarrenmanufakturen mit wirklich handgefertigten Zigarrenunikaten aus heimischem Tabak erfahren wollt, schaut mal bei Herrn Lehmann im Web vorbei: www.herr-lehmann.com

# 94 ZERRES GOURMET, BREMEN

Nach offizieller Lesart gibt es in diesem Kapitel ja zehn Manufakturen als Themenhelden. Wenn wir hier fertig sind, wisst ihr: Es sind mal locker 20 mehr, weil Zerres Gourmet eine **»SCHATZSUCHER-MANUFAKTUR«** für Genüsse ist.

Also selbst nichts produziert, aber dafür Top-Manufakturen und Erzeugerbetriebe findet. Der Chef der Firma, Robert Zerres, ist eine Art »Indiana Jones« für Gaumen-Gold und Delikatessen-Solitäre. Wenn er den Reisekoffer zu seinen Genussexpeditionen packt, kann man sicher sein, dass es nach dem Ende jeder seiner kulinarischen Entdeckungsreisen im deutschen Feinkost- und Delikatessenmarkt wieder etwas Neues gibt, was man sich immer schon als Leckerbissen gewünscht hatte, es aber leider vorher meist nicht mal kannte. Zur Jagd seiner unentdeckten Spezereien überwiegend in Europa braucht er aber weder einen Revolver noch einen Fedora-Filzhut. Stattdessen hat er seine über Jahrzehnte geschulten Genuss-Sinne und ein untrügliches Gespür für alles, was erstklassig schmeckt. Allein kann so was aber selbst er nicht leisten. Jedenfalls nicht den Teil, bei dem es dann darum geht, möglichst viele gleichgesinnte Feinschmecker an den Entdeckungen teilhaben zu lassen. Dafür hat er ein Top-Team an seiner Seite, das seine Leidenschaft teilt und dafür sorgt, dass aus Entdeckerglück Genussware wird, die auch den Weg zur Endkundschaft findet. Dem qualitätssuchenden Handel sei Dank,

dass dies immer öfter und besser klappt. Denn es lohnt sich wirklich, ich habe das sehr sorgfältig überprüft! Auf die Kerle-Tour, mit einem Test. Und der geht so ...

Wenn ein Spitzenkoch eine Kollegin oder einen Kollegen besucht und wissen will, ob die oder der auch das klassische Handwerk versteht, dann lässt er sich als Erstes nichts mild Gedämpftes mit Schäumchen und Edelkräuter-Deko kommen, sondern bittet um ein Wienerschnitzel vom Kalb. Wenn das perfekt gelungen ist, passt es. Test bestanden, jetzt kann es mit den Kreativgenüssen weitergehen. Ich habe was Ähnliches in der Kerle-Übersetzung gemacht, mit unserer beliebtesten After-Dinner-Selbstverk, Kartoffelchips. Der Regalstandard dazu ist hinreichend bekannt und das Ergebnis auch: Wir kaufen die Tütenware im Großbeutel und vernichten sie unter Beimischung von Kaltgetränken und dem spannendsten TV-Abendprogramm. Alles okay und keinerlei Einwände. Aber warum geht da nicht mehr? Gibt es die für uns unverzichtbare Knabber-Backware nicht in richtig lecker bis sensationell gut? So eine Frage sollte doch einer der besten Delikatessen-Finder und Händler Deutschlands beantworten können! Robert Zerres hat sie erstklassig beantwortet, indem er für mich ein paar Chipstüten aus seinem Sortiment aufgemacht hat, deren Inhalt zum Niederknien ist: Kerle-Kartoffelchips in Reinkultur. Champions League! Sowas habe ich mir definitiv immer gewünscht, kannte es aber leider vorher nicht. Hier meine Top-Drei-Auswahl von noch mehr möglichen: **Auf Platz 1: die ultimativen Kerle-Chips zum Alleinvernaschen oder für Partys und Abende mit Best-Buddys: Chips mit Spiegelei-Aroma,** handwerklich in Spanien gefertigt. Wow! Wow! Wow! Das ist mein neuer Chips-Standard. Mit einer Geschichte, die mal erst keiner glaubt. So was gibt's aber, schmeckt sensationell. **Auf Platz 2 bei mir: Chips mit Honig-Senf-Aroma. Auch voll auf die Zwölf.** Ganz nah dran und damit auf Platz 3 meines Siegerpodestes sind die Chips mit iberischem Schinken-Aroma. Rauchig, salzig, perfekt! Macht süchtig, steht aber auf keinem Index. Gut so. Weil das noch nicht das Ende ist. Testet zum Beispiel den Klassiker »Chips mit Paprika-Aroma« und vergleicht ihn mit dem, was ihr bisher dazu kennt. Dazwischen liegen Welten. Also, ich sage dazu ganz klar »Schnitzel-Test« bestanden!

Es kann also weitergehen mit Knabber-Snacks-Entdeckungen und anderen Genuss-Highlights von Zerres. **Noch ein Favorit von mir sind die handgemachten Grissini mit Oliven von der italienischen Backwaren-Manufaktur Crifill aus Legnaro.** Ein ultimativer Gaumenkick! Apropos Oliven: Im ligurischen Dörfchen Diano San Pietro hat Robert Zerres die Ölmühle der Familie Venturino entdeckt, die auch eigene, über Generationen gehegte und gepflegte Taggiasca-Oliven-

haine unterhält. Stoff, aus dem Genießerträume gemacht werden. Natives Olivenöl Extra »Taggiasca«, verschiedene raffiniert kreierte Pestos und natürlich ebenfalls entsteinte Taggiasca-Oliven in nativem Olivenöl. Molto bene, fantastico, sensazionale! Und nur zwei weitere von insgesamt rund 20 Feinschmecker- und Genusskerlewarenklassen, in denen Zerres Top-Ware von handwerklichen Erzeugerbetrieben am Start hat. Ihr solltet diesen Themenhelden kennenlernen: www.zerresgourmet.com

# 95 YACHTWERFT ROBBE & BERKING CLASSICS, FLENSBURG

Jetzt stelle ich euch ein maritimes Manufaktur-Highlight vor, das jeden Mann in seinen Bann zieht, der sich für traditionellen, handwerksperfektionierten **BOOTSBAU AUS EDLEN HÖLZERN** und das sportliche Ringen und Messen mit den ungezügelten und unberechenbaren Kräften von Wind und Wellen auf klassischen oder historischen Segelyachten begeistern kann.

In dieser Kombination gibt es solche Möglichkeiten nur äußerst selten. Eine davon hat Oliver Berking, der Eigentümer der Robbe & Berking Silberwarenmanufaktur in Flensburg, geschaffen. Er hat 2008 dort aufgrund seiner Leidenschaft

**OLIVER BERKING HAT 2008 AUFGRUND SEINER LEIDENSCHAFT FÜR DAS SEGELN UND DIE TRADITIONELLE HANDWERKSKUNST DES BAUES UND DER ERHALTUNG VON KLASSISCHEN HOLZSEGELYACHTEN EINE MANUFAKTUR-WERFT GEGRÜNDET.**

für das Segeln und die aufwendige traditionelle Handwerkskunst des Baues und der Erhaltung von klassischen Holzsegelyachten eine Manufaktur gegründet, die als Werft genauso Bewunderung auslöst wie ihre neu geschaffenen oder wieder ertüchtigten Segelyachten. Das »Masterpiece« der Yachtwerft war direkt das erste Projekt,

sich Oliver Berking gemeinsam mit dem Projektleiter Kai Wohlenberg und weiteren Bootsbau-Enthusiasten annahm. Die 12er-Klasse mit ihren rund 21 Meter langen und knapp 4 Meter breiten Rümpfen gilt seit der Frühzeit des Regattasegelns als Königsklasse der Bootsbaukunst des letzten Jahrhunderts. In dieser Klasse wurden zwischen 1908 und 1987 weltweit insgesamt nur etwa 200 verschiedene Yachten von den besten Bootsbauern und Konstrukteuren der Welt geschaffen.

**Bei Robbe & Berking Classics in Flensburg wurden bereits mehrere berühmte Rennyachten der verschiedenen Meter-Klassen gerettet und entweder originalgetreu restauriert oder auch neu gebaut.** Eine der wesentlichen Aufgaben der Yacht-Manufaktur besteht außerdem darin, verloren gegangene Yachten und ihre originalen Baupläne zu recherchieren. Und es werden neu entworfene Yachten, darunter Fahrtenschiffe, Rennyachten, Motorboote, Tender und Dinghis, in bester Handwerkstradition in Flensburg gebaut.

die Restaurierung der 12mR-Segelyacht-Legende »Sphinx«, einer berühmten Rennyacht der 12er-Klasse, die von Abeking & Rasmussen 1939 für den Norddeutschen Regattaverein gebaut wurde und deren perfekter Wiederherstellung

Zusätzlich hat Oliver Berking direkt neben seiner Werft im Flensburger Hafen mit dem Robbe & Berking Yachting Heritage Centre die weltweit größte Yachtsportbibliothek geschaffen und mit wertvollen maritimen Exponaten ausgestattet.

Dieses Museumsareal nahe der Flensburger Altstadt lädt segelbegeisterte Menschen aus aller Welt zudem regelmäßig mit besonderen Ausstellungen in zwei Galerien sowie einem Museumsshop und ihrem Museumsrestaurant zum Besuch ein. Was will man denn noch mehr?

Vielleicht einen Blick auf zwei der ganz persönlichen Lieblingsstücke von Oliver Berking werfen, die es im Sommer 2024 auf dem Werftgelände in Flensburg auf ein gemeinsames Foto geschafft haben: **Es ist die berühmte »Sphinx« gemeinsam mit einem Maybach-Fahrzeug in der gleichen farblichen Sonderlackierung wie ihr Rumpf.** Beides in ihren Bereichen wahre Meisterstücke und handwerklich gefertigte Unikate, an die Robbe & Berking auf sehr unterschiedliche Art Hand angelegt hat. Bei Maybach-Fahrzeugen ist die Silberwarenmanufaktur nämlich langjähriger geschätzter Ausrüstungspartner für die edle Innenausstattung mit Trinkgefäßen und Bar-Accessoires. Wer mehr über die Yachtwerft und die Besuchsmöglichkeiten des Robbe & Berking Yachting Heritage Centre erfahren möchte, findet hier Informationen darüber: www.classic-yachts.com

# 96 SCHOKOLADENMANUFAKTUR PRALINENART BY CINDY WELZ, VELTEN

Ich habe Bernd Kütscher, den Direktor der Akademie Deutsches Bäckerhandwerk Weinheim, die nicht nur Schokoladen-Sommeliers ausbildet, sondern mit einer 24-köpfigen Fachjury auch den jährlichen German Chocolate Award vergibt, um seinen Expertentipp nach der – oder **EINER DER BESTEN – DEUTSCHEN SCHOKOLADEN- UND PRALINENMANUFAKTUREN** gebeten.

Er ist die fachliche Instanz im ganzen Land, wenn es um handwerklich in Spitzenqualität erzeugte Backwaren und edelste Süßwaren geht. Dazu hat er mir die offizielle Liste der diesjährigen Goldauszeichnungsgewinner des Awards zukommen lassen und mir zusätzlich noch – natürlich wertungsfrei – einen persönlichen Tipp beschert. Es ist die Schokoladenmanufaktur PralinenArt by Cindy Welz im brandenburgischen Velten nördlich von Berlin, die es mit ihrer Leidenschaft für edelste Schokoladenkreationen und Pralinen auf sagenhafte zehn Auszeichnungen bei dem diesjährigen German Chocolate Award gebracht hat. Davon allein fünf Goldene! Mit Ausbildungsstationen beispielsweise beim

**CINDY WELZ WURDE MIT INSGESAMT ZEHN AUSZEICHNUNGEN BEIM GERMAN CHOCOLATE AWARD 2024 GEEHRT.**

Schweizer Spitzenpatissier Fabian Sänger und weiteren Top-Adressen der kreativen Schokoladenerzeugung sind handgefertigte Schokoriegel, Pralinen und Hohlkörperfiguren ihre große Passion.

Für die Cindy Welz mit profundem fachlichem Wissen und reichlich fantasievollem Einfallsreichtum immer neue Kreationen schafft, die jeden, der sie verproben und genießen konnte, überraschen und be-

geistern. Die diesjährigen Siegerkreationen von PralinenArt sind ja ein ganz eigenes Ding, ausgewählt mit größtem professionellem Expertenwissen. Ich treffe hier aber meine eigene subjektive Favoritenwahl und die sieht so aus: **Auf Platz eins sind bei mir die handgemachten Nougatriegel mit einem Überzug aus belgischer Vollmilchschokolade,** dicht gefolgt von ihren formtechnisch »nahen Verwandten«, den Schokoriegeln Brombeere auf Cheesecake mit einem Überzug aus belgischer weißer Schokolade. Auf Platz drei bei mir ist eines der mit Gold ausgezeichneten, absoluten Highlights von Cindy Welz, die Mojito Praline, die tatsächlich feinste Aromen und Geschmacksnoten von Limette und frischer Minze sowie einem weißen Rum auf den Gaumen transportiert. Perfekt! Für Schokoladenprinzen und Selbstbelohner genau das Richtige. Wer jetzt auf den Geschmack gekommen ist, für den gibt es hier noch mehr zu entdecken: www.pralinenart.de

# 97 BERGER-BOOTE, BERLIN

Jetzt stelle ich euch eine Manufaktur vor, die alle Kerle kennen sollten, die sich für **SELBST-IST-DER-MANN-PROJEKTE** genauso begeistern wie für Bootsabenteuer auf heimischen oder ausländischen Binnengewässern, vor allem Flüssen und großen Seen.

Das Unternehmen, eine noch recht junge Manufaktur aus Berlin mit Gründungsdatum 2010, hat sich einen erstklassigen Ruf bei der Fertigung von Bootsbausätzen erworben, deren Holzbauteile alle präzise mit CNC-Technik vorgefertigt sind und in heimischen Hobbyräumen zu benutzbarer Abenteuerware aus besten Hölzern werden. Es ist die Manufaktur Berger-Boote in Berlin, in der ein kleines, bestens ausgebildetes Team von Holz- und Bootsbauexperten inzwischen über 40 verschiedene Kajaks, Kanadiern, Ruderbooten, Segelbooten und Motorbooten als Bausätze für unterschiedliche Bauweisen fertigt. Neben »Stitch & Glue«-Bausätzen auch welche für die »Leistenbauweise« oder die »Skin-On-Frame«-

**AM ENDE ENTSTEHT NACH REICHLICH SCHLEIFEN, HOBELN, LEIMEN UND LACKIEREN EIN PERFEKTER FIBERGLASRUMPF MIT HOLZKERN, DER BESTE BOOTSBAUTRADITION BIETET UND AUZERDEM EIN KERLIGER AUGENSCHMAUS IST.**

Bauweise. Das Hauptangebot bilden bei Berger die »Stitch & Glue«-Bausätze. Für die wasserfest verleimtes Holz computergesteuert mit CNC-Fräsen zugeschnitten wird und zu den, mit etwas handwerklichem Geschick, leicht zusammenbaubaren, präzise vorgefertigten Holzbauteilen wird.

Diese Holzbauteile werden dann inklusive aller weiteren zum Bau erforderlichen Materialien mit detaillierten Bauplänen und Bauanleitungen an die Kundschaft versandt oder können direkt vor Ort in Berlin in mehrtägigen Workshops mit fachkundiger Unterstützung zusammengebaut werden. Die Holzbauteile werden zu Hause oder in Berlin in den Workshop-Kursen zunächst provisorisch mit Kupferdraht vernäht und in die jeweilige Bootsform gebracht, bevor sie mit Epoxidharz final verklebt werden. Als letzter Arbeitsschritt erfolgt ein Überzug aus Glasfasergewebe und Epoxidharz, der das Holz vor Feuchtigkeitseintritt schützt und es nach der Trocknung mechanisch hoch belastbar für den sicheren und häufigen Gewässereinsatz macht. Am Ende entsteht so nach reichlich Schleifen, Hobeln, Leimen und Lackieren ein perfekter Fiberglasrumpf mit Holzkern, der beste Bootsbautradition von Kajaks, Kanadiern sowie kompakten Ruder- und Segelbooten bietet und zusätzlich auch noch ein kerliger Augenschmaus

ist, der zu entschleunigten Entdeckertouren auf dem Wasser förmlich einlädt. **Wer sich statt eines Bausatzes lieber ein solches Bootsunikat von Profihand maßgefertigt erwerben will, bekommt diesen Wunsch bei Berger-Boote ebenfalls erfüllt,** braucht dafür allerdings auch einen überschaubar größeren finanziellen Einsatz und etwas Geduld. Aber deutlich kreativer und erfüllender ist für diejenigen, deren handwerkliches Geschick so etwas erlaubt, natürlich der heimische Selbstbau. Wer mehr darüber erfahren möchte, Termine für Workshops inklusive, findet alles Wichtige hier: www.bergerboote.de

# 98 MESSERMANUFAKTUR OTTER, SOLINGEN

Messerschmieden und Messermanufakturen üben eine **RIESENGROSSE FASZINATION** auf uns Männer aus. Die Fertigung eines eigenen Messers ist ein Lebenstraum für die meisten von uns.

Der sich dank Hobby- und Handwerksschmieden im ganzen Land, die Messerschmiedekurse anbieten und deren Inhaber vorher häufig selbst als Messer- und Stahlliebhaber ihr Messermacher-Wissen in intensiven Schulungen und oft mit autodidaktisch kreativer Weiterbildung am glühenden Stahl erworben und perfektioniert haben, inzwischen relativ leicht verwirklichen lässt. Bei so etwas wächst noch mal die Wertschätzung für ein handwerklich perfekt gefertigtes Messer, das in einer professionellen, traditionsreichen Messermanufaktur bis zur Vollendung als fertiges Messer-Unikat häufig 200 und mehr einzelne Arbeitsschritte durchlaufen hat. Was in Messermanufakturen handwerklich und präzise erzeugt wird, bietet deshalb die schnitt- und stichfeste Qualität, aus der lebenslang benutzbare Arbeitsgeräte und Schneidwerkzeuge gemacht sind, die durch regelmäßiges vernünftiges Nachschleifen ihren unverwüstlichen Einsatznutzen behalten. In Solingen gibt es sowohl für Haushalts- und Freizeitmesser wie auch für Rasiermesser und Scheren noch zahlreiche solcher Messermanufakturen. Die bekannteste und größte Manufaktur überwiegend für handgefertigte Freizeit- und Einsatzmesser, aber auch Rasiermesser und Haushaltsmesser, ist die 1869 gegründete Böker Manufaktur mit der Kastanie als weltweit bekanntem Markenzeichen auf ihren Erzeugnissen. Eine »deutliche Nummer kleiner«, aber in Messerliebhaber-Kreisen nicht minder geschätzt und beliebt, ist die Messermanufaktur Otter. Ebenfalls mit einer langen Herstellerhistorie, die ab 1840 an der Solinger Königsmühle mit ihrem Vorläuferbetrieb »Heinrich Kaufmann & Söhne, Indiawerk« beginnt.

Die spätere Namensgebung der nachfolgenden Manufaktur Otter hat ihren Ursprung bei den zahlreichen Fischottern, die an der Wupper bis zur Mitte des letzten Jahrhunderts heimisch waren und es heute aufgrund der deutlich verbesserten Wasserqualität und neu geschaffener Lebensräume auch wieder sind. Einer solchen »Wiederansiedelung« im heimischen Solinger »Schneidwarenbiotop« bedurfte die Messermanufaktur Otter nicht. Sie hat sich im Laufe der jüngeren Zeit stattdessen unter Wiedererlangung höchster Fertigungsqualität weiterentwickelt und produziert heute in traditioneller Handwerkskunst mit rund 15 Mitarbeitern täglich insgesamt rund 100 Taschenmesser, Outdoormesser sowie Jagdmesser unter den Marken »Otter-Messer«, »Mercator-Messer«, »Rotwild« und »Hubertus«. Das Mercator-Taschenmesser habt ihr als Produktheld

**EIN OTTER-TASCHENMESSERKLASSIKER IST DAS »ANKERMESSER«, DESSEN KLINGENFORM URSPRÜNGLICH VOR ALLEM FÜR ZIEHENDE SCHNITTE GEMACHT WURDE, UM TAUE ODER LEINEN SCHNELL DURCHTRENNEN ZU KÖNNEN.**

ja bereits kennengelernt. Ein Taschenmesser-Klassiker unter der Marke Otter ist das »Hippekniep«, dessen Name die mundartliche bergische Übersetzung von »Ziegenmesser« ist und das als eine Art historischer Solinger Gegenentwurf zu den südeuropäischen Hirtenmessern gilt. Ein zweiter, weitaus bekannterer Otter-Klassiker ist das »Ankermesser«, dessen historisch geprägte Klingenform vor allem für ziehende Schnitte in der Seefahrt gemacht wurde, um Taue oder Leinen schnell und gründlich durchtrennen zu können. Ein sehr feines Messer und ein toller Taschen-Begleiter, nicht nur für Bootsausflüge, den es in zwei Größen und verschiedenen Griffmaterialien gibt. Außerdem finden sich im Otter-Markensortiment ebenfalls sehr interessante Gartenmesser und leistungsstarke Gartenscheren. Unter der Marke »Rotwild« hat die Manufaktur zudem eine Top-Auswahl von Jagd- und Outdoormessern im

Programm, während »Hubertus« für Messerangebote wie traditionelle Springmesser steht, die heute in Deutschland überwiegend waffenrechtlichen Sanktionierungen unterliegen.

Im »Hubertus«-Markensortiment der Messermanufaktur Otter findet sich aber auch ein Jagdmesser-Klassiker, dessen Typus inzwischen im Messermarkt als Exot gilt, aber mein Favorit von Hubertus ist. **Das Hubertus Verlängerungsmesser vereint die Vorteile eines feststehenden Messers mit der Flexibilität eines Klappmessers,** da dessen Klinge in eingeklapptem Zustand aus dem Griff ragt und so zum Zerwirken von Wild oder auch für andere Schneidarbeiten genutzt

werden kann. Wird es aufgeklappt, entfaltet es mit 30,5 Zentimetern Gesamtlänge und einer Klingenlänge von beeindruckenden 19 Zentimetern seinen maximalen Einsatznutzen zum Abfangen von wehrhaftem Schwarzwild und zeigt dabei die Kontur eines schlanken Bowie-Messers. Ein großartiges Beispiel traditionsreicher Solinger Messermacher-Kunst aus der Manufaktur Otter. Mehr darüber und über die Manufaktur mit ihren spannenden Messer-Welten findet man unter www.otter-messer.de

Auf zur letzten Manufaktur und den Kapitelabschluss, für den ich mir ein weiteres Manufaktur-Highlight aufgehoben habe.

# 99 KRUMPHOLZ WERKZEUGFABRIKATION, GRAFENGEHAIG

Das wird bei diesem letzten Themenhelden für mich noch mal **EINE GESCHICHTE ZUM SCHREIBEN UND WOHLFÜHLEN.**

Manufakturen machen mir dies teilweise leichter als mancher großartige Produktheld, der neben seinem Nutzen auch so wichtige technische Daten im Leistungsgepäck hat, dass deren Erwähnung einfach unverzichtbar ist. Manufakturen brauchen so was nicht, sie sind als solche aus dem vollen »Storytelling-Material« geschmiedet und geschnitzt. Da reicht es für den Schreibimpuls, eines ihrer handgefertigten Produkte in die Hand zu nehmen, in Ruhe zu begutachten, zu testen und dabei zu genießen! Jedes Manufakturerzeugnis trägt die Unternehmensgeschichte in

sich und wird so zu einer Referenz und Visitenkarte der handwerklichen Leistungen und der Angebotswelt des Manufakturbetriebes. Bei Krumpholz als Werkzeugfabrikation mit dem stolzen Gründungsdatum 1799 sind dies handgeschmiedete Garten-, Forst- und Bauwerkzeuge von Äxten und Beilen über Hacken, Handgabeln und Pflanzkellen bis hin zu Schaufeln und Spaten. Die das Unternehmen mittlerweile in der siebten Familiengeneration für Profi-Handwerker, passionierte Heimwerker und leidenschaftliche Hobbygärtner aus hochwertigem Kohlenstoffstahl per

Hand schmiedet und mit ergonomischen Holzstielen aus harter Esche oder zäher Hickory-Eiche zum lebenslangen Gebrauch ausstattet.

**Und das seit der Gründung vor 225 Jahren am immer gleichen Standort in der Schmiede »Guttenberger Hammer« in Grafengehaig im oberfränkischen Landkreis Kulmbach.** Dort werden aus besten Stahllegierungen nicht nur traditionelle Handwerkzeuge geschmiedet, sondern mit jahrhundertealtem Know-how auch immer wieder neue, noch nützlichere Werkzeuge zur Erleichterung der Gartenarbeit erfunden, die das Unternehmen zum vielfach prämierten Branchen-Innovator machen. Dies gilt übrigens auch für die Nachhaltigkeitsbilanz der Manufaktur, die so makellos ist wie es ihre Produkte sind. Der Guttenberger Hammer arbeitet mit der Wasserkraft eines Stausees, der wiederum von einem Bachlauf gespeist wird. Und die neuen Schmiedeöfen sind aufgrund ihrer Technologie deutlich effizienter und umweltfreundlicher als ihre Vorgänger. Außerdem produziert man in Grafengehaig weitgehend ohne den Einsatz von Kunststoffen, selbst bei Versandverpackungen. So erfüllt sich in jedem Krumpholz-Produkt ein ganzheitlich nachhaltiges Mehrwertversprechen, dessen wichtigste Pluspunkte – neben den arbeitserleichternden Einsatzmerkmalen der Werkzeuge – deren Robustheit und die damit garantierte lange Lebensdauer sind. Wer den Katalog von Krumpholz blättert oder sich auf deren Homepage umschaut, der merkt schnell, dass hier ein Profisortiment am Start ist, das gerade bei besonders praktischen Handwerkzeugen für die Gartenarbeit keinerlei Wünsche offenlässt.

**Zwei meiner Krumpholz-Favoriten kommen deshalb auch genau da her. Das eine ist der patentierte Gärtner-Spork von Krumpholz,** ein aus Schwedenstahl handgeschmiedetes Universalwerkzeug mit T-Stiel aus Eschenholz, das nicht nur Erde umgräbt und lockert, sondern gleichzeitig auch noch Wurzelwerk im Boden durchtrennt und Unkraut entfernt. Er bietet in nur einem einzigen Werkzeug die Leistungen von Spaten, Spatengabel, Rasenlüfter und Kantenstecher. **Mein zweiter Favorit, hier im Bild, ist der Spitzspaten in englischer Form mit einem Tritt aus einem Stück Stahl und dem besonders praktischen D-Griff.** Der massive und doch handliche Spaten strahlt die Schmiedekunst und seine Robustheit förmlich aus und ist als Gartenwerkzeug für harte Einsätze ebenso erstklassig geeignet, wie er als Werkstück einen Statement-Platz in jeder Gartengeräte Ausstellung einnehmen könnte. Als eine Art »Excalibur« unter den Spaten. Mein drittes persönliches Werkzeug-Highlight von Krumpholz ist deren handgeschmiedetes »Schweizer-Gertl«, eine äußerst robuste und klingenscharfe Handsichel für Arbeiten in Wald und Garten. Sie findet ihren Einsatznutzen zwischen einem schweren Jagdmesser sowie einem Jagdbeil und eignet sich dadurch als Haumesser zum Entasten, zum Entrinden und um Feuerholz zu machen. Aber genauso, um sich mit geringem körperlichem Aufwand Pfade in dicht bewachsenem Gelände zu erschließen. In der Krumpholz-Qualität ein weiteres kompromisslos leistungsbereites Outdoor-Tool. Wer mehr über diese letzte Manufaktur hier im Buch erfahren will, findet die passenden Informationen hier: www.krumpholz1799.de

Das Manufakturkapitel endet nun leider, obwohl es noch viele weitere richtig spannende Manufakturen im ganzen Land gibt, die echte Kerle interessieren. Deshalb hier noch zwei Tipps für weitere Recherchen dazu im Web. Unter www.deutsche-manufakturen.com und auch www.deutsche-manufakturenstrasse.de findet sich reichlich Nachschub für weitere Entdeckungen handwerklich gefertigter Spitzenprodukte »Made in Germany«.

# DAS EINE ULTIMATIVE KERLE-DING

**D**ie schlechte Nachricht vorweg: Es gibt einfach nicht das für jeden und alle gleichermaßen gültige, eine ultimative Kerle-Ding. Denn was sollte das sein? Jeder Mann ist schließlich auch ein Unikat. Mit ganz eigenen Interessen, Vorlieben, Wünschen. Wir haben, jeder für sich, unsere ganz persönlichen Produkthelden und aus deren Kreis dann auch wieder ein paar absolute Favorits. Dinge, auf die wir nicht – also nie – verzichten wollen. Als tägliche nützliche Begleiter oder Erinnerungsstücke und Schätze von ganz besonderem persönlichem Wert, die wir hegen, pflegen und behüten. Also ist die getroffene Entscheidung subjektiv und zudem eine Momentaufnahme. Aber eine sehr gut begründbare, mit der ich mich wohlfühle und ganz sicher nicht allein bin, wie ihr sehen werdet.

Ich hatte eine richtig satte Auswahl dafür und konnte aus dem Vollen schöpfen. Am Anfang der Entscheidungsfindung standen rund 50 Produkthelden aus der Vorauswahl dieses Buches und der beiden vorausgegangenen Ausgaben auf meiner Selektionsliste. Dann habe ich einige Expertenfreunde zurate gezogen, und gemeinsam haben wir die Auswahl in intensiven Diskussionen auf zehn potenzielle Kandidaten komprimiert. Die neun, die es nicht geworden sind, möchte ich euch hier nicht vorenthalten, denn jedes dieser Produkte hätte es auf die nächste Seite als das eine ultimative Kerle-Ding verdient.

Zum Beispiel das sensationelle *Ballistol Universalöl*, ein Wundermittel mit seit Generationen nachgewiesenem Vielfachnutzen. Oder der Grillklassiker *Weber Kugelgrill*. Genau wie die Ein-Unzen-*Krügerrand-Goldmünze* als unsichtbare Währungsreserve am Mann. Oder der unverwüstliche Werkzeugkasten im Pocketformat, das *Leatherman Wave Multitool* mit seinem Interessenkonkurrenten auf Augenhöhe, aber etwas anderen Ausstattungsprioritäten, dem *Victorinox Cyber Tool L Taschenmesser*. Mit dem *Puma White Hunter Automesser* hatte sich zudem ein Produktheld aus dem ersten Kapitel einen Platz in der engen Endauswahl erobert. Ganz nah dran war auch die superrobuste und leistungsstarke *Nextorch Taschenlampe TA15 v. 2.0*, die dann aber ebenfalls ihre Produktheldenplatz an anderer Stelle behielt. Heiß diskutiert war zudem ein extrem nützliches Genussmittel, das viele Kerle zu schätzen wissen: Die *Scho-Ka-Kola*, ein koffeinhaltiger Schokoladenklassiker in kultiger rot-weißer Blechdose. Ganz nah am einstufigen Treppchen war zudem das Buch mit dem geballten Universalwissen für jeden naturerlebnisbewegten echten Kerl: *Wie helfe ich mir draußen* von meinem Autorenkollegen Volker Lapp.

Es war also bis zur Entscheidung eine ziemlich enge Kiste. Und so sieht der Sieger aus …

# KAPITEL 11

**99+1** Zippo-Feuerzeug

# 99+1 ZIPPO-FEUERZEUG

Das Ende der dritten Neuauflage der »99 Dinge für echte Kerle« ist erreicht. Diesmal gibt es aber noch einen zusätzlichen Produkthelden als »Bonus«. Ein absolutes Must-have und damit **ULTIMATIVES »KERLE-DING«.**

Dieses Produkt hat nicht nur einen besonders hohen Einsatznutzen, sondern ist auch ein großartiger Geschichtenerzähler über Erfindergeist und Produktrobustheit. Ein genial konstruiertes Ausnahmetalent, von dem mittlerweile über 600 Millionen Exemplare produziert wurden. Viele davon befinden sich in Sammlerhänden, die meisten aber dort, wo sie zum Gebrauch hingehören: Hosentaschen, Jackentaschen oder im kleinen Gepäck direkt am Mann. Das ist der beste Platz für das ultimative Kerle-Ding hier, das Zippo Feuerzeug! Die Ehre, der Auserwählte zu sein, gebührt dem ikonischen, im Jahre 1936 patentierten Taschenfeuerzeug, das selbst bei Wind und Wetter sicher funktioniert, extrem robust ist und über eine äußerst spannende Entstehungsgeschichte verfügt. Dazu zeige ich euch hier das Ur-Zippo, was man im Zippo-Museum in Bradford, Pennsylvania, besichtigen kann. Und ein aktuelles Modell mit undekorierter Hülle.

**LEBENSLANGE HERSTELLERGARANTIE, FUNKTIONSSICHERHEIT BEI WIND UND WETTER UND SEINE ZAHLLOSEN EINSÄTZE IN DER FILMWELT MACHEN DAS ZIPPO ZUM KULT- UND EWIGKEITSPRODUKT.**

Selbst bei Wind und widrigem Wetter verlässlich Feuer machen zu können und dafür eine ebenso sichere wie starke Flamme zu erzeugen – das war der Plan von George G. Blaisdell, als er 1932 das Zippo-Benzin-Feuerzeug als Weiterentwicklung eines für ihn dazu schon recht gut geeigneten, aber weitaus weniger praktikablen Feuerzeugs erfand. Die Genialität seiner Erfindung liegt zum einen in den wenigen, äußerst robust gebauten und leicht austauschbaren Bauteilen jedes Zippo-

Sturmfeuerzeugs und zum anderen in seiner Konstruktion aus schützender Hülle und einem Inlay. In dem sich, neben dem mit Watte gefüllten Tank zur Benzinaufnahme und Speicherung, die Zündmechanik und der Kamin befinden. Das Funktionsprinzip ist schnell beschrieben: Die Watte im Tank, durch die ein Docht bis zum Kamin verläuft, speichert das eingefüllte Feuerzeugbenzin und gibt es durch ein Loch oben im Tank, durch das der benzingetränkte Docht geführt wird, zum Kamin ab. An ihm ist die Zündmechanik mit der Halterung für das Reibrad und einem Cereisen-Stückchen als Feuerstahl verbaut, die gemeinsam durch Reibung die Funken zur Entzündung der Flamme erzeugen, also »schlagen«.

Der Kamin ist zum Austritt der Flamme nach oben offen und an seinen Seiten mit Löchern versehen, was verhindert, dass die Flamme bei Wind ausgeblasen wird. Diese Konstruktion macht jedes Zippo zu einem Sturmfeuerzeug. So viel zur Technik dieser Feuerzeuglegende, deren Design seit dem Jahr 1932 bis heute nur minimal verändert wurde. Das Zippo ist zum Kultobjekt geworden, nicht nur wegen seiner Verlässlichkeit und der lebenslangen Herstellergarantie, sondern auch wegen des unverwechselbaren Klickgeräusches beim Öffnen und Schließen des Deckels. **Die vielen Einsätze in der Filmwelt sowie bei Mega-Musikevents durch Filmstars und Musiklegenden wie die Rolling Stones haben dem Zippo seinen legendären Status verliehen.** Und natürlich die Sammlerqualitäten historischer und immer neuer, kreativ gestalteter Zippos in streng limitierten Modell-Editionen. Da ist wirklich alles dabei, was Männerherzen höherschlagen lässt und neue Kauf- und Sammelimpulse für ein nächstes Zippo bietet.

Das Wichtigste zum Schluss: Es gibt viele Methoden, um draußen im Gelände bei Wind und Wetter eine Feuerstelle zum wärmenden Leben zu erwecken. Die ebenso funktions- wie wiederholsichere einfache Methode ist jedoch ein Zippo-Sturmfeuerzeug mit vollem Tank direkt im Mann!

# AUSWAHL BEZUGSQUELLEN: »99+1 DINGE«

Neben dem stationären Handel und zahlreichen Webshops findet sich eine Reihe von Produkten auch hier:

www.alpenoptics.de

www.allett.de

www.balson.ch

www.basilegmbh.de

www.bergfreunde.de

www.binnen-mt.de

www.bison-werkzeuge.de

www.boker.de

www.bresser.de

www.bw-online-shop.com

www.carrera-toys.com

www.classic-kontor.com

www.columbus-verlag.de

www.delonghi.com

www.fahrrad-xxl.de

www.faltboot.de

www.festool.com

www.finnhaus.de

www.flammkraft.com

www.floss-holzbau.de

www.frankonia.de

www.fritz-berger.de

www.gastrock.de

www.gavon-expeditionstrailer.com

www.globetrotter.de

www.glockwatches.eu

www.gordigear.com

www.grube.de

www.heinzbauer.com

www.hermann-salut.de

www.husqvarnagroup.com

www.infento.com/de/

www.ineosgrenadier.com

www.jonny-finston.com

www.katadyngroup.com

www.kaweco-pen.com

www.kawentsmann.de

www.kotte-zeller.de

www.landig.com

www.maerklin.de

www.manufactum.de

www.motorbuch-versand.de

www.muldy.de

www.neue-kabinenroller.de

www.nextorch.de

www.pellensundloick.de

www.pointtec.de

www.pumakives.de

www.regenschirme.de

www.robbeberking.com

www.roastrebels.com

www.santosgrills.de

www.scaleart.de

www.scheppach.com

www.schiermeier.biz

www.schrammbeds.com

www.skotti-grill.com

www.snapon.com

www.stihl.de

www.strandkorb-heringsdorf.de

www.tatonka.com

www.technibike.de

www.thegrayl.eu

www.ubootworx.com

www.vandebord.de

www.victorinox.com

www.waffen-velser.de

www.wassenberg-gmbh.de

www.wenckstern.com

www.worx-europe.com

www.yeti.com

www.zassenhaus.com

www.zeha-berlin.de

www.zippo.de

# DANKSAGUNG

Na, das wird ja wieder was, mit den Danksagungen für diese Ausgabe. Wo fange ich an und mit wem höre ich auf, ohne dabei die falsche Reihenfolge zu wählen oder jemanden zu vergessen? Egal, nützt ja nix. Ich danke meiner Frau Birgit dafür, dass sie mir nur die gelbe und nicht die rote Karte gezeigt hat, obwohl ich ihr mit der Schreiberei an diesem Buch so viele ausgefallene gemeinsame Wochenenden, selbst bei bestem Frühsommerwetter, beschert habe. Und ich danke in loser Reihenfolge ganz besonders einigen meiner Freunde, Experten-Buddys und Fachjournalisten für die sensationelle Unterstützung mit ihren Ideen und Tipps. Danke dafür, Tom Specht, Matthias Mahr, Uli Eichstädt, Carsten Bothe, Robert Kah, Max Bayer-Eynck, Peter Tauber, Ralf Jakumeit, Bernd Kütscher, Michael Mönch, Tino Stetter, Andreas Macherey, Josef Plötzer, Axel Kmonitzek, Björn Gerteis, Manfred Eckermeier, Volker Lapp, Tim Kauert und Dennis Strauch.

Stellvertretend für wirklich alle (!) Unterstützer und Mitmacher aus dem Kreis der Produkt- und Themenhelden-Lieferanten möchte ich mich bei Gerhart Seichter, Gunter Thöt, Thorsten Schauenberg, Doris Hermann, Nicole Wetzel, Daniel Bley, Oliver Berking, Andreas Reich, Tommy Olsson, Sebastian Wein, Holger Zibulka, Daniel Ebbert, Thomas Wurth, Stefanie Holzmann, Martin Floss, Marcia Oestergaard, Christian Werner, Hendrik Hiepass-Aryus, Stefano Pedersoli, Hannah Mali, Severin Heselhaus, Alexandra Berton, Luca Ball, Birgit Stachowski, Andreas Kendler, Maik Wenckstern, Stefanie Schäfer, Robert Zerres und Claus Krumpholz sehr herzlich bedanken. Allen, die hier nicht namentlich genannt wurden, obwohl ihre Produkte oder Manufakturen im Buch vertreten sind, gebührt dieser Dank und meine Wert-schätzung für die großartige Unterstützung gleichermaßen!

Außerdem danke ich einmal mehr meinen Unterstützern und Mitmacherinnen im Verlag sehr, sehr herzlich. Namentlich Niko Schmidt als Lektor und treibende opera-tive wie auch kreative Kraft bei der Transformation vom Manuskript zum Buch. Und meinem lieben Freund Christian Pflug als Verlagsleiter, der diesmal gleichzeitig auch noch ein wichtiger Tippgeber war.

Zum Schluss danke ich noch schnell zahllosen 0,5-Liter-Cola-Zero-Flaschen, mei-nem unverwüstlichen Kaffeevollautomaten im Dauereinsatz und meinem ortsnahen Scho-Ka-Kola-Dealer. Ohne diese Wirkstoff- und Hilfsmittelunterstützung wäre das Buch ganz sicher nicht in time fertig geworden.

# BILDNACHWEISE

**1** Grayl Wasserfilter GeoPress: E. Tremmel Marketing GmbH

**2** Bundeswehr-Spaten: Bison Großschönauer Werkzeugschmiede GmbH

**3** B&W Outdoor Case Typ 3000: B&W International GmbH

**4** Victorinox Soldatenmesser 08: Victorinox AG

**5** Nextorch TA15 v. 2.0. Taschenlampe: Nextorch Deutschland GmbH

**6** 1-Personen-Zelt: Alfred Kärcher SE & Co. KG

**7** TT Duffel 65: Tatonka GmbH

**8** Katadyn NRG-5-Notration: Katadyn Deutschland GmbH

**9** Maraneo M2 Advanced: mareno GmbH, Photography by Jahn A. Günther

**10** Zassenhaus Servierteller (Schaufel) Worker: Küchenprofi GmbH

**11** Flammkraft Bock D (Generation 5): Flammkraft GmbH

**12** Pizzaofen Alfa Forni Linie Classico: Alfa Forni GmbH

**13** Fasssauna Stana Finnhaus Wolff. Finnhaus-Vertrieb M. Wolff GmbH

**14** Herkules Werkbank: Herkules e. K.

**15** Hybrid-Schneefräse Honda HSM 1380i1 TDR: Honda Deutschland, Niederlassung der Honda Motor Europe Ltd.

**16:** Landig Mini-Wurstfabrik: Landig + Lava GmbH & Co. KG

**17** Aillio Bullet R1 Kaffeeröster: Aillio Europe ApS

**18** Siebträger-Kaffeemaschine De'Longhi La Specialista Maestro – Cold Brew: De'Longhi Deutschland GmbH

**19** Trainingsmaschine Taurus Air Bike: Fitshop GmbH

**20** Audi e-tron Foil von Aerofoils – Aerofoils GmbH Karl-Reichel-Straße 27 95237 Weißdorf

**21** Unterseeboot Nemo 2 – U-Boat Worx B.V.

**22** Messerschmitt Kabinenroller KR 202 Sport – Stefan Niemerg 3P Pedalo Power Parts

**23** Ineos Grenadier Station Wagon – Ineos Automotive GmbH

**24** Rigby Defender made by Kingsmen – Blaser Group GmbH

**25** Gavon Expeditionstrailer 340 –Gavon GTS GmbH

**26** Muldenkipper Muldy Gold Edition – Weber Stahl-Anarbeitungs-Service GmbH

**27** Faltboot nortik scubi 1 XL – Out-Trade GmbH

**28** E-Cargobike Orox – Tern Bicycles

**29** Light-E-MTB Amuza Dio – TechniBike GmbH

**30** Hartschalen Dachzelt Hapuku – Gordigear GmbH

**31** Classic Bedale Wachsjacke von Barbour – Wolf Continental GmbH

**32** Lederjacke Sebring von Heinz Bauer Manufakt – Heinz Bauer Manufakt GmbH

**33** Sneaker Carl Häßner Liga von Zeha – Zeha Berlin Schuh Design GmbH & Co. KG

**34** Rucksack Summit Buckskin von Frost River – Wolf Continental GmbH

**35** Multitool Nextorch MT20 – Nextorch Deutschland GmbH

**36** Powerbank Klarus K5 – Flashlights & Outdoor

**37** Sitzstock Praktus Safety vom Hersteller Gastrock – Gastrock-Stöcke GmbH

**38** HD-Fernglas mit Bildstabilisierung von Alpen Optics – Alpen Optics GmbH

**39** Kühlbox Yeti Tundra 45 – Yeti

**40** Steckbarer Kompakt-Gasgrill Skotti – Vennskap GmbH & Co. KG

**41** Inverter-Schweißgerät ACDC WIG 200 Puls Pro von Stahlwerk – STAHLWERK Schweissgeräte GmbH

**42** Akku-Laubbläser WG585E von Worx – Positec Deutschland GmbH

**43** Akku-Trennschleifer TSA 300 von Stihl – Andreas Stihl AG & Co. KG

**44** Heißwasser-Hochdrucktrailer HDS Serie von Kärcher – Alfred Kärcher SE & Co. KG

**45** Exoskelett ExoActive EXO 18 von Festool – Festool GmbH

**46** Tischbohrmaschine DP18Vario von Scheppach – Scheppach GmbH

**47** Inverter-Generator EF3000iSE von Yamaha – Yamaha Motor Europe N.V., Niederlassung Deutschland

**48** Werkzeugkomplettschrank 297-teilig von Snap-on Tools – SNA Germany GmbH GB Snap-on Tools

**49** Ausrüstungs- und Transportträger Iron Horse von Lennartsfors AB – Lennartsfors AB

**50** Kettensäge 562 XP Mark II von Husqvarna – Husqvarna Deutschland GmbH

**51** Super Plus Premium Multi-Öl von Caramba – Caramba Chemie GmbH & Co. KG

**52** Chronograph »100 Jahre Zeppelin« Chronometer Ref. 7620 – point TEC Electronic GmbH

**53** Füllhalter Kaweco Sport aus Sterlingsilber – blackbird/berlin

**54** Herrenschirm Oertel Handmade Kirsche Natur – Schirm Oertel Inh. Dorrit Gramke e.K.

**55** Grillset Martelé Frozen Black von Robbe & Berking – Robbe & Berking Silbermanufaktur seit 1874 GmbH & Co. KG

**56** Akku-Spindelmäher Allett Stirling 51 – Allett Deutschland Wassenberg GmbH

**57** Bett Grand Cru Nuvola von Schramm – Schramm GmbH

**58** Taschentuch No. 1 von Pellens & Loick – Pellens & Loick, Susanne Wirz, Textilhandel

**59** Lounge Chair Charles & Ray Eames von Vitra – Vitra International AG

**60** Grillgerät BBQ-Hydra 900 von Basile – Basile GmbH Spanntechnik, Nordheim

**61** Strandkorb Sylt XL von der Strandkorbfabrik Heringsdorf

**62** Floss Holzbau, Schönecken in der Eifel – Floss Holzbau GmbH

**63** VanDeBord Hausbar – VanDeBord GmbH

**64** Fahrengold Gläserne Garage – Fahrengold GmbH

**65** Burnout Outdoorküche – DoT GmbH & Co. KG

**66** Nohrd Waterrower | Home-Gym – WATERROWER NOHRD GmbH

**67** Pulsar Observatories Sternwarten-Kuppel – Bresser GmbH

**68** Max & Hasso, Wunschraum-Möglichmacher – Maximilian Bayer genannt Eynck Kawentsmann GmbH

**69** Großglobus Columbus Imperial vom Columbus Verlag – COLUMBUS Verlag GmbH & Co. KG

**70** Mustang 1969 Mach-1 Damast Taschenmesser von Böker – Heinr. Böker Baumwerk GmbH Solingen

**71** Mercator Taschenmesser Messing von Otter – Otter-Messer GmbH

**72** Puma Automesser – PUMA GmbH P Solingen

**73** Repetierbüchsen Sauer 505 und Mauser M 98 – Blaser Group GmbH

**74** Unterhebel Repetierer Winchester Modell 94 und Pedersoli 1886 Rifle – BROWNING INTERNATIONAL S.A. © 2024  B-4040, HERSTAL, BELGIEN R.P.M. und DAVIDE PEDERSOLI S.R.L.

**75** Pistolen Klassiker Colt M1911 und Beretta 92 – Colt. Frankonia Handels GmbH & Co. KG; Beretta: Manfred Alberts GmbH

**76** Zerlegbare Böllerkanone im Kaliber 70 mm, Hermann Salutkanonen – Hermann Maschinenbau GmbH

**77** Wurfbeil von Bison 1879 – Bison Großschönauer Werkzeugschmiede GmbH

**78** Carrera Hybrid Set – Carrera Toys GmbH

**79** Dampflokomotive 18 323 von Märklin – Gebr. Märklin & Cie. GmbH

**80** Agrar Unimog U427 von ScaleArt – ScaleART – Die Modellbaumanufaktur

**81** Viertaktmotor Tom's vertikal von Ewald Binnen – Ewald Binnen

**82** Infento Legend Kit Fahrspaß-Baukasten in Lebensgröße – infento

**83** Outdoor-Tischkicker aus Polymerbeton von Maillith – Maillith GmbH

**84** Dampflokomotive für Gartenbahn, Balson AG – Balson AG

**85** Porsche 911 × 911 Collector's Edition – 2 Bände im Designschuber – Motorbuch Verlag, Paul Pietsch Verlage GmbH & Co. KG

**86** Wenckstern Hot Rod Pick Up FullCustom – Wenckstern GmbH

**87** Glock Uhr Modell GW-27-1-24 Limited Edition – Brandmark ApS

**88** Arcade-Automat Lowboy von Jonny Finston – Jonny Finston/Lutz & Tim Berger GbR

**89** Bosch Baustellenradio GPB 18VH-6  SRC Professional – Robert Bosch Power Tools GmbH

**90** Slyrs Whisky-Destillerie, Schliersee-Neuhaus – SLYRS Destillerie GmbH & Co. KG

**91** Mühle Rasur Manufaktur, Stützengrün – blackbird/berlin

**92** Lederwarenmanufaktur Ludwig Schröder, Uetersen – Ludwig Schröder GmbH & Co. KG

**93** Herr Lehmann Zigarrenmanufaktur, Lahr – Gentleman's Finest Products GmbH

**94** Zerres Gourmet – Zerres & Co, GmbH

**95** Yachtwerft Robbe & Berking Classics, Flensburg – Robbe & Berking Classics GmbH & Co, KG

**96** Schokoladenmanufaktur PralinenArt by Cindy Welz, Velten – PralinenArt Cindy Welz

**97** Berger-Boote, Berlin – Berger-Boote

**98** Messermanufaktur Otter, Solingen – Otter-Messer GmbH

**99** Krumpholz Werkzeugfabrikation, Grafengehaig – Krumpholz Werkzeugfabrikation, Claus Krumpholz e. K.

Alle weiteren Bilder:
Seite 7: E. Tremmel Marketing GmbH; Seite 13: Rolf Deilbach; Seite 25: Rolf Deilbach; Seite 45: TechniBike GmbH; Seite 61: Getty Images, the_burtons; Seite 62: Getty Images, Dennis Fischer Photography; Seite 65: Robbe & Berking Classics GmbH & Co, KG; Seite 75 (unten): Getty Images SimonSkafar; Seite 83: SNA Germany GmbH GB Snap-on Tools; Seite 99 (unten): Getty Images, nicooud79; Seite 101: Getty Images, aire image; Seite 103: Rolf Deilbach; Seite 119: Getty Images, Achim Thomae; Seite 121: WATERROWER NOHRD GmbH; Seite 134: Getty Images, sankai; Seite 137: Heinr. Böker Baumwerk GmbH Solingen; Seite 147 (unten): Getty Images, Seite 153: ScaleART – Die Modellbaumanufaktur Prathaan; Seite 165: Rolf Deilbach; Seite 173: Krumpholz Werkzeugfabrikation, Claus Krumpholz e.K.; Seite 187 und 189 (oben): Getty Images, Digital Camera Magazine

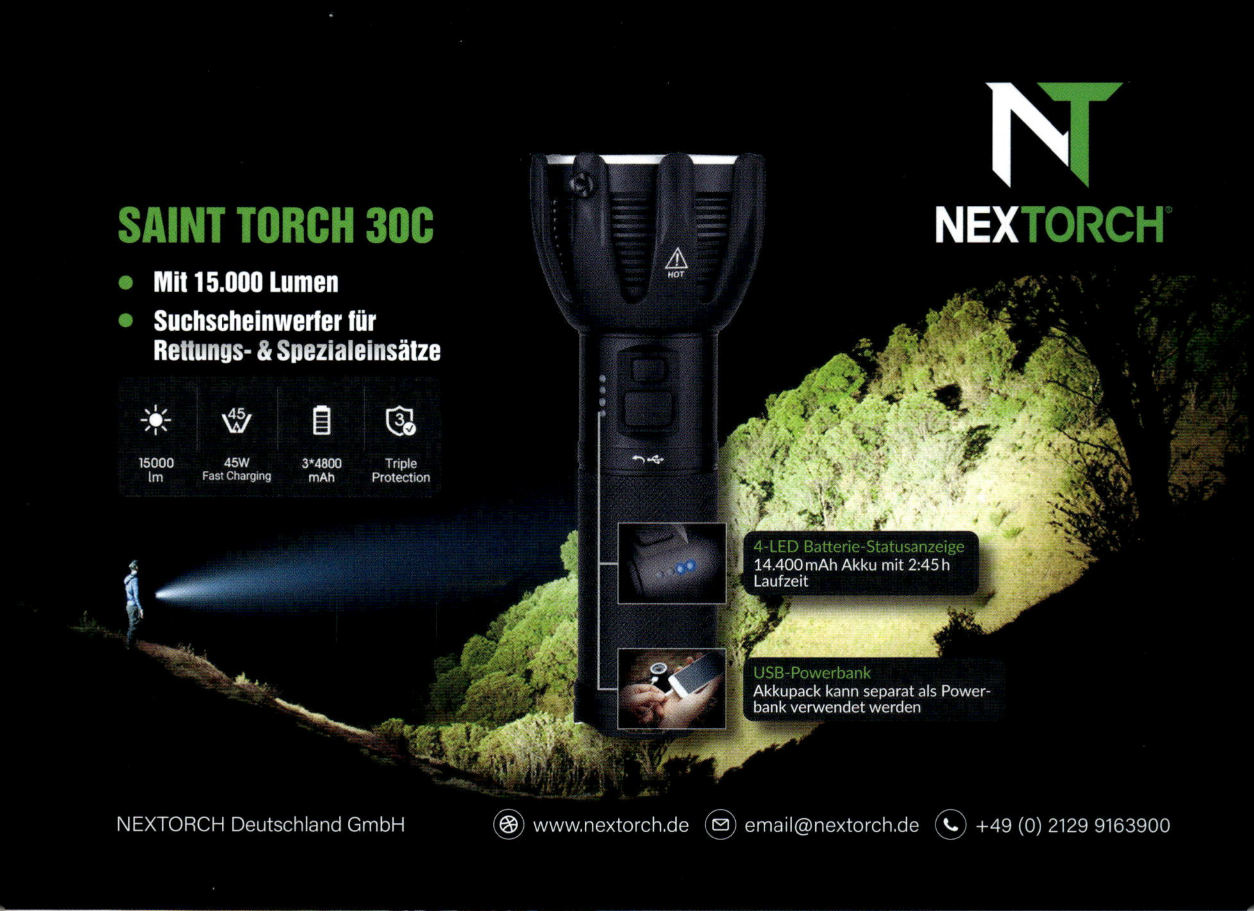
NEXTORCH
SAINT TORCH 30C
Mit 15.000 Lumen
Suchscheinwerfer für Rettungs- & Spezialeinsätze
15000 lm
45W Fast Charging
3*4800 mAh
Triple Protection
4-LED Batterie-Statusanzeige
14.400 mAh Akku mit 2:45 h Laufzeit
USB-Powerbank
Akkupack kann separat als Powerbank verwendet werden
NEXTORCH Deutschland GmbH
www.nextorch.de
email@nextorch.de
+49 (0) 2129 9163900

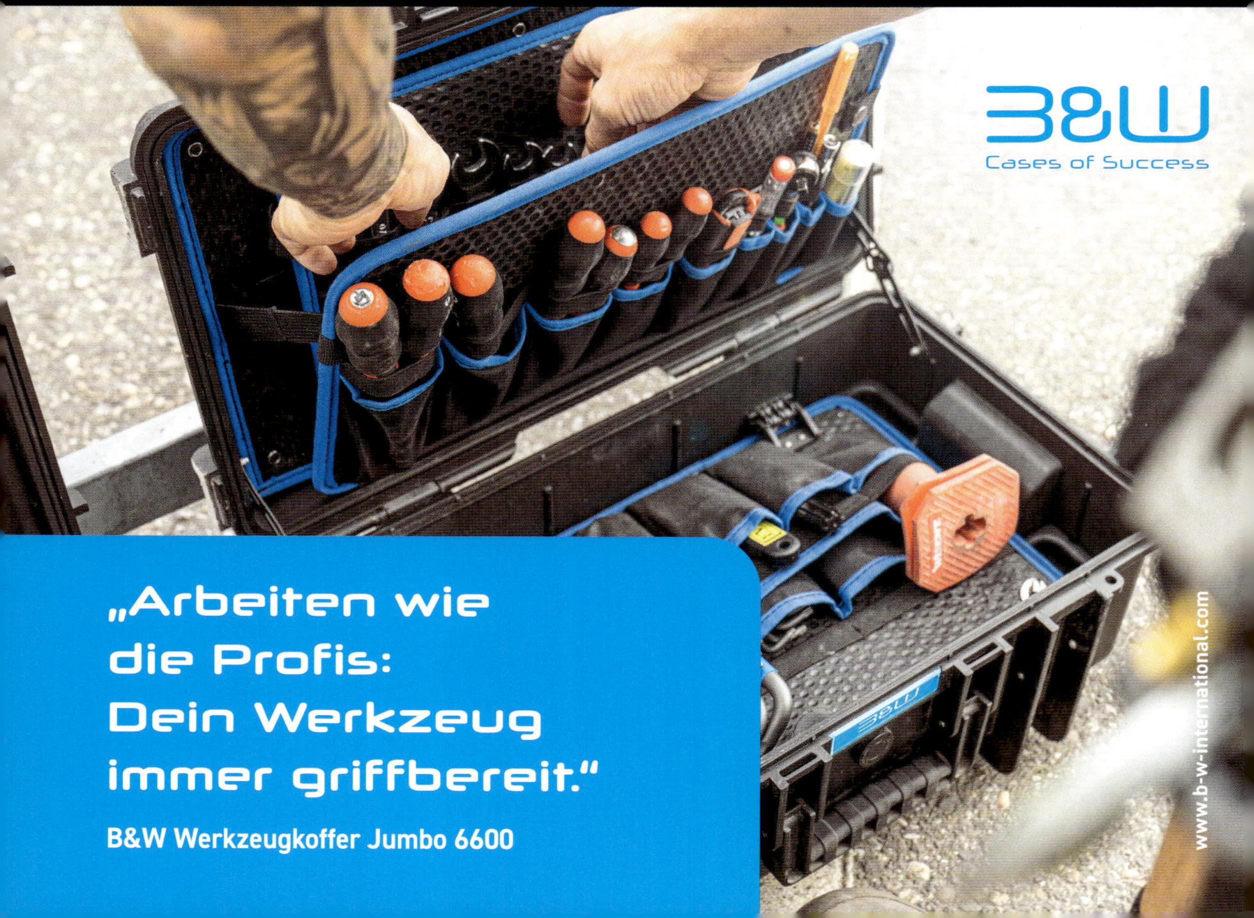
B&W
Cases of Success
„Arbeiten wie die Profis: Dein Werkzeug immer griffbereit."
B&W Werkzeugkoffer Jumbo 6600
www.b-w-international.com

# BISON 1879

---

## HANDGEFERTIGT
## // NACH TRADITIONELLER
## SCHMIEDEKUNST

Jede BISON 1879 wird von erfahrenen Schmiedemeistern von Hand in den bewährten Axtformen geschmiedet. So entstehen äußerst hochwertige Traditionswerkzeuge mit typischer, meisterlich bearbeiteter Oberfläche. Für die BISON 1879 Äxte werden nur erstklassige, speziell gehärtete Stähle der Güteklasse A verwendet. Entsprechend der späteren Verwendung erhält jede Schneide ihren individuellen Präzisionsschliff. Für unsere Stiele verwenden wir nur ausgesuchte Hölzer aus original amerikanischem Hickory, welches eine hervorragende Biegesteifigkeit und Bruchsicherheit aufweist. Selbstverständlich stammen die Hölzer aus nachhaltigem Anbau.

**www.bison1879.de**

**MADE IN GERMANY**